普通高等教育高职高专"十三五"规划教材

客户关系管理实务

主编 韦弘 徐逢春

·北京·

内 容 提 要

本教材是在高职高专以就业为导向的教学改革的探索和实践背景下编写的。共分为七个项目，内容包括认识客户关系管理，客户识别、选择和开发，保持客户关系，客户服务，客户关系恢复，客户关系管理的营销策略，呼叫中心。

本教材内容全面系统，参阅了国内外最新的研究成果，同时吸收了行业最新实践成果，力求反映客户关系管理相关工作的最新动态。在为学生提供牢固系统知识的同时，突出训练学生对实际问题的分析和解决能力，强调职业素质的培养，注重开阔学生视野，具有较强的实用性和综合性。

本教材适合作为高职高专院校市场营销、企业管理、电子商务等相关专业的教学用书，也可供从事市场营销、销售管理、客户管理等相关从业人士使用。

本书配有电子教案，读者可从中国水利水电出版社"行水云课"平台免费下载，同时也可扫描书后二维码查看。

图书在版编目（CIP）数据

客户关系管理实务 / 韦弘，徐逢春主编. -- 北京：中国水利水电出版社，2018.1(2023.7重印)
普通高等教育高职高专"十三五"规划教材
ISBN 978-7-5170-6183-0

Ⅰ．①客… Ⅱ．①韦… ②徐… Ⅲ．①企业管理－供销管理－高等职业教育－教材 Ⅳ．①F274

中国版本图书馆CIP数据核字(2017)第326191号

书　名	普通高等教育高职高专"十三五"规划教材 **客户关系管理实务** KEHU GUANXI GUANLI SHIWU
作　者	主编　韦弘　徐逢春
出版发行	中国水利水电出版社 （北京市海淀区玉渊潭南路1号D座　100038） 网址：www.waterpub.com.cn E-mail：sales@mwr.gov.cn 电话：（010）68545888（营销中心）
经　售	北京科水图书销售有限公司 电话：（010）68545874、63202643 全国各地新华书店和相关出版物销售网点
排　版	中国水利水电出版社微机排版中心
印　刷	清淞永业（天津）印刷有限公司
规　格	184mm×260mm　16开本　13.25印张　314千字
版　次	2018年1月第1版　2023年7月第4次印刷
印　数	7001—9500册
定　价	43.00元

凡购买我社图书，如有缺页、倒页、脱页的，本社营销中心负责调换
版权所有·侵权必究

普通高等教育高职高专"十三五"规划教材之

中高职衔接系列教材
编 委 会

主　任　张忠海
副主任　潘念萍
委　员　韦　弘　　　　龙艳红　　　　蔡永强
　　　　陆克芬　　　　邓海鹰　　　　陈炳森
　　　　梁文兴（中职）　宁爱民　　　　黄晓东
　　　　马莲芝（中职）　陈光会　　　　方　崇
　　　　梁小流　　　　李维喜（中职）
秘　书　黄小娥

本书编写人员

主　编　韦　弘　　　　徐逢春
副主编　陈华炎
副主编　郑艳玲　　　　彭星星
主　审　潘念萍

前言

《客户关系管理实务》是普通高等教育高职高专"十三五"规划教材之中高职衔接系列教材，是面向高职高专院校的市场营销、企业管理、电子商务等专业，以及其他经济管理类相关专业而编写的一本应用型教材。全书详尽、透彻地介绍了客户关系管理（CRM）的概念、方法和典型应用，为学习者提供客户关系管理相关理论和实践知识，也可作为从事市场营销、销售管理、客户服务等社会工作人员的参考书。

本教材强调实用性和可操作性，采用案例导入、任务驱动等模式，每个项目分任务，任务按照任务描述、任务导入和知识支撑的逻辑体系来撰写，以任务描述来提示任务内容、知识框架、学习要求，任务导入以案例情景引出学习的内容，知识支撑侧重阐述本任务的理论知识点，任务的实施包含任务操作的方法、步骤、技巧等。项目最后的课后练习中的客户体验侧重于实践训练的模拟与操作。

本教材是普通高等教育高职高专"十三五"规划教材之中高职衔接系列教材中的一本，由广西壮族自治区县级中专综合改革帮扶奖补经费项目予以资助。本教材由韦弘、徐逢春任主编，陈华炎任副主编，韦弘负责全书的体例设计和统筹，徐逢春负责全书的统稿，陈华炎负责全书的校对。具体分工为：韦弘编写项目一和项目七的任务二和任务三，徐逢春编写项目四、五、六，陈华炎编写项目三，郑艳玲编写项目二，彭星星编写项目七的任务一。

在编写过程中，得到了很多领导和同事的帮助，查阅、参考了大量的网络、文献，引用了教育同仁的有关资料，在此深表谢意。由于编者水平有限，书中难免存在错误和疏漏，敬请专家、同行和读者批评指正。

编 者

2017 年 11 月

目录

前言

项目一　认识客户关系管理 ········· 1
　　任务一　为什么需要客户关系管理 ········· 1
　　任务二　认识客户关系管理 ········· 6

项目二　客户识别、选择和开发 ········· 19
　　任务一　客户识别 ········· 19
　　任务二　客户选择 ········· 33
　　任务三　客户开发 ········· 40

项目三　保持客户关系 ········· 56
　　任务一　收集和管理客户信息 ········· 56
　　任务二　客户分级管理 ········· 71
　　任务三　客户体验与沟通关怀 ········· 81
　　任务四　使客户满意 ········· 94
　　任务五　培养客户忠诚 ········· 110

项目四　客户服务 ········· 125
　　任务一　客户服务 ········· 125
　　任务二　客户投诉管理 ········· 136

项目五　客户关系恢复 ········· 145
　　任务一　对客户流失的认识 ········· 145
　　任务二　客户挽回 ········· 149

项目六　客户关系管理的营销策略 ········· 156
　　任务一　客户关系生命周期管理 ········· 156
　　任务二　关系营销 ········· 162
　　任务三　应用数据库营销 ········· 171

项目七　呼叫中心 ········· 177
　　任务一　认识呼叫中心 ········· 177
　　任务二　呼叫中心的管理流程 ········· 187
　　任务三　呼叫中心的绩效管理 ········· 194

参考文献 ········· 205

项目一

认识客户关系管理

本项目描述

本项目介绍客户关系管理（CRM）的产生和发展历程，着重介绍客户关系管理的内涵、作用及优势。

知识目标

（1）了解客户关系管理的发展历程。

（2）了解客户关系管理的内涵。

技能目标

（1）掌握 CRM 的理念和内涵。

（2）具有发掘客户潜在意识的能力。

素质目标

（1）培养学生厚德敬业的仁爱精神。

（2）培养学生精细务实的服务意识。

任务一 为什么需要客户关系管理

一、任务描述

客户关系管理是时代发展的产物，随着互联网应用的普及，CRM 的发展更是突飞猛进，客户关系管理显得更为突出和重要。

二、任务导入

一个登峰造极的乞丐

客户关系管理运用极广，假设一个乞丐能够运用客户关系原理成功进行乞讨，而且还能够月薪 8000 元，你可相信？不信？！请看下面这则例子。

某国际公司客户关系经理在国际银行开完会，正在赶往机场，被一个乞丐拦住："帅哥……老板……行行好，给点钱吃饭吧。我已经两天没吃到泡椒田鸡了。你知道吗？见到你之前，我在国际银行中心大厦门口兜了两圈，终于看到你了！从写字楼里出来的，肯定是个大老板。"（善于观察：谁是大老板？）

经理问他如何判断？乞丐回答："千万不能被满大街的行人拉了满街跑。而是通过选择乞讨的地点、时间和碰到的行善人，主动地决定你要去乞讨的地方。有人说做乞丐是靠运气吃饭的职业。我认为不是。你要站在行善人的位置上，从行善人的角度去思考。"（善于思考：乞丐与行善人的关系。）

乞丐还生动地举了一个例子。

"给你举个例子，医院门口，一个拿着药的，一个拿着脸盆的，你会向哪一个乞讨？""你要把手伸向那个拿脸盆的。一般人小病小痛的到医院看一看，拿点药，自己都心急如焚不一定会给你掏钱。拿着脸盆的，那是出院的。住院哪有不死人的？今天二楼的谁死了，明天三楼又死了一个。从医院出来的人通常会有一种重获新生的感觉，重新认识生命的意义，健康才最重要。那天这个说：给，100元。100元的人民币啊！眼睛都不眨一下。你说他会只给1角2角吗？绝对不会！"（懂得进行比较分析。）

乞丐说到这儿，已经很让人佩服了！乞丐接着说："很多乞丐都抱怨，这年头乞丐不好做啊，物价又涨了啊，大伙同情心都没了啊，都从别人身上找原因。我说，你永远从别人身上找原因，你永远不能提高。从自己身上找找看，问题出在哪里。"

"有一次，在大前埔不夜城出来一个人，给了我1角。后来又有一次，一个人在国际会展中心，还是只给了1角。我就问了，怎么你们前埔的人都给1角呢？人家说，我比你还穷，有钱我不住禾祥西不住富山我住什么前埔啊？我恍然大悟。比如你看我们现在的国际银行中心，大伙都来去匆匆的，选择最快时间离开。所以这里的客户通常是有多少零的就给多少，而且通常也不会低于1元。"

"所以我说，态度决定一切！"（总裁说的话他怎么也会？）

"要用科学的方法——统计学来做生意。天天挤在中山路，乞丐那么多？怎么能赚到钱？每个月就赚500元怎么养活老婆孩子？这就是在谋杀啊！慢性谋杀你的全家。要用知识武装自己。学习知识可以把一个人变成聪明的人，一个聪明的人学习知识可以变成很聪明的人。一个很聪明的人学习知识，可以变成天才。"（乞丐也知道统计学？）

"有一次一个人在火车站，他说他身上最小的是10元，但他只想最多给我1元，我说哥们，马上上火车了吧？回家见父母了吧？钱财乃身外物，如果你的父母你的亲戚朋友像我这么可怜，你忍心只给1元吗？他说，这也是，但我只是一民工，一年也没挣俩钱。我说，没关系，花出去的钱你会双倍挣回来，你没零钱是吧？我找你。你只给5元就好了，多的我找你。最后，按我的建议，他给我那张10元，我只收了5元，找了他5元，这个大哥很高兴，省了5元。这5元对我来说就是快达到1小时的成本。我刚才说了，我1小时的成本是7.5元，我只不过是磨了一下嘴皮子，我多合算啊！"（以退为进的策略。）

"在丐帮，一般一个乞丐每个月一两千拿回家，做得好的大概有3000元左右，顶级的乞丐大概每月能有6000元。厦门全丐帮2万个乞丐，大概只有2~3个乞丐，万里挑一，每月能拿到8000元以上。我就是这2~3个人中间的一个，而且很稳定，基本不会有大的波动。"（认识自己很重要。）

"我常常说我是一个快乐的乞丐。有人说，你是因为赚的钱多，所以当然快乐。我对他们说，你们正好错了。是因为我有快乐、积极的心态，所以赚的钱多。""要懂得体味工作带给你的美。趴在轮渡广场的时候，很多乞丐抱怨，海风这么大，行人又不肯给钱！真是倒霉。千万不要这样，用心体会一下厦门的美，厦门是国际花园城市，我们能在这里乞讨，外面又有很多漂亮的女孩子经过，对面又是漂亮的鼓浪屿，这里还有非常现代的高楼大厦，虽然买不起，但是却可以用欣赏的眼光去享受。冬天是白色的，海风是撩人的，多美啊。再看看我的破碗，讨到100多元了，就更美了！做乞丐也是一份工作，每一样工作都有她美丽的地方，我们要懂得从工作中体会这种美丽。"（心态决定一切！）

"我10年前是某房地产公司的售楼处现场经理。8年前在公司作过三个不同项目的营销总监。后来我不干了，一个月就五六千元，没意思，而且不自由受限制。就主动来做乞丐。我愿意做一个快乐的乞丐。哈哈哈哈。"（月薪8000元乞丐的选择！）

任务分析：月薪8000元的乞丐运用了哪些客户关系呢？

（资料来源：态度决定一个乞丐凭什么拿月薪8000元-阿里巴巴专栏 https：//club.1688.com/article/29173012.htm，有修改。）

三、知识支撑

客户关系管理最早起源于美国。1980年就有人专门收集客户与公司联系的信息，1985年，巴巴拉·本德·杰克逊提出了"关系营销"的概念，这使人们对市场营销理论的研究迈上了一个新台阶。1990年，出现了以电话服务中心支持资料分析的客户关怀，后来许多美国企业为了满足日益竞争的市场需要，开始研发销售力量自动化系统（SFA），随后发展为客户服务系统（CSS）。1996年，一些公司把SFA和CSS两个系统合并起来，在此基础上，再集成计算机电话集成技术（CTI），形成集销售、服务于一体并包含呼叫中心的CRM的雏形。特别是加特纳集团（Gantner Group）正式提出CRM的概念后，随着互联网的应用越来越普及，客户信息处理技术（如数据仓库、商业智能、知识发现等技术）得到了长足的发展，CRM的发展更是突飞猛进。1998年随着电子商务的兴起，CRM开始向e-CRM方向发展，并成为企业电子商务中的重要组成。

（一）CRM产生的背景

CRM的兴起与商业环境的演变密不可分。具体而言，CRM的兴起有以下几个方面的原因。

1. 市场的竞争

企业的竞争由产品竞争和市场竞争转为客户竞争，通过对客户价值的满足获得竞争优势；资源价值的变化，客户资源成为利润的源泉和最有价值的资源。

2. 需求拉动

越来越多的企业要求提高销售、营销和服务的自动化和科学化水平。许多企业的销售、营销和客户服务部门难以获得所需的客户互动信息；销售、客户服务、市场、制造、库存等部门的信息分散在企业内，这些零散的信息使得无法对客户有全面的了解，各部门难以在统一的信息基础上面对客户。这需要各部门对面向客户的各项信息和活动进行集成，组建一个以客户为中心的企业，实现对面向客户活动的全面管理。许多企业喊"客户是上帝"，但可操作性不强，客户关系管理是把客户单独列出来，围绕着客户做文章。

3. 信息技术的推动

计算机、通信技术、网络应用的飞速发展使得上面的想法不再停留在梦想阶段。办公自动化程度、员工计算机应用能力、企业信息化水平、企业管理水平的提高都有利于客户关系管理的实现。客户关系管理的作用是锦上添花。电子商务在全球范围内正如火如荼地开展，正在改变着企业做生意的方式。新技术使得收集、整理、加工和利用客户信息的质量大大提高。沃尔玛对顾客购买清单信息的分析表明，啤酒和尿布经常同时出现在顾客的购买清单上。原来,美国很多男士在为自己小孩买尿布的时候,还要为自己带上几瓶啤酒。我国企业的通信成本将会降低,互联网、电话的发展,推动呼叫中心的发展,这使企业也将以统一的平台面对客户。

4. 管理理念的创新

许多先进企业正在经历着从以产品为中心向以客户为中心的转移。有人提出了客户联盟的双赢概念,通俗地讲就是与客户联手建立共同获胜的关系,这区别于以往千方百计从客户身上谋取自身利益的行为。从产值中心论到销售中心论、从利润中心论到客户中心论,企业的管理焦点从产值(量)转到销售额,从利润转到客户满意,形成了以客户需求为中心的营销理念。与此同时,数据库营销、关系营销、一对一营销等新的市场营销理念也伴随着电子商务的发展而迅猛发展,为 CRM 提供了理论依据。

当今世界是一个变革的时代、创新的时代。许多企业正在进行业务流程再造,以产品为中心的路越走越窄,以客户(包括顾客)为中心的路将越走越宽。成长型企业、创新型企业引入客户关系管理是必要的重大选择。发展中的企业要让员工知道"您的工资是谁发给的"(不是老板而是客户),一定要从实际出发,研究应当怎样对待你的客户,怎样了解你的客户,怎样服务和支持你的客户。客户关系管理做得越多,你的竞争力就越强。

(二)我国 CRM 的现状

我国已经加入 WTO,国内市场与国际市场正渐趋融合,不可回避地面临装备了先进营销理念与工具的国际企业的挑战。要想获胜,客户关系管理是我国企业赢得竞争的一个有力武器。

客户关系管理产品主要表现为一套客户关系管理软件,客户关系管理的应用在一定程度上表现为对这一套管理软件的运用。目前客户关系管理产品市场正在成为全球范围内新兴的客户服务市场。

在 1999 年初,我国客户关系管理产品市场几乎为零。在随后的几个月里,中国的客户关系管理产品市场孕育,并迅速地发展起来。

从 1999 年下半年开始,客户关系管理就开始在中国行业内热了起来,不管是投资商、用户还是国内软件厂商都开始关注它。

经过多年的酝酿,我国的客户关系管理市场呈现了自身的独有特点。

1. 国内客户关系管理市场处于萌芽时期

由于国内市场刚开始启动,无论是从产品结构、区域机构、行业结构,还是从销售渠道来看,整个市场体系都还不健全。市场区域主要集中在北京、上海等经济发达地区。

2. 国内客户关系管理产品质量有待改善

国内的客户关系管理产品,从最初引进国外 SEA 概念,发展到客户关系管理系统,在借鉴国外经验的同时,存在一些盲目的抄袭。同时,软件制作过分追求功能的大而全,使得国产软件针对性不强,功能过于简单。

企业在具体做的时候,只是将 CRM 捆绑到相关软件中,如 ERP,并没有真正贯彻客户关系管理系统的"以客户为中心"的理念。所以实际上,能够提供功能比较全面的客户关系管理产品的国内厂商还很少。

3. 没有与客户的互动渠道

客户关系管理精髓的内涵就是建立一个与客户互动的良好渠道，而目前国内的客户关系管理产品只是为企业提供了一个封闭的管理模式，既不能通过网络收集客户信息，也不能将系统资源对客户开放，这从根本上就背离了客户关系管理的思想。

目前国内客户关系管理产品的发展大多参照甚至照搬国外的经验，在借鉴的同时未能充分考虑到结合国内的实际情况。作为应用产品，国内目前众多的客户关系管理产品未能有效地针对中国企业的应用特点专门设计，许多只是简单地引进国外同类产品。在针对国内具体的用户群体时，也未能做到量体裁衣。所以，真正符合国内行业用户的客户关系管理产品，还有很长一段路要走。

4. 市场需求量大

客户关系管理系统提出的"帮助提高本产品用户营业额、扩大市场占有率以及提高客户忠诚度"等功能，使得很多企事业用户对此产品情有独钟，市场需求加大，而因为市场中真正的客户关系管理产品很少，适合国情的产品更是少之又少，所以市场上呈现出供不应求的景象。

5. 部分行业用户率先采用客户关系管理

国家的一些重点行业，如金融、电信、保险等，拥有强大的资金后盾，而且信息化建设已初具规模，在市场机遇与竞争的双重压力下，这部分行业对能提高经营绩效、扩展新商机的客户关系管理具有较强的实施欲望和充分的实施条件，已在国内使用。

（三）CRM 的发展趋势

大数据时代，CRM 今后的发展趋势怎样，提出 CRM 社交化、移动化、平台化才是长远发展的根本。

1. 社交化

随着社交媒体的崛起，人们的沟通方式也悄然发生着改变。社交凭借其快速传播的特点，受到用户的广泛青睐。金蝶副总裁表示，CRM 融合社交技术，突破了原有的沟通障碍，对于挖掘客户价值，提升客户黏度都会起到举足轻重的作用。例如，当销售人员奋战前线时，他需要大量的信息支撑，如文档知识、客户数据等；团队的支持，如售前、产品等协作。这种协作能力背后的助推者正是企业社交和移动应用。让 CRM 真正变成销售人员移动办公和打单的利器，而不是一个办公枷锁，从而提升企业的销售业绩。

2. 移动化

对于如今生活节奏的加快，商业竞争的激烈现状不必多言，随之而来的则是时间在销售周期里的珍贵性日益凸显。加之移动终端数量的井喷，移动 CRM 展现出了不可逆转的发展态势。除此之外，移动 CRM 突破时空界限的力量，可以让使用者快速获得信息支撑，利用碎片时间来实现指尖上的客户关系管理，内部沟通协作，达到了高效、便捷的工作效果。而且，移动 CRM 要结合移动终端的特性，重新打造系统，提供消费类移动应用体验，并充分彰显移动技术的价值，例如照相、录音、地理位置等功能，移动端可以很方便地完成。除此之外，移动和社交技术相糅合，更是达到了相得益彰的效果。

3. 平台化

企业发展越来越快，信息化工具部署也越来越多，ERP、OA、CRM、SCM 等系统各自为政，信息互不沟通，高科技的信息化工具成为企业管理的负担与瓶颈。与非平台的系统相比，平台级别的软件可与企业其他系统实现无缝对接，企业信息沟通便捷，讯息一键可达。

任务二　认识客户关系管理

一、任务描述

客户关系管理是基于客户的知识管理体系。它是融入企业经营理念、生产管理和市场营销、客户服务等内容的以客户为中心的一种极为有效的管理方法。理解客户关系管理的内涵，有助于科学地实施客户关系管理。

二、任务导入

分 析 客 户 价 值

如何通过客户分析来建立与客户长期、稳定、平等互利的关系？某超市随机抽取一年的销售统计表来进行分析，按销售额的多少找出其中对企业最有价值的客户、企业需要花费时间和精力的客户，以及客户的行为特征和购买特点等。

第一步：分析摸清了周边住宅小区的居民是超市最稳定的客户，居民在超市的购物总费用占超市销售额的55%左右。

第二步：单个销售额最大的是周边的几家企业，虽然购买的次数不多，但购买商品的数额巨大。

第三步：外企大量购买办公用品，尤其是节假日的时候，为了给员工发放礼品，会进行大批量的采购。面向这些外企的销售额占超市销售额的15%左右。

策略：一是周边小区的居民是企业进行稳定销售的坚实基础，企业一定要竭尽全力想方设法地稳定住这部分客户；二是外企和周边企业超市决定送货上门，特别是在节假日的时候，超市更应主动同他们联系，向他们推荐适宜于企业发放的礼品，而且从价格上给予优惠。

这几家外资企业对超市的这种举措感到满意，因为他们不仅得了价格上的优惠、节省费用，而且也省去不少的麻烦。于是他们把所有的订单都给了这家超市。

（资料来源：李小圣，《客户关系管理一本通》，有修改。）

实践练习：请根据自己的理解，判断以下说法的正确与错误，正确的请打"√"，错误的请打"×"。

(1) 客户关系管理是销售与客户之间的关系管理。（　　）
(2) 以客户为中心就是要求企业与所有的客户都建立稳定的关系。（　　）
(3) 客户关系管理就是企业为对企业而言价值最大的客户提供服务管理。（　　）
(4) 企业进行营销决策的主要依据是每一类客户的行为特征、需求价值取向和成本收益。（　　）
(5) 从客户关系管理的角度上讲，当客户要离去时，企业应干脆放弃他们。（　　）

三、知识支撑

（一）什么是客户关系管理

客户关系管理是20世纪90年代在欧美兴起的为企业创造利润的最有价值的工具，在

2004年，被评为全球五大最佳管理工具之一。

客户关系管理既是一套原则制度，也是一套软件和技术。它主要包括：①客户识别与管理；②服务人员管理；③市场行为管理；④合作伙伴关系管理；⑤信息与系统管理。

在理解客户关系内涵之前，我们对客户关系管理的三个专有名词分别梳理，以便更清晰地了解客户关系管理的内涵。

1. 客户

什么是客户？英文解释是"Customer"，包括顾客和客户两种含义。顾客是指"逛商店的人"，也是传统上的意义；而客户的意义则更为广泛。在客户关系管理中，我们将"Customer"翻译为客户。过去买过或正在购买的客户称为"现有客户"，还没有买但是可能购买的人或者组织称为"潜在客户"。

企业所提供的产品和服务的最终使用者或接受者。客户就是其商品与服务的购买对象，即企业为之服务的对象。客户可以是一个人、一个目标群体、一个组织。个人客户是消费者，即购买者最终产品与服务的零售客户，通常是个人或者家庭，他们构成消费者市场。企业客户是指将购买企业的成品或服务附加在自己的产品上一同出售给另外的客户，或附加到他们企业内部业务上以增加盈利或服务内容的客户，企业客户构成产业市场。

在现代营销管理理念的指导下，客户的内涵进一步扩大，从过程理论的角度来理解，任何一个过程输出的接受者都是客户，从这种意义上讲，客户包括外部客户和内部客户。广义客户不仅包括企业产品的终端消费者，还包括与企业经营相关的任何组织和个人。如产品的供应商、经销商、企业的内部客户（员工）、广告商、银行、中介等，此外，还包括对企业经营产生重要影响的特殊利益成员，如政府、行业协会、社区、新闻媒体等。

总之，客户范畴包括消费者（个人）客户、企业（B2B）客户、中间商客户（渠道、分销商、代销商）、政府客户、服务型客户和内部客户。

实践练习：对下面一家钢铁企业的客户进行分类：

（1）一位农民自己购买钢铁来建造住宅。

（2）该钢铁集团总公司下面所属的一家汽车制造厂购买该公司的特种钢材。

（3）一家房地产开发公司购买该公司的钢铁用来开发商品房。

（4）某政府机构购买该公司的钢材用来修建公路。

（5）医院购买该公司的产品用于建筑一栋住院大楼。

（6）该钢铁公司在另外一座城市的分销商批发该公司的钢材。

2. 客户关系

客户关系是指企业及其相关人员与客户发生的互动关系，以及建立、维护和发展良好关系所做的努力。市场营销组合理论中4R理论的提出正是说明了客户关系对企业的重要性。

客户关系的类型包括以下四种：

（1）买卖关系。一些企业与其客户之间的关系维持在买卖关系水平，客户将企业作为一个普通的卖主，销售被认为仅仅是一次公平交易，交易目的简单。企业与客户之间只有低层次的人员接触，企业在客户企业中知名度低，双方较少进行交易以外的沟通，客户信息极为有限。

客户只是购买企业按其自身标准所生产的产品，维护关系的成本与关系创造的价值极低。无论是企业损失客户还是客户丧失这一供货渠道，对双方业务并无太大影响。

（2）供应关系。企业与客户的关系可以发展成为优先选择关系。处于此种关系水平的企业，销售团队与客户企业中的许多关键人物都有良好的关系，企业可以获得许多优先的甚至独占的机会，与客户之间信息的共享得到扩大，在同等条件下乃至竞争对手有一定优势的情况下，客户对企业仍有偏爱。

在此关系水平上，企业需要投入较多的资源维护客户关系，主要包括给予重点客户销售优惠政策、优先考虑其交付需求、建立团队、加强双方人员交流等。此阶段关系价值的创造主要局限于双方接触障碍的消除、交易成本的下降等方面，企业对客户信息的利用主要表现在战术层面，企业通过客户让渡部分价值来达到交易长期化的目的，可以说是一种通过价值向客户倾斜来换取长期获取价值的模式，是一种"不平等"关系，客户由于优惠、关系友好而不愿意离开供应商，但其离开供应商并不影响其竞争能力，关系的核心是价值在供应商与客户之间的分配比例和分配方式。

（3）合作伙伴。当双方的关系存在于企业的最高管理者之间，企业与客户交易长期化，双方就产品与服务达成认知上的高度一致时，双方进入合作伙伴阶段。

在这个阶段，企业深刻地了解客户的需求并进行客户导向的投资，双方人员共同探讨行动计划，企业对竞争对手形成了很高的进入壁垒。客户将这一关系视为垂直整合的关系，客户企业里的成员承认两个企业间的特殊关系，他们认识到企业的产品和服务对他们的意义，有着很强的忠诚度。在此关系水平上，价值由双方共同创造、共同分享，企业与客户的关系是合作和伙伴关系，有共同的价值联接，企业在与竞争对手的竞争中可以赢得先机，掌握着竞争的优势。双方对关系的背弃均要付出巨大代价。企业对客户信息的利用表现在战略层面，关系的核心由价值的分配转变为新价值的创造。

（4）战略联盟。战略联盟是指双方有着正式或非正式的联盟关系，双方的目标和愿景高度一致，双方可能有相互的股权关系或成立合资企业。两个企业通过共同安排争取更大的市场份额与利润，竞争对手进入这一领域存在极大的难度。现代企业的竞争不再是企业与企业之间的竞争，而是一个供应链体系与另一个供应链体系之间的竞争，供应商与客户之间的关系是"内部关系外部化"的体现。

这四类关系并无好坏、优劣之分，并不是所有企业都需要与客户建立战略联盟。只有那些供应商与客户之间彼此具有重要意义且双方的谈判能力都不足以完全操控对方，互相需要，又具有较高转移成本的企业间，建立合作伙伴以上的关系才是恰当的。而对大部分企业与客户之间的关系来说，优先供应商级的关系就足够了。因为关系的建立需要资源，如果资源的付出比企业的所得还多，那么这种关系就是"奢侈"的。

拓展阅读：

4G 时代的服务畅想

随着 4G 网络的大规模商用，4G 时代已经来临。技术进步为体验改善吹响了进攻号角，4G 已经大规模改变了我们的生活，也诞生了更加具有个性化、人性化的商品以及商业模式。

早在 2014 年，星巴克在美国推出一种神奇服务，叫作 Mobile Pour，客户走在路上，突然想来一杯星巴克，通过 APP 允许星巴克知道自己的位置，点好想要的咖啡，然后接着走自己的路，走啊走，不一会儿星巴克快递员就会踩着滑轮车送来一杯咖啡，此项服务已在全美国7个城市推出。星巴克推出的神奇服务是典型的LBS，即基于用户位置的服务，LBS不是新技术，但是随着移动通信技术的发展，星巴克利用这些新技术发展成果将自己的服务推向了一个极致。

4G正在改变我们的生活，商业细分将被深挖掘。新技术也给客户服务业务的发展带来机遇和可能性。长期以来，客户服务行业都是通过电话这一载体向客户提供服务，随着互联网、通信技术的发展，衍生出在线客服、微信客服、短信客服等服务形式，但始终都是作为企业实体物理网点客户服务、产品销售行为的补充，客服中心通过突破物理网点在时间、空间上的限制提供咨询或者应急服务来增强客户黏性，或者进行电话销售，从而产生一定的利润。但伴随着新技术的发展，客户服务中心能够做的事情不仅仅是提供咨询服务或者是进行电话销售这么简单，可以毫不夸张地说，凡是实体物理网点能够提供的服务，客户服务中心都可以做到，从这个发展方向来看，客服中心将会替代实体物理网点提供各种服务和产品销售，从而降低企业运营成本，增强企业核心竞争力，当然最大受益者还是广大互联网时代的客户们。以商业银行为例，开一家物理网点，从申报、选址、装修到人员配备需要耗费大量时间、精力和金钱，网点开业以后维持网点正常运营的费用也不容小觑，而且这种传统的网点扩张经营模式已经遭遇巨大挑战，主要原因是客户的消费模式已经发生了本质变化，新生代客户们、未来主流客户们想要的是随时随地的个性化服务。就好像在文章开头提到的星巴克Mobile Pour一样，在等待服务的过程中不会耽误自己做其他事情，甚至可以继续行走、改变自己所在的位置。

星巴克快速餐饮行业服务模式是否能在商业银行中进行借鉴呢？商业银行属于高风险行业，在风险控制方面确实有着自身特殊监管要求，很多业务的办理需要客户本人到场、本人签名，但是千万别忘了，现在是互联网时代，技术的发展已经可以帮助我们解决很多难题。如果将视频通话技术、移动签字技术、指纹声纹采集技术引入客户服务中心或者自助设备上的话，几乎柜面所有业务都有可能迁移至客服中心或自助设备进行办理。成立于1990年的德国Entrium Direct Bankers就属于无网点银行里的典范，它目前是欧洲最大的直接银行，该银行没有分支机构，仅有员工370人，为77万客户服务，银行人均资产达到1000万美元以上。该家银行的员工主要工作是进行产品开发和系统维护，利用先进的互联网技术、通信技术，通过电话、网络等电子化、智能化、自助化渠道为客户提供服务和销售产品。

如果说，互联网技术打破了一切时间限制，但在打破空间限制还略有不足时，移动互联技术的发展宣告这一切都不是问题。试想一下，如果客户可以在任何时间、任何地点、任何状态下接入客户服务中心，享受标准统一的各种服务，这该会是一件多么了不起的事情。然而这一切并不是空想，国内各家银行已经意识到这是商业银行服务未来发展的主流趋势，并已经进入了激烈的竞争阶段，谁都不想在这场战役中输掉寸土。走得比较超前的仍然是招商银行，远程银行就是招行客服中心主力推出的、兼具电子渠道方便快捷和人工服务友好性特点的金融服务模式，是集成电话银行、空中银行的新型服务体系。招商银行客户服务中心年服务客户人数超过1亿人次；2011年通过空中银行中间业务收入同比实现翻番；目前一站式服务已经覆盖零售银行所有非现金业务，以及批发银行的大部分业务。

在移动互联网时代的客户服务中心，一切最新技术都可找到用武之地，只有想不到，没有做不到的服务。采用4G通信技术，客户可以实现与人工坐席进行高质量的移动视频通话，享受客户服务；对大数据技术的娴熟运用，使得客户需求不仅能够被满足，甚至能被创造；智能穿戴设备的投入，使得人工坐席工作不再乏味枯燥，甚至在家就可以完成客户服务工作；Summly软件的进一步发展，使客户、坐席都不用在海量的信息中费神寻找，轻松将冗长文章精简成需要的关键句子；甚至不需要担心移动通信设备的持续电源问题，美国杜克大学已经在这方面有了研究成果，利用廉价材料制作出可将微波信号转化为7.3V电能的装置，这样手机信号可以作为利用对象对手机进行充电，苹果公司也获得了无线充电方面的相关专利。

截至2013年11月，中国有4.46亿手机上网用户，相信这一数字还会持续增长。随着新技术的发展，特别是可穿戴智能设备形态的多样化，在4G时代，移动互联网会带给客户怎样不同凡响的服务体验，还真是难以预测，不过可以肯定的是，方便、快捷、贴心的服务体验标准永远不会过时。而且新技术和客户需求的发展是相辅相成的关系，新技术促生了新的客户服务需求，反过来，新的客户服务需求是技术发展的巨大推动力，人们总是在想办法如何能够生活得更加方便，商家总是在寻找新的利润增长点。

可以说，互联网时代，一部手机可以解决所有问题。未来一个人外出不需要带任何东西，只需要一部手机，支付可以通过微信支付与手机银行。酒店、机票都可以进行手机预订。下雨了没有伞，可以在手机上通过微信、微博联系卖伞的人在预定的时间与地点提供雨伞。可以随时加入一些钟点服务获取旅游费用。比如到上海前一个小时预订了一小时后的洗碗服务，到了某个城市迅速加入相同路线自发旅游团等。总之，很多很细的生活需求都有很方便的互联网平台进行公布与寻求解决或者帮助。

移动互联网、4G技术使信息传播的速度更快，使消费者的参与感更强，信息点到信息点之间的连接更加直接，在这样的时代背景下，一切皆可服务。

（本文刊载于《客户世界》2014年1—2月合刊，有修改。）

3. 客户关系管理定义

对客户关系管理的定义，不同的研究机构提出不同的表述。

客户关系管理概念1999年引入我国，最早提出该概念的加特纳集团（Gartner Group）认为，客户关系管理就是为企业提供全方位的管理视角，赋予企业更完善的客户交流能力和最大化的客户收益率。客户关系管理是一种商业策略，目标是通过优化客户的行动使得企业获得最大化的商业成功，CRM是管理客户关系的商业策略和商业实践，这个商业实践强调使用不同的方式管理不同的客户，给客户带来价值的同时，也为公司创造价值。可以说，CRM是一种旨在改变企业与客户关系的管理机制，实施于企业的市场营销、服务与技术等与客户有关的领域。它不仅是管理软件和技术，而且是融入企业经营理念、生产管理和市场营销、客户服务等领域的一种以客户为中心的管理方法。

卡尔松营销集团的观点把客户关系管理定义为：通过培养公司的每一个员工，使得经销商或客户对该公司有更积极的偏爱或偏好，留住他们并以此提高公司业绩的一种营销策略。

Hurwitz group 的观点：客户关系管理的焦点是自动化，并改善与销售、市场营销、客户服务和支持等领域的客户关系有关的商业流程。客户关系管理既是一套原则制度，也是一套软件和技术。

IBM 理解的客户关系管理包括企业识别、挑选、获取、发展和保持客户的整个商业过程。它把客户关系管理分为三类：关系管理、流程管理和接入管理。企业实施客户关系管理的目的，就是通过一系列的技术手段了解客户目前的需求和潜在客户的需求。企业要整合各方面的信息，使得企业所掌握的每一位客户的信息是完整一致的。企业对分布于不同的部门、存在于所有接触点上的信息进行分析和挖掘，分析客户的所有行为，预测客户下一步对产品和服务的需求。分析的结果反馈给企业内的相关部门，相关部门根据客户的需求，进行一对一的个性化服务。

RMGuru.com 的客户关系管理专家"gurus"（古鲁斯）的观点：客户关系管理是选择和管理客户，以达到对客户价值不断优化的企业战略。客户关系管理需要以客户为中心的企业哲学和文化，从而保证有效地支持企业营销、销售及服务流程。CRM 应用可有效增强客户关系管理，前提是企业必须有正确的领导、战略及文化。

罗纳德·史威福特的观点：其著作曾被列为亚马逊专业类畅销榜首的美国客户关系管理专家罗纳德·史威福特认为"客户关系管理是企业通过富有意义的交流沟通，理解并影响客户行为，最终实现提高客户获得、客户保留、客户忠诚和客户创利的目的"。

麦肯锡的观点：全球最著名的管理咨询公司，其定义是客户关系管理指透过深入分析客户及相关资料，为客户提供量身定做的产品及服务，以深耕及拓展客户关系。

从上述给出的几个关于客户关系管理的概念，可以发现其包含以下共性：

（1）客户关系管理的根本目的是发现、培育并保留住"真正的顾客"，实现企业与客户的"双赢"。所谓真正的客户是指和企业建立长期稳定的关系，愿意为企业提供的产品和服务承担合适价格的客户。把"双赢"作为关系存在和发展的基础，"供方"提供优良的服务、优质的产品，"需方"回报合适的价格，供需双方发展长期稳定互惠互利的关系，显然这样的结果是"大家都满意"。

（2）客户关系管理是企业与客户的一种博弈。企业间的竞争已经折射到企业运作的整条供应链上，如何确保供应链上供应商、生产商、代理商、销售商、最终用户之间信息的沟通已至关重要。企业想获得利润，客户需要自我需求的满足，企业和客户要想获得双赢，必须寻求一种全局平衡，即在信息完全与信息不完全的条件下企业与客户之间需求的平衡，这种平衡是博弈的结果。

（3）客户关系管理是基于客户的知识管理体系。客户关系管理的根本要求就是要建立与客户关系之间的"学习关系"，即从与客户的接触中了解他们在使用产品中遇到的问题和对产品的意见及建议，并帮助他们及时解决；同时了解他们的姓名、通信地址、个人喜好和购买习惯，在此基础上进行"一对一"的个性化服务，并拓展新的市场需求。因此，客户关系管理的实质就是企业基于客户知识的获取、存储、传递、转化、整合和创造等管理过程。

综合以上定义和共性，对客户关系管理的定义是：客户关系管理是指通过数据库和其他信息技术来获取客户数据，分析客户需求特征和行为偏好，积累和共享客户知识，有针对性地为客户提供产品或服务，发展和管理客户关系，提高客户满意度和忠诚度，以实现企业和客户双赢的目的。

尽管 CRM 最初的定义为企业的商务战略，但随着 IT 技术的参与，CRM 已经成为管理软件、企业管理信息解决方案的一种类型。

拓展阅读：

王永庆卖米的启示

王永庆，有台湾"经营之神"的称号。在台湾地区的富豪中雄居首席，在世界化学工业界居"50强"之列，是台湾地区唯一进入"世界企业50强"的企业王。他的"台塑集团"发展成为台湾企业的王中之王，在台湾地区，与台塑集团企业有着存亡与共关系的下游加工厂超过1500家。

1932年，家境贫寒的王永庆，16岁在台湾嘉义开了一家米店，从此踏上了艰难的创业之旅。

小小的嘉义已有近30家米店，跻身米店林立的嘉义，竞争非常激烈。当时仅有200元资金的王永庆，只能在一条偏僻的巷子里承租一个很小的铺面。他的米店开办最晚、规模最小，更谈不上知名度了，没有任何优势。在新开张的那段日子里，生意冷冷清清，门可罗雀。

怎么打开销路呢？王永庆想起父亲常说的一句古训："不惜钱者有人爱，不惜力者有人敬。"他没钱，唯一能做的就是不吝惜时间和力气。

刚开始，王永庆曾背着米挨家挨户去推销，一天下来，人不仅累得够呛，效果也不太好。谁会去买一个小商贩上门推销的米呢？可怎样才能打开销路呢？

从司空见惯中寻找突破口

王永庆决定从每一粒米上打开突破口。那时候的台湾地区，农民还处在手工作业状态，由于稻谷收割与加工的技术落后，很多小石子之类的杂物很容易掺杂在米里。人们在做饭之前，都要淘好几次米，很不方便。但大家都已见怪不怪，习以为常。

王永庆却从这司空见惯中找到了切入点。他和两个弟弟一齐动手，一点一点地将夹杂在米里的秕糠、砂石之类的杂物拣出来，然后再卖。一时间，小镇上的主妇们都说，王永庆卖的米质量好，省去了淘米的麻烦。这样，一传十，十传百，米店的生意日渐红火起来。

从送货上门入手

王永庆并没有就此满足。他还要在米上下大工夫。那时候，顾客都是上门买米，自己运送回家。这对年轻人来说不算什么，但对一些上了年纪的人，就是一个大大的不便了。而年轻人又无暇顾及家务，买米的顾客以老年人居多。王永庆注意到这一细节，于是主动送米上门。这一方便顾客的服务措施同样大受欢迎。当时还没有"送货上门"一说，增加这一服务项目等于是一项创举。

一天晚上，天下着倾盆大雨，王永庆忙完店里的活计，已是深夜。他上床躺下，迷迷糊糊刚睡着，就被一阵急促的敲门声惊醒了。开门一看，原来是嘉义火车站对面一家客栈的厨师。厨师说客栈来了几位客人，还没吃饭，刚巧厨房没米了，请王永庆帮忙送一斗米过去。当时，卖米的利润极其微薄，一斗米只能赚一分钱。从心情上来说，王永庆不愿冒着这么大的雨赚这一分钱，但为了维持平日的信用，他二话没说，量了一斗米，披上一条麻袋当雨具，将米送到客栈。回来时，全身都湿透了。

从精细务实处入手

王永庆送米，并非送到顾客家门口了事，还要将米倒进米缸里。如果米缸里还有陈米，他就将旧米倒出来，把米缸擦干净，再把新米倒进去，然后将旧米放回上层，这样，陈米就不至于因存放过久而变质。王永庆这一精细的服务令顾客深受感动，赢得了很多的顾客。

如果给新顾客送米，王永庆就细心记下这户人家米缸的容量，并且问明家里有多少人吃饭、几个大人、几个小孩，每人饭量如何，据此估计该户人家下次买米的大概时间，记在本子上。到时候，不等顾客上门，他就主动将相应数量的米送到客户家里。

不过，由于嘉义大多数家庭都靠做工谋生，收入微薄，少有闲钱，主动送米上门，如果马上收钱，碰上顾客手头紧，会弄得双方都很尴尬。因此，每次送米，王永庆并不急于收钱。他把全体顾客按发薪日期分门别类，登记在册，等顾客领了薪水，再去一拨儿一拨儿地收米款，每次都十分顺利，从无拖欠现象。

务实积累人脉

王永庆精细、务实的服务，使嘉义人都知道在米市马路尽头的巷子里，有一个卖好米并送货上门的王永庆。有了知名度后，王永庆的生意更加红火起来。这样，经过一年多的资金积累和客户积累，王永庆便自己办了个碾米厂，在最繁华热闹的临街处租了一处比原来大好几倍的房子，临街做铺面，里间做碾米厂。

就这样，王永庆从小小的米店生意开始了他后来问鼎台湾首富的事业。

（资料来源：http://www.201980.com/lzgushi/xueshu/9855.html，有修改。）

思考：

王永庆如何进行客户管理的？有何启示？

王永庆卖米的故事告诉我们，不要以为创造就非得轰轰烈烈、惊天动地。把一粒米这样细小的工作做好同样也是一种创造。

（二）客户关系管理的内容与内涵

1. CRM的具体内容

（1）如何建立客户关系。对客户的认识、选择和开发（将目标客户和潜在客户开发为现实客户）。

（2）如何维护客户关系。对客户信息的掌握，对客户的分级，与客户进行互动与沟通，对客户进行满意度分析，并想办法实现客户的忠诚。

（3）在客户关系破裂的情况下，应该如何恢复客户关系，如何挽回已流失的客户。

（4）如何建设、应用CRM软件系统，如何应用呼叫中心、数据仓库、数据挖掘、商务智能、因特网、电子商务、移动设备和无线设备等现代化技术工具来辅助客户关系管理。

（5）如何进行基于客户关系管理理念下的销售、营销，以及客户服务与支持的业务流程重组，如何实现CRM与其他信息化技术手段（如ERP、OA、SCM、KMS）的协同与整合。

2. CRM 的内涵

(1) 客户关系管理本质。CRM 是一种经营与管理理念，体现为新态企业管理的指导思想和理念。经营理念：客户为核心，为客户创造价值；管理理念：企业将在 CRM 理念指导下，创新并建设以客户为中心的商业模式，通过整合企业内外资源、集成并应用 CRM 管理系统，确保企业利润增长和客户满意的实现。

CRM 是一种管理机制，是创新的企业管理模式和运营机制。旨在通过改善与客户的关系，提高企业营销、销售、服务等与客户密切相关业务的效率和效益。企业建立和应用客户关系管理系统，在动态运营中就可以及时识别发生于企业产品、服务与客户间的交互关系，使营销、销售、客户服务以及决策等诸多业务领域形成彼此协调、互为支持的全新局面。

CRM 是一种管理软件和技术，是企业管理中信息技术、软硬件系统集成的管理方法和应用解决方案的总和。它既是帮助企业组织管理客户关系的一系列信息技术、方法和手段，又是运用信息技术对企业涉及销售、营销和客户服务等业务流程自动化的软件乃至硬件系统。

(2) 客户关系管理的功能。客户关系管理的功能可以归纳为三个方面：市场营销中的客户关系管理、销售过程中的客户关系管理、客户服务过程中的客户关系管理，以下简称为市场营销、销售、客户服务。

1) 市场营销。客户关系管理系统在市场营销过程中可有效帮助市场人员分析现有的目标客户群体，也能有效分析每一次市场活动的投入产出比，根据与市场活动相关联的回款记录及举行市场活动的报销，如主要客户群体集中在哪个行业、哪个职业、哪个年龄层次、哪个地域等，从而帮助市场人员进行精确的市场投放。单据做计算，就可以统计出所有市场活动的效果报表。

2) 销售。销售是客户关系管理系统中的主要组成部分，主要包括潜在客户、客户、联系人、业务机会、订单、回款单和报表统计图等模块。

业务员通过记录沟通内容、建立日程安排、查询预约提醒、快速浏览客户数据有效缩短了工作时间，而大额业务提醒、销售漏斗分析、业绩指标统计、业务阶段划分等功能又可以有效帮助管理人员提高整个公司的成单率、缩短销售周期，从而实现最大效益的业务增长。

3) 客户服务。客户服务主要是用于快速及时地获得问题客户的信息及客户历史问题记录等，这样可以有针对性并且高效地为客户解决问题，提高客户满意度，提升企业形象。主要功能包括客户反馈、解决方案、满意度调查等。应用客户反馈中的自动升级功能，可让管理者第一时间得到超期未解决的客户请求，解决方案功能使全公司所有员工都可以立刻提交给客户最为满意的答案，而满意度调查功能又可以使最高层的管理者随时获知本公司客户服务的真实水平。

有些客户关系管理软件还会集成呼叫中心系统，这样可以缩短客户服务人员的响应时间，对提高客户服务水平也起到了很好的作用。

3. 客户关系管理的核心思想

(1) 客户让渡价值是建立高质量客户关系的基础。

(2) 重视客户的个性化特征,实现一对一营销。
(3) 不断提高客户满意度和忠诚度。
(4) 客户关系始终贯穿于营销的全过程。

拓展阅读:

"啤酒与尿布"故事的启示

"啤酒与尿布"的故事可以说是营销界的经典段子。故事产生于20世纪90年代的美国沃尔玛超市中,沃尔玛的超市管理人员分析销售数据时发现了一个令人难以理解的现象:在某些特定的情况下,"啤酒"与"尿布"两件看上去毫无关系的商品会经常出现在同一个购物篮中,这种独特的销售现象引起了管理人员的注意,经过后续调查发现,这种现象出现在年轻的父亲身上。

在美国有婴儿的家庭中,一般是母亲在家中照看婴儿,年轻的父亲前去超市购买尿布。父亲在购买尿布的同时,往往会顺便为自己购买啤酒,这样就会出现啤酒与尿布这两件看上去不相干的商品经常会出现在同一个购物篮的现象。如果这个年轻的父亲在卖场只能买到两件商品之一,则他很有可能会放弃购物而到另一家商店,直到可以一次同时买到啤酒与尿布为止。沃尔玛发现了这一独特的现象,开始在卖场尝试将啤酒与尿布摆放在相同的区域,让年轻的父亲可以同时找到这两件商品,并很快地完成购物;而沃尔玛超市也可以让这些客户一次购买两件商品而不是一件,从而获得了很好的商品销售收入,这就是"啤酒与尿布"故事的由来。

(资料来源:http://wenku.baidu.com/view/f2d41559ad02de80d4d840ad.html?re=view,有修改。)

思考:沃尔玛的数据挖掘对我们有什么启示?

四、课后练习

(一) 客户体验

(1) 客户体验CRM。练习目的是通过本次练习,获得客户关系管理应用的感官体验,深刻体会CRM三个内涵的融合和互相支撑,进而更加深入地了解CRM的功能及其对企业的重要性。

(2) 练习要求。学生自由组合,分别扮演客服与客户,演练"客户在比萨店订餐的过程"的练习内容。其他同学也可以模仿这个案例,把比较有代表性的、能够体验到的、反映CRM功能的日常生活经历(如电话银行客服系统、移动10086客服系统等)的对话场景表演出来,以便全班师生分享。

练习内容:客户在比萨店订餐的过程(某比萨店的电话铃响了,客服拿起电话。)

客服:您好,这里是×××比萨店,非常高兴为您服务。请问您有什么需要?

顾客:你好,我想订餐。

客服:先生,请把您的会员卡号告诉我。

顾客:158××××××888。

客服:周先生,您好!您的送餐地址是:×××小区11号楼1单元11号。您的送餐电话是:82823333。请问,您想订什么餐?

顾客：你怎么知道这些详细信息的？
客服：周先生，因为我们联机到了客户关系管理系统。
顾客：我想订一个海鲜比萨。
客服：周先生，海鲜比萨不太适合您。
顾客：为什么？
客服：根据您的医疗记录，您的血压和胆固醇都偏高。
顾客：既然这样，你给推荐一个吧。
客服：您可以试试我们的低脂健康比萨。
顾客：好，那我要一个家庭特大号的，需要多少钱？
客服：99元，足够您家五口人吃的了。不过，要提醒您，您的母亲应该少吃。因为上次您订餐时提到了，她上个月刚做了大手术，处于恢复期，需要汤水调养。
顾客：好的，可以刷卡吗？
客服：周先生，对不起。请您付现款，因为我们已经与银行联网，根据银行的数据显示，您的信用卡已经透支了，而且还另外有房屋贷款。
顾客：那我先去附近的提款机取款吧。
客服：周先生，根据您的记录，您已经超过了今日的取款限额。
顾客：算了，那就直接送我家吧，我家里有现金。你们多久能送到？
客服：大约十分钟。如果您自己来取会更快。
顾客：为什么？
客服：根据我们客户关系管理全球定位系统的车辆行驶自动跟踪系统记录，您开的车即将从我们××连锁店的门口经过。

（3）思考与互动。学生思考并回答以下几个问题，教师点评、归纳。

1）如果你是这位顾客，能感受到客户关系管理系统的什么好处？

2）在上述案例中，管理思想、管理技术和管理实施三个方面是如何很好地融合在一起的？

3）客户关系管理系统给企业带来了什么好处？

4）通过上述案例，具体谈谈CRM的功能都包括哪些？

5）根据你的了解，案例中的场景在现有环境下实现了吗？有哪些不同？

（二）技能训练

（1）客户关系管理产生的原因主要有（　　　）。

A. 企业竞争环境的变化　　　　　　B. 技术进步
C. 管理理念的发展　　　　　　　　D. 现代生产方式的转变

（2）现代企业的管理焦点已经转向（　　　）。

A. 产值（量）　　　B. 销售额　　　C. 利润　　　D. 客户满意

（3）客户是（　　　）。

A. 产品或服务的最终接受者　　　　B. 用户
C. 内部客户　　　　　　　　　　　D. 企业产品的终端消费者
E. 潜在客户

（三）能力测评

良好的沟通能力是处理好人际关系的关键。具有良好的沟通能力不仅可以使你很好地表达自己的思想和情感，而且还能获得别人的理解和支持。沟通能力还在一定程度上说明了你的团队合作能力。阅读下面的问题，选择出你认为最合适的答案。

（1）你上司的上司邀请你共进午餐，回到办公室后，你发现你上司对此颇为好奇，此时你会（　　）。

A. 告诉他详细内容

B. 粗略描述，淡化内容的重要性

C. 不透露蛛丝马迹

（2）当你主持会议时，有一位下属一直以不相干的问题干扰会议，此时你会（　　）。

A. 告诉该下属在预定的议程结束之前先别提出其他问题

B. 要求所有的下属先别提出问题，直到你把正题讲完

C. 纵容下去

（3）当你跟上司正在讨论事情，有人打长途电话来找你，此时你会（　　）。

A. 告诉对方你正在讨论重要的事情，待会再回电话

B. 接电话，而且该说多久就说多久

C. 告诉上司的秘书说不在

（4）有位员工连续四次在周末向你要求他想提早下班，此时你会说（　　）。

A. 你对我们相当重要，我需要你的帮助，特别是在周末

B. 今天不行，下午四点钟我要开个会

C. 我不能再容许你早退了，你要顾及他人的想法

（5）你刚好被聘为部门主管，你知道还有几个人关注这个职位，上班的第一天，你会（　　）。

A. 把问题记在心上，但立即投入工作，并开始认识每一个人

B. 忽略这个问题，并认为情绪的波动很快会过去

C. 找个别人谈话，以确认哪几个人有意竞争此职位

（6）有位下属对你说："有件事我本不应该告诉你的，但你有没有听到……"你会说（　　）。

A. 谢谢你告诉我怎么回事，让我知道详情

B. 跟公司有关的事我才有兴趣听

C. 我不想听办公室的流言

（7）你认为你的文字和口头表达能力强吗？（　　）

A. 是　　　　　　　　B. 一般　　　　　　　　C. 很差

（8）你能很好地运用肢体语言表达你的意思吗？（　　）

A. 是　　　　　　　　B. 一般　　　　　　　　C. 很差

（9）你能很容易地认识一个陌生的人吗？（　　）

A. 是　　　　　　　　B. 有时　　　　　　　　C. 否

（10）你能影响别人接受你的观点吗？（　　）

A. 是　　　　　　　　B. 有时　　　　　　　　C. 不能

（11）与人交谈时你能注意到对方所表达的情感吗？（　　）

A. 是　　　　　　　　B. 有时　　　　　　　　C. 不能

（12）你是否能用简单的语言来表述复杂的意思？（　　）

A. 是　　　　　　　　B. 一般　　　　　　　　C. 否

（13）朋友评价你是个值得信赖的人吗？（　　）

A. 是　　　　　　　　B. 一般　　　　　　　　C. 不是

（14）你能积极引导别人把思想准确地表达出来吗？（　　）

A. 是　　　　　　　　B. 有时　　　　　　　　C. 不能

（15）你是否善于听取别人的意见，而不将自己的意见强加于人？（　　）

A. 是　　　　　　　　B. 有时　　　　　　　　C. 不能

项目二

客户识别、选择和开发

本项目描述

企业客户关系管理的第一步是如何建立客户关系,建立客户关系的步骤:首先是对客户的识别,其次是对客户的细分,再次是对各类客户的管理及选择的策略,最后是客户的开发。

知识目标

(1) 了解客户识别和客户细分的方法。
(2) 掌握对各类客户的管理。
(3) 熟知客户选择的意义及策略。
(4) 掌握客户开发的策略。

技能目标

(1) 能够根据所学知识对客户进行识别,按照一定的规则对客户进行细分。
(2) 掌握对客户进行选择的方法。
(3) 学会运用客户开发的策略。

素质目标

(1) 培养学生以人为本、顾客至上的服务理念。
(2) 培养学生诚信待人、热情服务的精神。

任务一 客 户 识 别

一、任务描述

认识客户是客户关系管理重要的第一步,要正确认识客户就必须要清楚客户识别的对象是谁并掌握客户识别和客户细分的具体方法。

二、任务导入

杂货店老板的客户关系管理

一位男士在下班回家的路上,走进家门口附近的一家杂货店中,拿起一瓶酱油,看了看说明和价格,然后放了回去。三分钟后,他又走回这家杂货店,再拿起那瓶酱油看了又看。此时老板看出了这位男士的犹疑,他走向那位先生,一语中的,"王先生,您太太平常买的就是这种酱油。您太太真是会选,这种酱油含有较丰富的豆类成分,味道更香,更能增进您家儿子的食欲,另外您太太是我们的老客户,买东西可以打九五折,还可以用记账消费月结。您家酱油应该差不多用完了吧?现在您只要签个名,就可以顺道带回去了,您太太一定会非常高兴的。"就这样,王先生愉快地买走了酱油。

看完后你有何感想和启发？

从这个故事我们可以看到，其实客户关系管理早就不知不觉地被人们所实践。其实一种好的客户关系管理在很多地方就像这个杂货店老板所做的。只是一个具有一定规模的企业还能像那个杂货店老板那样记住每一个相熟顾客的详细信息，并采用相应的服务策略吗？如果您的企业也想拥有像杂货店老板那样良好的顾客关系，那么客户关系管理对您的企业无疑会有很大的帮助。

三、知识支撑
（一）客户识别

在产品和服务差异越来越小，企业之间的市场竞争日趋激烈的情况下，消费需求呈现出个性化、多样化和复杂化等趋势，客户有了越来越大的选择自由。实施"以客户为中心"的客户关系管理，是企业保持持久进步的重要举措。企业的一切活动必须围绕满足客户的需要展开，设法吸引消费者，使其成为自己客户，并尽力与其建立长期的、良好的关系，达到长期、稳定发展的目的。可是，如果无法知道哪些客户是重要的，哪些客户是最有潜力和有价值的，那么客户关系管理将无从谈起。因此，识别客户将成为客户关系管理实际运作过程中非常重要的一环。

1. 客户识别的定义

客户识别就是通过一系列技术手段，根据大量客户的特征、购买记录等可得数据，找出谁是企业的潜在客户，客户的需求是什么、哪类客户最有价值等，并把这些客户作为企业客户关系管理的实施对象，从而为企业成功实施客户关系管理提供保障。客户识别的本质是对客户进行分类和分级。

2. 客户识别的对象

（1）识别潜在客户。

1）潜在客户的定义。潜在客户指对企业的产品或服务有需求同时又具有购买力的人。由于潜在客户具有"尚未发现"的特点，是经营性组织机构的产品或服务的可能购买者，因此是需要公司花大力气争取的客户。新客户的加入为企业注入新的血液，特别是大的潜在客户的加入，对企业赢利产生重要的影响。

2）识别潜在客户的条件。识别潜在客户需要具备几个条件：一是营销人员要有观察力，充分利用眼、鼻、嘴、耳和身体，同时充分利用人的第六感官使自己处于一种意境当中，观察到客户内心深处而不是表象；二是营销人员要以极强的判断力和敏感性来判断客户的性格。

3）潜在客户的特征。潜在客户的特征主要表现在以下几点：

a. 潜在客户要有足够的资金。一个没有钱的人，就是想买东西，也没有能力付款。设想一个月薪2000元的人，不可能买一栋价值100万元的别墅。因此，销售员向他推销别墅是白费力气，但他通过抵押贷款购买微利房也许是可能的。

b. 潜在客户要有决定权。就家庭而言，决策者可能是父亲，但母亲和子女也可能是决策的影响者。决策者就是有决定权的人，这就是推销员要找的对象。

c. 潜在客户要有真正的需求。向视力正常的人推销近视眼镜，向失去双手的人推销手套，向"聪明绝顶"的人推销洗发水，这些能够成功吗？通常不能。因为他们通常无此需要。

(2) 识别有价值的客户。

1) 客户价值的内涵。人们对于客户价值的理解并不统一，在概念使用中也有所不同。归纳起来，对客户价值概念的理解和使用有两种倾向：一类观点认为，客户价值是企业为客户创造并提供的价值，客户价值的受益者和所有者是客户，客户价值是由企业创造出来并流向客户的；另一类观点则截然相反，认为客户价值是由客户带给企业的价值，客户价值的受益者和所有者是企业，客户价值是由客户创造并流向企业的。

虽然这两种理解是截然相反的，但是并不矛盾，就像作用力与反作用力。事实上，在企业中这两种价值都存在。

2) 客户价值的动态性。客户价值的一个重要特征是动态性。许多学者的研究都发现，客户价值是随着时间的变化而变化的，企业要持续地对客户进行管理，就必须了解客户的价值的变化情况，不仅要了解现在的价值，同样也要了解它随着时间变化的价值演变情况。这样才能根据客户价值的不同进行不同的管理。

3) 衡量客户价值的标准。对于企业来说，并不是每位客户都有同样的价值，根据帕累托原则，一个企业80%的利润往往是由20%最有价值的客户创造的，其余80%的客户为微利、无利，甚至是负利润的。因此，企业要保持的是有价值的客户。

各个行业都可以看到核心客户的身影，从股市的大客户室、中国电信大客户事业部、商业银行的VIP理财室再到航空公司的头等舱，衡量一个客户价值的标准不只是看他的社会地位和身份，更重要的指标是看他对公司利润贡献的大小。因此识别一位客户是否为有价值客户，不应仅看眼前的客户规模、交易量和交易额等指标，更关键是这个客户对企业的利润贡献度，以及该客户的成长潜力，即要看客户的终生价值。客户可分为两种类型：一类是交易型客户；另一类是关系型客户。交易型客户只关心商品的价格，在购买商品之前，他们会花很长的时间去打听价格，即使最终成交，他们带给企业的利润也有限。关系型客户希望能够找到一个可以长期合作的供应商，寻找一家能够提供可靠商品的、友好的公司，并与这家公司形成唇齿相依的关系。一旦他们找到了这样的一家供应商，就会一直在那里购买东西和服务。

企业如果拥有的关系型高价值客户越多，就越能够形成规模效应，从而降低企业为客户提供产品或者服务的成本，这样企业就能以等量的费用比竞争对手更好地为客户提供更高价值的服务，进而在激烈的市场竞争中处于领先地位，有效地战胜竞争对手。

拓展阅读：

联想集团的市场内部变革

2004年，联想的主要竞争者在我国市场的份额连续五年不断扩大，而联想却在收缩，并且竞争者的利润率相对要比联想高。这是怎么形成的？当时，联想的竞争者主要是通过直销方式做大客户，后来到中等企业。而联想没有进行客户细分，对所有的客户采取一样的销售模式，这明显是不合适的。以杨元庆为首的领导班子进行深刻的调查和分析后得出结论：在PC领域里面客户分成两类：一类为关系型客户；另一类为交易型客户。关系型客户是指那些大的中型商业客户，如政府部门和大中企业。联想卖给他们机器不是卖一台、卖一批，而是希望与他们维持良好的客户关系，让他们长期地买下去。因此，对待关系型客户要考虑为客户量身打造的问题，他们要什么东西，联想要深刻地去理解。另一类为交易型客户,交易型客户主要就是联想的销售渠道、代理商,而他们的客户最后是广大的个人消费者和中小企业。对这些广大的消费者来说,他们买的就是一台具体机器。

联想集团就根据这个进行大规模的变革:从研发开始,到供应链体系的每个环节以及销售和服务,形成了为两种不同客户服务的体系。2004年开始推进的时候受到非常严峻的考验。到了9月开始,各种关系理顺了,报表也逐渐好看。2005年,联想在我国市场的份额超过30%。

(资料来源:http://wenku.baidu.com/view/c7f26565941ea76e58fa045d.html,有修改。)

(二)客户细分

对客户进行分类的行为可称为客户细分。客户细分是20世纪50年代中期由美国学者温德尔·史密斯提出的,其理论依据在于客户需求的异质性和企业需要在有限资源的基础上进行有效的市场竞争。

1. 为什么要进行客户细分

由于不是所有客户的需求都是相同的,只要存在两个以上的客户,需求就会不同。由于客户需求、欲望及购买行为是多元的,所以客户需求的满足会呈现差异。

任何一个企业不能单凭自己的人力、财力和物力来满足整个市场的所有需求,这不仅缘于企业自身条件的限制,而且从经济效应方面来看也是不足取的。因此,企业应该分辨出自身能有效为之服务的最具有吸引力的细分市场,集中企业资源,制定出科学的竞争策略,以取得和增强竞争优势,获得效益最大化。

2. 客户细分的定义

客户细分就是指企业在明确的战略、业务模式和特定的市场中,根据客户的属性、行为、需求、偏好及价值等因素对客户进行分类,并提供有针对性的产品、服务和营销模式。

比如:在目前流行的会员制管理中有一般会员、金卡会员、白金卡会员、钻石卡会员的等级划分,这就是一个典型的客户细分的例子。这样的客户细分非常有用,企业很愿意用来分析和预测白金卡和钻石卡会员的消费行为,因为这些人与普通人的消费方式不一样,对企业的利润贡献也不同,需要针对不同的持卡人组织不同的促销活动。

(三)客户细分的目的

客户细分的目的就是通过更好地了解客户并满足客户需求来提高企业的营利能力,推动收入的增长。对于那些竞争十分激烈,且企业必须通过积极竞争才能争取和维持客户的行业而言,客户细分被更广泛地使用成为吸引和锁定客户,赢得进而提高客户满意度、忠诚度的重要手段。

拓展阅读:

普尔特的客户细分

万科被公认为国内房地产企业的榜样,但是榜样同样需要一个学习对象,万科学习的对象就是美国四大房地产商之首的普尔特房屋。普尔特房屋(Pulte Homes)能够获得美国购房者的认同,并成为万科曾经的榜样,很大程度上,是得益于他们贯彻始终的客户第一理念和以此为基础的客户细分策略。普尔特摒弃了传统的客户细分方法,从生命周期和支付能力两个指标系，确认了新的客户细分标准，共包括11类客户，即首次置业者、常年工作的流动人士、单人工作丁克家庭、双人工作丁克家庭、有婴儿的夫妇、单亲家庭、成熟家庭、富足成熟家庭、空巢家庭、大龄单身贵族、活跃长者。

仔细分析一下美国普尔特的11类客户细分，可以将它归纳为两大类：第一大类是以个人为单位的客户，其中有首次置业者、常年工作的流动人士、大龄单身贵族、活跃长者；第二大类是以家庭为单位的客户，其中有单人工作丁克家庭、双人工作丁克家庭、有婴儿的夫妇、单亲家庭、成熟家庭、富足成熟家庭、空巢家庭。普尔特的客户细分基本上将一个人"从摇篮到坟墓"的生命过程中的家庭状态作了充分的提炼，每个人或者家庭都可以从这11种客户细分中找到自己的位置。11类客户细分，仿佛11枚精确制导导弹，分别指向11个不同的细分市场，让普尔特公司接触更多的买家，明确了不同的客户价值定位，开发出不同定位的产品，同时精确的客户细分帮助公司在不同的地区寻找市场机会，保证了公司在不同的地域市场上进行准确的市场定位，支撑了有效的地域扩张。

下面具体举例说明，首先让我们认识一下A先生。

几年前的A先生是一个首次置业者，资金有限，所以他的目光盯着的是60平方米以下的经济适用房。后来他结婚了，原来一个人供房子，现在变成两口子一起供，很快他就提前将楼款交完了，顺利地拿到了房产证。

他们两个都不想要孩子，觉得还是二人世界比较好，此时这是一个双人工作的丁克家庭。随着A先生在公司中职位的不断升迁，收入比以前丰厚了很多，他感到60平方米的房子有点小了，尤其是经济适用房的小区环境不能够体现他现在的身份，他开始寻求新环境，很快便选择了一个比较高档的社区，买了一套120平方米的中高档住宅搬了进去。

房子宽敞了，环境好了，也带来了新的问题，收拾和整理房子很费时间，由于没有孩子牵扯精力，A先生的太太就将精力投到治理家务中的琐事之中，而且感觉还很好，其乐融融。这时，A先生又加薪了，他动员老婆说，干脆就不要朝九晚五地上班挣那辛苦钱，做个全职太太也很好。就这样，A先生的家庭又变成了单人工作的丁克家族。

是丁克到底还是中途转型，这无疑是摆在A先生夫妇面前不能回避的问题。如果A先生不丁克了，那么接下来之后，他们就会成为有婴儿的夫妇。如果接着继续丁克，他们就会成长为成熟家庭，或者是富足的成熟家庭。单亲家庭和空巢家庭就暂时与A先生夫妇无缘了。如果你问A先生："如果再要买房的话，你的选择是什么？""当然是170平方米以上的大房，或者直接就奔别墅了。"A先生肯定地说。

再来看B先生。

结束了上段婚姻之后，B先生的家庭变成了单亲家庭，有一个儿子。这个单亲家庭在北京的首次置业选择的是二环内的一座高层楼宇。后来，他又开始二次置业。不过，B先生家庭的二次置业不是为了改善居住环境，而是一项物业投资。这时B先生的家庭虽然是一个单亲家庭，但从支配收入的角度而言，这个单亲家庭已经提升为富足的成熟家庭。位于二环的那两套高层住宅都用来对外出租了，他搬到了新的联排别墅。

两年后儿子上高中的时候出国了，他的家庭就变为一个空巢家庭。有婴儿的夫妇—单亲家庭—富足的成熟家庭—空巢家庭，这就是B先生走过的客户生命周期。

最后来看C先生。

八年前首次置业的时候，C先生已经是有着两个女儿的四口之家，C太太在一所学校工作，而C先生则是一家香港上市公司的白领，算得上是一个成熟家庭。

此后，C先生又第三次置业，不过这次置业与上次截然不同。上次置业的出发点是家庭人员多了要扩大居住面积，同时也要体现一下自己的身份，是一种换房的概念。而第三次置业则是生活方式变化的功能性置业。新房子是位于大梅沙海滨的东海岸，选择在那里置业，是因为C先生喜欢4＋3的生活方式，他希望以后每个星期的7天时间里，4天住在福田的万科花城，余下的3天住在大梅沙的东海岸。

随着收入的增加，C先生的家庭渐渐会成为一个富足的成熟家庭，到了那个时候，第四次置业的他选择的有可能就会是别墅，也有可能他会在公司所在地上海买一个小户型的高级公寓，这样一来，他就不用在上海租房了。

从上面可以看到，每一个家庭在其生命周期的过程中都扮演过多种客户形态。A先生扮演过首次置业者、双人工作的丁克家庭、单人工作的丁克家庭的角色；B先生的家庭也已经走过有婴儿的夫妇＋单亲家庭＋富足的成熟家庭的轨迹，正在体验着空巢家庭；C先生已经有过首次置业、二次置业、三次置业，其家庭从一个有婴儿的夫妇成长为成熟家庭，正在向富足的成熟家庭迈进。

（资料来源：http：//www.chinavalue.net/Management/Article/2005-10-15/12257.html，有修改。）

思考：你认同普尔特公司的客户细分吗？为什么？

（四）客户细分的依据

进行客户细分的依据有很多，一般而言，可以参照以下一些因素进行客户细分。

1. 外在属性

按照客户的外在属性分层，通常这种分层最简单、最直观，数据也很容易得到，如客户的地域分布、客户的产品拥有、客户的组织归属等。但这种分类比较粗放，依然不知道在每一个客户层面谁是"好"客户，谁是"差"客户。如把客户分成企业客户、个人客户、政府客户，能知道的只是某一类客户（如大企业客户）较之另一类客户（如政府客户）的可能消费能力更强，但更多的细节却不得而知。

2. 内在属性

内在属性是指由客户内在因素决定的属性，如性别、年龄、信仰、爱好、收入、家庭成员数、信用度、性格、价值取向等，这些经常用来作为细分的依据。

3. 消费行为

许多的企业对消费行为的分析从三个方面考虑，即最近购买情况、购买频率和购买金额，这些指标都需要在账务系统中得到。但并不是每个行业都能适用，如在通信行业，对客户分类主要依据话费量、使用行为特征、付款记录、信用记录、维护行为和注册行为等变量。

（五）客户细分的标准

在对客户进行细分时需要遵循以下标准。

1. 可测量性

可测量性是指细分市场的规模及其特征可以测量出来。通常对于细分的市场可以规定一个范围，例如，可以指定年龄区间、收入区间等不同标准，便于对细分市场的测量。

2. 可接近性

可接近性是指企业有足够的资源接近该细分市场，并占有一定的市场份额。

3. 可盈利性

可盈利性是指细分市场的容量能够保证企业获得足够的经济效益。如果细分后的市场客户群体太少，不能为企业带来盈利，这样的细分也是不合适的。

4. 易反应性

易反应性是指一个细分市场的客户容易对企业的营销战略和战术产生反应和跟进。

任何高效的客户关系管理都将以扎实的客户细分为基础，客户关系管理的一切个性化和差异化都来源于客户细分，没有客户细分，客户管理做得再好也不是真正的客户关系管理。全世界的供应商、服务提供商都在千方百计地取悦自己的客户，尽他们最大的能力满足客户的需求，为此了解自己的客户，利用适当的细分策略和目标战术变得日益重要。

四、客户识别的操作方法

（一）客户识别的方法

1. 挖掘潜在客户的方法

老客户是企业发展的基石，是企业获得稳定收入的主要来源。然而，无论客户满意度如何高，只要竞争对手存在，就总有一部分客户要流失。根据漏斗原理，流失的老客户需要用新客户来代替，这样才能保证企业的客户份额。因而挖掘新客户就成为企业的一项重要任务。新客户的加入，特别是大的潜在客户的加入，对企业能否赢利将产生重要影响。挖掘潜在客户的常用方法有以下几种：

（1）连锁介绍法。连锁介绍法是指通过老客户或朋友的介绍来寻找其他客户的方法。营销人员只要在每次访问客户之后，问有无可能介绍其他对该产品或服务感兴趣的人。第一次访问产生2个客户，这2个客户又带来4个客户，4个又产生8个，无穷的关系链可一直持续发展下去，销售人员最终可能因此建立起一个自己的潜在客户群。这种方法尤其适合保险或证券等一些服务性的行业，而且这种方法最大的优点在于其能够减少了营销过程中的盲目性。但是在使用该方法时，销售人员需要提及推荐人以便取得潜在客户的信任，提高成功率。

（2）网上搜索。现代社会已越来越离不开互联网，它的普及使我们在网上搜索潜在客户变得十分的方便，只要动动手指头输入几个关键词，就可以获得客户名单、联系方法甚至详细的公司介绍。而且客户利用网络进行企业宣传和商业活动的现象越来越多，如果在几个月后输入同样的关键词，还会得到更多新的信息。

企业自己的网站也可以与互联网搜索引擎服务商合作，提供能够按照客户习惯搜索的关键字使得企业能够比较容易地出现在搜索结果的前列，这样，会有一些正在寻找你们的客户快速找到你们。

（3）讨论会法。讨论会法是指利用专题讨论会的形式来挖掘潜在客户。由于参加讨论会的听众基本上是合格的潜在客户，因为来参加的必定是感兴趣的。但是在使用讨论会方式时，应注意以下几点：一是时间的选择，时间选择应注意适当原则，不宜过长也不宜过短，以连续两天为宜，因为第一天没有时间到会的潜在客户可以在第二天赶上；二是地点的选择，要想最大限度地增加到会人数，应选择诸如饭店、宾馆等具备洽谈交流条件的场所；三是会议主持人要具有较高的专业水平，具有较强的亲和力和轰动效应；四是准备一套含有服务清单、个案研究、流程简介及公司发展史的市场推广材料；设计出色的推广材料能够帮助企业脱颖而出；五是备案与会者的资料，尽可能做到详细、具体。

（4）电话寻找法。电话寻找法是指营销人员利用打电话的方式寻找潜在客户的方法。它是一种重要的营销手段。这种方法的最大优点是速度快，但是采用这种方法时一定要注意谈话技巧，要能引起对方的注意力，并继而引发其兴趣，否则很容易遭到拒绝。而且通话的时机要把握一定的分寸。

（5）"名人"效应法。"名人"效应法是指在某一特定的区域内选择一些有影响的名人，使其成为产品或服务的消费者，并尽可能取得其帮助或协作。这种方法的关键在于"名人"，即那些因其地位、职务、成就或人格等而对周围的人有影响力的人物。这些人具有相当强的说服力，他们的影响能够辐射到四面八方，对广大客户具有示范效应，因而较易取得其他客户的信赖。而且这些有影响的人物经常活跃于商业、社会、政治和宗教等领域，他们可能会因为资深的财务背景或德高望重的品行而备受他人尊敬，因此如果能够得到他们的推荐效果尤其明显，因为他们代表了权威。但是，在使用该法时，应注意同有影响的"名人"保持联系，而且当他把你推荐给他人之后，不管交易是否成功，一定要向他表示感谢。

挖掘潜在客户除了上述的五种方法外，还可以通过国际国内的会展等渠道来获得资料，微商还可以通过利用朋友圈发掘对你产品感兴趣的潜在客户。总之，寻找识别潜在客户是一项艰巨的工作过程，需要营销人员综合运用以上各种方法与技巧，才能取得最终的成功。

2. 识别有价值的客户步骤

第一步，要分离出交易型客户，以免这些客户干扰企业的营销计划，避免在这类客户身上花费更多的时间和金钱。目前很多优秀的数据库营销系统都能够通过计算单个顾客的累积销售的总边际贡献和折扣百分比来跟踪顾客。

第二步，分析关系型客户。关系型客户可以分为三类：

（1）最大盈利型客户。这类客户购买的产品约占公司销售量的10%，却实现30%～50%的销售收入。对于这类客户最好进行客户关系管理营销，目标是留住这些客户。企业也许已经从这些客户的手中得到了所有的生意，即使是最好的客户关系管理也无法获得更多的利润。但是与这些客户进行客户关系管理能保证企业不把任何有价值的客户遗留给你的竞争对手。

（2）潜在最大利润型的客户。这类客户占公司销售额和销售利润都为40%～50%。这种客户能给公司带来可观的利润并且可能成为公司最大利润的来源，与这些客户进行营销同样非常重要。这类客户也许也在企业的竞争对手那里购买商品，所以针对这类客户开展的营销的直接目的在于提高企业在他们的购买中的份额。

（3）衰退型客户。如果对这种客户进行特别关照和交流，可能增加一些他们的购买量，但是与大量的营销开销对比，会显得特别昂贵、不值得。这类客户约占总数的一半，经过一些基本的分析，剔除这部分客户可以大大降低企业进行客户关系管理的工作量。

拓展阅读：

别让无效客户分流广告费

每当重大节假日或长假之前，媒体上的版面便成了各房地产商竞相角逐的舞台。可是如果房地产商只知道要尽快将房子卖出去，至于卖给什么人、这些人在哪里、他们有什么样的消费习惯、喜欢什么样的信息接收渠道都不清楚的话，那么即使投入巨大的广告费，绝大部分也可能浪费在无效客户身上。下面做一个房地产营销策划案例分析。

翰林花园是位于某市郊区的一个占地超过70万平方米的大型别墅区。项目刚推出市场时，为了尽可能多地吸引客户，开发商委托本地一家顶尖的广告公司制作了一个投资巨大的电视广告片，同时准备好所有宣传资料，准备随着电视广告片的播出，同时上马报纸、夹报、电台、传单、海报等进行宣传，并向社会公布碧波花园近期将举办的各种大众娱乐活动。

铺天盖地的宣传的确取得了效果，前来翰林花园的人每天都络绎不绝，每趟看楼都扶老携幼地黑压压挤满了人。

在售楼部，每天都非常喧哗，如此巨大的人潮远远超出开发商的预期，售楼部十几个销售人员外加10个临时工根本不够应付，场面有些失控。一些自驾车前来的客户，看到如此混乱的场面，掉头就走了。

热闹而又混乱的7天终于结束了，工作人员拖着疲惫的身体在清理完一地狼藉之后，关上门清算一下7天来的收获：一共成交了不足10套。几百万的广告费外加几十万的歌舞表演、场地搭建、人员成本、车辆成本，最后仅仅带来不足10套的成交量？每日数以千计的熙熙攘攘而来的客户，为什么熙熙攘攘地走了，什么也没有留下？难道这些花巨资吸引来的客户都是无效客户？

（资料来源：林景新，别让无效客户分流广告费，http：//finance.sina.com.cn/leadership/brandmanage/20070617/17443698457.shtml，有修改。）

讨论分析：造成翰林花园营销失败的最根本原因是什么？如何解决这一问题？

分析提示：造成翰林花园营销失败的最根本原因是开发商没有对目标市场进行准确细分，将营销的"网"撒得太大，使许多纯粹游玩性质的无效客户乘风而来，浪费了开发商大量的资源，也对有效客户产生"挤出效应"。

解决方法：

（1）开发商应先对市场及目标客户进行细分，采用精准营销的方式，在传播的范围上只针对特定的目标群体，而且只使用目标群体最容易接受的术语、信息接收渠道、广告传播方式，力求以最少的投入最精确地命中目标群体。

（2）有选择性地进行区分，只选取最有影响力的一家日报、一家财经报纸及一家电视台，目的是让广告信息能够有效抵达目标客户。

（3）利用与各银行、商家、行业协会的良好关系，获得高端客户的相关资料，建立一个客户资料库，然后再通过直邮及邀请信、手机短信的方式，有的放矢地将翰林花园相关信息传递出去。

（4）在公关活动设计上，不再举行现场歌舞表演，而是在翰林花园装修豪华的会所中举行音乐视听鉴赏会、经济发展论坛、房地产投资前景研讨会等艺术性高、专业性强的活动。

（二）如何进行客户细分

客户是一个庞杂而又多层次的集团。一家公司少则几十、几百个客户，多则几千，甚至上万个客户。如何管理好如此众多的客户是一项十分重要而又急需解决的问题。企业采取一种化繁为简、行之有效的管理方法，即客户分类、分级管理，使组织客户系列化。

1. 根据客户与企业的关系进行分类

企业产品的众多购买者中，其购买目的并不相同，因而与企业的关系也就不尽相同。这一点可以作为对客户进行细分的依据，这样的分类可以帮助企业充分认识客户的特点，从而可以对不同的客户采取不同的策略，更大限度地实现资源优化和有效的管理运营。应当指出的是，当企业定义"客户"时，是指不同的客户类型或客户群。一般情况下，下面的定义都属于"客户"范畴。

（1）一般客户。这里的"客户"是零售消费者，他们一般是个人或家庭，主要购买企业的最终产品或服务。这类客户数量众多，但是消费额一般不高，往往是企业最为关注、花费精力最多却总是"吃力不讨好"的客户类型。

（2）企业客户。这些客户购买企业的产品（或服务），并非用于自身的消费，而是在企业内部将购得产品附加到自己的产品上，再销售给其他的客户或企业，以增加盈利或服务内容。

（3）渠道分销商品和代销商。这是一些不直接为企业工作的个人或机构，通常无须企业为他们支付工资。他们购买企业产品的目的是进行销售，或是作为该产品在一个地区代表或是代理处。

（4）内部客户。内部客户是指企业（或联盟企业）内部的个人或业务部门，他们需要利用企业的产品或服务来达到自己的商业目的。这类客户往往最容易被忽略，但同时又是最具长期获利性的（潜在）客户。

2. 根据客户的价值进行分类

客户对企业的价值是不尽相同的，有调查结果显示，企业80%的盈利来自20%的客户。换句话说，其中80%的客户让企业几乎赚不到多少钱。而且即使在这80%的客户里，其价值也是不同的，有的甚至让企业赔钱。这并非是特殊，事实上，大多数的企业都存在这种现象。这充分说明了帕累托80/20法则的实用性。因此，就要求企业能够找到自己最为宝贵的客户资源，发现最具价值的客户，以便能够有的放矢地开展营销，有针对性地实施战略。依据客户的价值和其占企业总客户的比例，可以将它们分为以下几类，并构成一个金字塔式的客户模型（图2-1）。

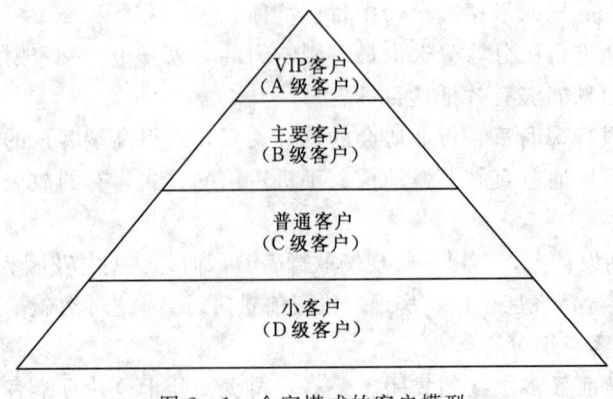

图2-1 金字塔式的客户模型

(1) VIP客户。VIP客户（A级客户）的客户数量不多，但是购买金额在企业的销售额中占有的比例很大，对企业贡献的价值最大。他们位于金字塔的最顶层。如可以将购买金额所占最多的1%的客户作为企业的VIP客户，即如果客户总数为1000个，那么VIP客户所指的是花钱最多的前10个客户。

(2) 主要客户。主要客户（B级客户）是指除去VIP客户后，消费金额所占比例较多，能够为企业提供较高利润的客户。如在客户金字塔中，除了VIP客户，在特定期间，消费金额占最多的4%的客户可以作为主要客户。即如果所有的客户数为1000个，那么主要客户就是扣除VIP客户之外，花钱较多的那40个客户。

(3) 普通客户。普通客户（C级客户）的消费额所占比例一般，能够为企业提供一定的利润。可以将总客户中的15%的客户扣除前两类后的客户定为普通客户。即总客户数为1000个，那么普通客户就是扣除前两类客户后的150个客户。在这里，我们只是假定比例为15%，当然这其中因为产业或具体情况的差异，不同的企业所选择的比例会有所不同，但是从营收的角度来看，我们建议比例可以大体定在10%～30%的范围之内。

(4) 小客户。小客户（D级客户）的人数众多，但是能够为企业提供的盈利却不多，甚至使企业亏损，他们位于金字塔的最底层。如可以将扣除上述三类客户后的80%的客户当作这类小客户。

3. 根据客户与企业之间的距离远近进行分类

(1) 非客户。非客户是指那些与企业的产品或者服务无关的或对企业有敌意，不可能购买企业的产品或者服务的人群。

(2) 潜在客户。潜在客户是指对企业的产品或服务有需求和欲望，并有购买动机和购买能力，但还没有产生购买行为的人群。如已经怀孕的妇女很可能就是婴幼儿产品的潜在客户。

(3) 目标客户。目标客户是指企业经过挑选后确定的力图开发为现实客户的人群。如劳斯莱斯就把具有很高地位的社会名流或取得巨大成就的人士作为自己的目标客户。

潜在客户与目标客户的区别在于，潜在客户是指主动"瞄上"企业、有可能购买但还没有购买行动的客户；目标客户则是企业主动"瞄上"的尚未有购买行动的客户。当然，客户与企业可以同时相互欣赏，也就是说，潜在客户和目标客户可以是重叠或者部分重叠的。

(4) 现实客户。现实客户是指企业的产品或者服务的现实购买者，可分为初次购买客户（新客户）、重复购买客户和忠诚客户三类。

1) 初次购买客户（新客户）。初次购买客户（新客户）是对企业的产品或者服务进行第一次尝试性购买的客户。

2) 重复购买客户。重复购买客户是对企业的产品或者服务进行第二次及第二次以上购买的客户。

3) 忠诚客户。忠诚客户是对企业的产品或者服务连续不断地、指向性地重复购买的客户。

(5) 流失客户。流失客户是指曾经是企业的客户，但由于种种原因，现在不再购买企业的产品或服务的客户。

以上五类客户之间是流动的，可以相互转化。如潜在客户或目标客户一旦采取购买行为，就变成企业的初次购买客户，如果初次购买客户经常购买同一企业的产品或者服务，就可能发展成为企业的重复购买客户，甚至成为忠诚客户。但是，初次购买客户、重复购买客户、忠诚客户也会因其他企业的更有诱惑的条件或因为对企业不满而成为流失客户；而流失客户如果被成功挽回，就可以直接成为重复购买客户或者忠诚客户。如果无法挽回，他们就将永远流失，成为企业的"非客户"。客户流转模式如图2-2所示。

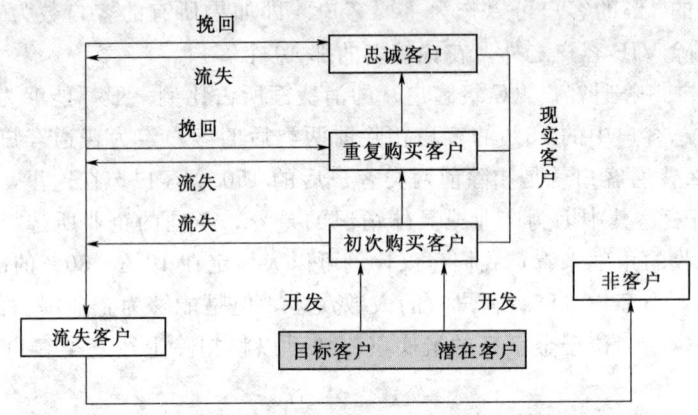

图2-2 客户流转模式

4. 根据相关因素的组合结果对客户进行分类

影响企业营利能力的因素很多，根据相关因素的组合结果对客户进行分类，也称因素组合法。这些相关因素包括客户的规模、客户的忠诚度、客户的资信状况、客户的市场占有率和客户的经营状况等。每个因素一般都要通过具体的标准量化考核，如客户的忠诚度和客户重复购买率、对本企业和竞争对手品牌的关注程度、对商品价格的敏感度、对产品事故的承受力等密切相关。从一般企业的运作来看，因素组合的客户分类方法更有实际操作意义。

（1）按照客户忠诚度与信用等级相结合进行分类。按照客户信用等级与忠诚度相结合进行分类可以将客户分为以下四种类型（图2-3）。

Ⅰ类客户的信用等级和忠诚度都较低，这类客户是没有开发潜力或者是开发成本过高的客户。即使不考虑这类客户的开发难度和开发成本，若能够成功开发这类客户，由于没有良好的信用保障，企业也可能无法取得利润甚至无法收回成本。这无疑是不值得考虑的垃圾客户。

Ⅱ类客户的信用等级较低但是忠诚度较高，这类客户喜欢该企业提供的产品或服务，但是却不愿意为自己取得的产品或服务付出相应的费用，对于这种客户的后期维护成本很高，属于风险客户。因此，企业应根据实际情况在产品和服务的推广

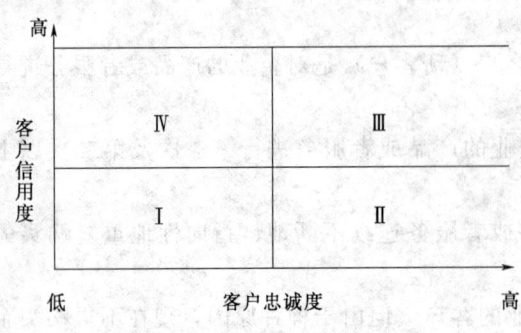

图2-3 客户信用等级和忠诚度矩阵

阶段再考虑对这类客户的开发，以降低风险。

Ⅲ类客户的信用等级和忠诚度都很高，是企业的黄金客户，因此这些客户应是企业开发客户时的首选对象。如果对这些客户采取了有效措施，将会为企业的发展注入新的动力，也会稳定地保持企业的收益，并可使企业和客户获得双赢的综合效果。

Ⅳ类客户的信用等级较高但是忠诚度很低，这部分客户也是企业发展的主攻方向，属于未来的黄金客户。如果能有效地开发这种类型的客户，培养他们的忠诚度，无疑会为企业带来更多的收益。

(2) 按照客户忠诚度与客户规模相结合进行分类。按照客户规模与客户忠诚度相结合进行分类可以将客户分为以下四种类型（图2-4）。

Ⅰ类客户的规模小、忠诚度也低，对这类客户的开发需要耗费大量的人力、物力和时间，且不能保证取得令人满意的开发结果，所以，企业对此类客户的开发顺序仍然是排在其他类型的客户或其他容易开发的客户之后，只有在进入全面占领市场阶段时才可实行。

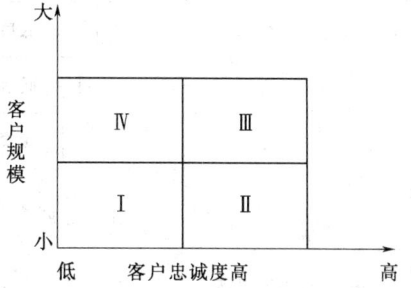

图2-4 客户规模和客户忠诚度矩阵

Ⅱ类客户是规模同样很小但是忠诚度很高的客户。这类客户对于企业有一定的价值，但由于这些客户相对分散，需要比较长的开发时间，投入的开发成本可能也比较高。所以企业需要根据自身情况选择恰当的时间和高素质的开发队伍才能完成对此类客户的开发和服务。

Ⅲ类客户的规模大、忠诚度也高，在企业自身实力能满足需要的前提下，这类客户是企业进行客户开发时的首选对象。这样的客户具有很好的规模效应和经济实力，是企业的主要利润来源；同时这类客户具有很强的示范效果，对其他类型客户的辐射能力强，可以帮助企业进行"免费"推广。此外，由于服务集中，所需要的平均客户支持小于其他类型的客户，节省人力资源。

Ⅳ类客户的规模很大但是忠诚度很低，此类客户具有不稳定的性质，其未来方向要视企业的开发手段和服务质量而定。如果企业能够很好地开发并与其保持良好的客户关系，此类客户极有可能转化为忠诚客户并给企业带来巨大收益。但也可能由于企业失误或与客户的沟通和协作出现问题而使其转向竞争对手。

(3) 将客户忠诚度、客户规模与客户信用等级三者相结合进行分类。虽然通过"信用等级-忠诚度"和"规模-忠诚度"两种分类方法进行分析可以建立一定的客户细分顺序模型。但是，对于企业来讲客户的信用等级、规模和忠诚度是同时存在于一体和同时发生作用的，因此可以建立起一个以信用等级、规模和忠诚度为三维变量的客户顺序模型。在这三个变量中，第一位是高信用度，因为它是客户各种综合指标的整合，反映客户的综合能力和未来发展的前景；第二位是客户规模，这一变量在短期内变化较小，但客户的规模却是和企业获利程度成正比的；第三位是客户忠诚度，这一变量可以随着企业对客户关系管理的程度而发生巨大变化，这也是企业建立良好客户关系的工作重点，通过实施企业的努力提高客户的忠诚度，进而提高客户的顺序级别。

按照这种细分方法，可以得到八种类型的客户，这八种类型的客户对于企业的重要程度是逐级降低的，企业的工作是使客户逐步升级（图 2-5）。

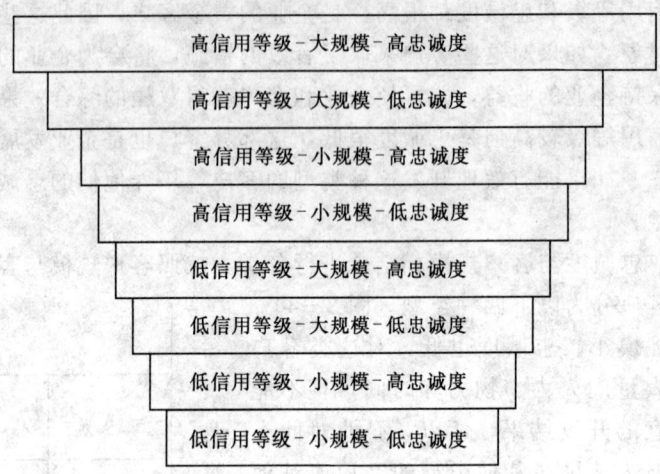

图 2-5　客户忠诚度、客户规模与客户信用等级形成的客户等级

五、课堂训练

（一）情景体验

王夫人和她先生是一对年轻的夫妇，住在锦州市太和区，都受过高等教育。他们有两个孩子，一个九岁，另一个五岁。夫妇俩非常关心孩子的教育，并决心要让他们接受最好的教育。

随着孩子的长大，王夫人意识到该是让他们看一些百科读物的时候了。一天，当她翻阅一本杂志时，一则有关百科读物的广告吸引了她，于是她打电话给当地的代理商，问是否能见面谈一谈。以下为两人有关此事的谈话摘录。

王夫人：你们这套百科全书有哪些优点？

推销员：首先请您看看我带的这套样书。正如你所见到的，本书的装帧是一流的，整套五十卷都是这种真皮套封烫金字的装帧，摆在您的书架上，那感觉一定好极了。

王夫人：我能想象得出，你能给我讲讲其中的内容吗？

推销员：当然可以，本书内容编排按字母排序，这样便于您很容易地查找资料。每幅图片都很漂亮逼真。

王夫人：我看得出，不过我更感兴趣的是……

推销员：我知道您想说什么。本书内容包罗万象，有了这套书您就如同有了一套地图集，而且还附有详尽的地形图，这对你们这些年龄的人来说一定很有好处。

王夫人：我要为我的孩子着想。

推销员：当然！我完全理解。由于我公司为此书特别配有带锁的玻璃门书箱，这样您的小天使就无法玩弄它们，无法在上面涂抹了。而且，您知道，这的确是一笔很有价值的投资。即使以后想出售也绝不会赔钱的。何况时间越长收藏价值还会越大。此外它还是一件很漂亮的室内装饰品，那个精美的小书箱就算我们赠送的。现在我可以给您填订单了吗？

王夫人：哦，我得考虑考虑。你是否能留下其中的某部分，比如文学部分，以便让我进一步了解其中的内容呢？

推销员：我真的没有带文学部分来，不过我想告诉您我公司本周内有一次特别的优惠售书活动，我希望您有好运。

王夫人：我恐怕不需要了。

推销员：我们明天再谈好吗？这套书可是给您丈夫的一件很好的礼物。

王夫人：哦，不必了，我们已经没兴趣了，多谢。

推销员：谢谢，再见，如果您改变了主意请给我打电话。

王夫人：再见。

（二）思考题

从以上这个情景剧里不难看出这位推销员是很不成熟的。在没有弄清楚客户的购买行为以及购买目的的情况下，就很主观、很片面地做出判断，导致推销失败。好的推销员善于抓住客户心理，运用各种策略来对客户加以诱导。通过上述案例请您讨论以下两个问题：

（1）这位推销员的失误之处在哪？

（2）王夫人购买此书的动机是什么？

任务二　客　户　选　择

一、任务描述

通过学习选择客户的具体方法，学会针对不同类型客户实施管理。

二、任务导入

日本 HIS 国际旅行社

日本 HIS 是一家国际廉价机票服务旅行社的简称。该公司 1980 年以注册资金 1000 万日元在日本东京成立，现注册资本金为 69 亿日元，在全世界已拥有近 400 家分店，已成为世界旅游行业前 10 强。在日本各大旅行社正为效益下降，赤字频频之际，HIS 的经营业绩无疑引起人们的关注。

HIS 创业者泽田秀雄成立公司之时看准了日本的大型旅行社经营的主要是团体旅游，个人旅游尚未被重视的市场空隙，异军突起，打出了以接待散客尤其是青年学生为主的经营旗号，同时建立了一个比正规国际机票便宜的廉价机票销售机制，并以此为特色，跻身于竞争激烈的日本旅游业。由于市场定位准确，HIS 的业务蒸蒸日上，不出几年，便有了令人刮目相看的业绩。

三、知识支撑

1. 不是所有的购买者都是企业的客户

一方面，每个客户都有不同的需求，需求的个性化决定不同的客户购买不同的产品；另一方面，企业每增加一个客户都需要占用一定量的资源，然而企业的资源是有限的，无论是人、财、物，还是生产能力、时间都是相对有限的，这就决定了企业不可能什么都做。此外,竞争者的客观存在也决定了任何一家企业不可能"通吃"所有的购买者,不可能为所有的购买者提供产品或服务。因此,市场中只有一部分客户能成为企业产品或服务的实际购买者即客户,其余则是非客户。

2. "客户就是上帝"并不意味着每位客户都值得保留

有一种流行的观点认为"客户是上帝""客户总是对的""客户越多越好"。在特定的条件下,也可以这么说,但是不等于对所有的客户都适用,因为有时候有的客户不但没有带来收益,而且还可能会给企业带来损失。

传统观念认为所有的客户都重要,因而企业盲目扩大客户的数量,而忽视客户的质量。事实上,客户是存在差异的,有优劣之分,不是每个客户都能够带来同样的收益,都能给企业带来正的价值。一般来说,优质客户带来大价值,普通客户带来小价值,劣质客户带来负价值,甚至还可能给企业带来很大的风险或将企业拖垮。

美国人威廉·谢登的 80/20/30 法则认为:在顶部 20% 的客户创造了企业 80% 的利润,但其中一半的利润被底部的 30% 非营利客户消耗掉了。也就是说,一些优质客户给企业带来的超额价值通常被许多的非营利客户给扼杀了。他们不仅花费企业高额的服务费用,还可能会形成呆账、死账,使企业不但得不到利润,还要赔钱。

3. 选择正确的客户是企业成功开发客户、实现客户忠诚度的前提

企业如果没有选好客户,或者选错了客户,那么开发客户的难度可能就比较大,开发的成本也可能比较高,开发成功后维持客户关系的难度也比较大,维护成本也会比较高,企业还会感到力不从心,很难为客户提供相应的、适宜的产品和服务。客户这边也不领情,不会乐意为企业买单。相反,企业如果经过认真选择,选对、选准了目标客户,那么开发客户、实现客户忠诚的可能性就很大,也只有选对、选准了目标客户,开发客户的成本和维护客户的成本才可能最低。

实践证明,客户忠诚度高的企业往往更关注对新客户的筛选,而不是一味追求数量上的增长,他们非常清楚自己的目标客户是谁,在最初决定是否要开发一个客户时就有长远眼光,从双方长远合作的角度去考虑,而不是考虑一时一事的利益,然后有计划地吸引他们、保留他们,从而获得了长远的发展。

4. 不正确的客户选择可能会导致定位模糊,影响企业形象的树立

客户之间是有差异的,企业如果没有选自己的客户,就不能为确定的目标客户开发恰当的产品或者提供恰当的服务。形形色色的客户共存于同一家企业,也可能会造成企业定位混乱或定位不足,从而导致客户对企业形象产生混乱或模糊不清的印象。相反,如果企业主动选择特定的客户,明确客户定位,就能树立鲜明的企业形象。比如,新加坡航空公司、汉莎航空公司定位于高端市场,以航线网络的全方位服务和品牌优势为商务乘客服务;而美国西南航空公司和西方喷气航空公司定位在低端市场,为价格敏感型旅客提供服务。

主动选择客户是企业定位的表现,是一种化被动为主动的思维方式,体现了企业的个性也体现了企业的尊严,更决定了一个企业的命运。如劳斯莱斯之所以成为世界公认的名车,有一个重要的原因就是它对客户的背景严加考证和选择——只卖给国家元首、皇室成员、绅士名流、商界富豪,而且不同的客户类型、车身颜色有区别,正是这些成就了劳斯莱斯"车坛太上皇"的地位。

仔细挑选并服务于特定的客户是成功建立和维持客户关系的基础，是企业对客户进行有效管理的前提条件，也是企业成功的基础。而对客户不加选择可能造成企业定位模糊不清，不利于树立鲜明的企业形象。因此，企业应当对客户加以选择。

拓展阅读：

"嫩春"面霜的客户定位

产品诉求是强调防治青春痘，还是减少皱纹？美国某化妆品企业生产一种叫"嫩春"的面霜，产品上市后就遇到了两难选择。该面霜既可防治青春痘，又能使皮肤层收缩。调查人员发现，产品80%的购买者是二十岁左右的年轻女子，而其余20%的购买者却是35岁至50岁的中老年妇女。

企业考虑到80%和20%的差距，最终决定放弃中老年妇女这个较小的市场（只占购买者的20%），而强调"嫩春"面霜防治青春痘的功效，并竭尽全力去抓住年轻女性客户，从而获得了成功。

（资料来源：吕植家，《广告传播与目标受众》。）

思考：该企业的选择正确吗？为什么？

四、客户选择的实施步骤

1. 第一步，选择实力相当的客户

现实中有些企业只注意服务于大客户，认为只有大客户才是好客户，也只有服务于大客户才能显示自己的实力。然而，由于双方实力的不对等，企业只能降低标准，委曲求全，迎合大客户提出的苛刻要求，或者放弃管理的主动权，从而对大客户的潜在风险无法进行有效控制，结果一旦这些大客户出事，企业就会遭受损失。

而"高级别"的企业如果选择"低级别"的客户往往也会吃力不讨好，由于双方关注点的不同会造成双方不同步、不协调、不融洽，结果可能是不欢而散。

可见，实力相当的客户才是最好的目标客户，也是企业的稳健而保险的选择。

2. 第二步，进行双向选择

即通过对客户的综合价值预期也对其服务的综合能力进行分析，然后找到两者的交叉点。

具体做法如下所述。

（1）企业判断目标客户对企业是否具有足够的吸引力，是否有较高的综合价值，是否能为企业带来大的收益，具体可以从以下几个方面分析：

1) 客户向企业购买产品或服务的总金额。
2) 客户扩大需求而产生的增量购买和交叉购买等。
3) 客户的无形价值，包括口碑价值和信息价值等。
4) 企业为客户提供产品或服务需要耗费的总成本。
5) 客户为企业带来的风险，如信用风险、资金风险、违约风险等。

（2）企业必须衡量一下自己是否有足够的综合能力去满足客户的需求，即考虑自身的实力能否满足目标客户所需要的技术、人力、物力、财力和管理能力等。

（3）寻找客户的综合价值与企业的综合能力两者的结合点（图2-6），就是要寻找那

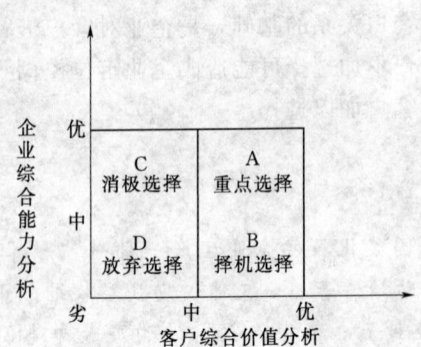

图 2-6 目标客户选择矩阵

些客户综合价值高,而企业对其服务的综合能力也高的客户最为目标客户。也就是将价值足够大,值得企业去开发和维护的,同时企业也有能力去开发和维护的客户,作为企业的目标客户。

图 2-6 中,A 区域客户是企业应该重点选择的目标客户群。因为这类客户的综合价值较高,是优质的客户,另一方面企业对其服务的综合实力也较高,也就是说,企业的实力足以去赢得和维系这类客户。因此,A 类客户值得企业花费大量的资源去争取和维护。

B 区域客户是企业应该择机选择的目标客户群。因为这类客户的综合价值高,具有非常高的开发与维护价值,但遗憾的是,企业对这类客户的服务能力实在有限,很难为客户提供满意的产品或服务。企业开发这类客户时将会面临很大的困难,即使开发成功了,如果企业对其服务的综合能力没有提高,最终也很难长期留住这类客户。因此 B 类客户属于企业在适当的时候(当服务能力提高时)可以选择的客户群。

C 区域客户是企业应该消极选择的客户群。因为尽管企业对其服务的综合能力较强,但是这类客户的价值实在有限,企业很可能在这类客户上得不到多少利润,甚至还有可能消耗企业的一部分利润。因此 C 类客户属于企业应当消极选择的客户群。

D 区域客户是企业应该放弃选择的客户群。因为,一方面这类客户群的综合价值较低,很难给企业带来利润,如果企业将过多的资源投入到这类客户群上是得不偿失的,甚至有时候这类客户还会吞噬企业的利润;另一方面,企业也很难为这类客户提供长期的具有较高让渡价值的产品和服务。因此 D 类客户属于企业不该选择的客户群。

拓展阅读:

什么是客户让渡价值、客户总价值和客户总成本?

客户让渡价值是指企业转移的,顾客感受得到的实际价值。顾客让渡价值是菲利普·科特勒在《营销管理》一书中提出来的,他认为,"顾客让渡价值"是指顾客总价值与顾客总成本之间的差额。

客户总价值就是客户从某一特定产品和服务中获得的一系列利益,包括产品价值、服务价值、人员价值和形象价值等。

客户总成本是指顾客为购买某一产品所耗费的时间、精神、体力以及所支付的货币资金等,因此,顾客总成本包括货币成本、时间成本、精神成本和体力成本等。

由于顾客在购买产品时,总希望把有关成本包括货币、时间、精神和体力等降到最低限度,而同时又希望从中获得更多的实际利益,以使自己的需要得到最大限度地满足,因此,顾客在选购产品时,往往从价值与成本两个方面进行比较分析,从中选择出价值最高、成本最低,即"顾客让渡价值"最大的产品作为优先选购的对象。企业为在竞争中战胜对手,吸引更多的潜在顾客,就必须向顾客提供比竞争对手具有更多"顾客让渡价值"的产品,这样,才能使自己的产品为消费者所注意,进而购买本企业的产品。为此,企业可从两个方面改进自己的工作:一是通过改进产品、服务、人员与形象,提高产品的总价值；二是通过降低生产与销售成本，减少顾客购买产品的时间、精神与体力的耗费，从而降低货币与非货币成本。

（4）依据现有的忠诚客户的特征来选择目标客户。没有哪个企业能够满足所有客户的需求，但是，可能会有些客户觉得企业提供的产品或服务比其竞争对手的更好、更加"物有所值"而成为忠诚客户，这至少说明企业的特定优势能够满足这类客户的需求，同时也说明他们是企业容易建立关系和维持关系的客户。

因此，企业还可以从分析现有忠诚客户所具有的共同特征和特点来寻找最适合的目标客户，即以最忠诚的客户为标准去寻找目标客户，这是寻找最可能忠诚的目标客户的一个捷径。

拓展阅读：

美国西南航空公司对目标客户的选择

美国西南航空公司（Southwest Airlines）成立于1968年的得克萨斯州。20世纪90年代，西方经济进入衰退期，美国航空业因此受到极大影响。1991年和1992年两年，美国航空公司的赤字总额累计达80亿美元。曾经盛极一时的TWA、大陆、西北三家航空公司均因经营不善而宣告破产。而美国西南航空公司却在一片萧条气氛中异军突起，并在1992年取得了营业收入增长25%的令人难以置信的佳绩。在整个航空业大面积亏损的背景下为什么该公司会一枝独秀？

原来，美国西南航空公司为了与美国其他的航空公司进行差别化竞争，将目标客户定位在对航空票价敏感的低端市场上（自费旅游者和小企业的出差者），飞机上不设商务舱和头等舱，而且对航空服务进行了一系列的简化，毅然取消了全套的餐饮服务，只为顾客提供花生米和饮料。乘客到了机场的候客厅后，也不给安排座位，乘客要像坐公共汽车那样去排队，上了飞机后自己找座位，如果你到得很早，可能可以找到一个好座位，如果你来到得晚，就很可能坐在厕所边。

美国西南航空公司的这种"节约"服务，对收入低、消费低的人士有很大的吸引力，因为可以用极低的价格乘坐飞机。当然，西南航空公司每年都会收到1000封左右的投诉信，投诉该公司没有提供其他公司的一些较好的服务。该公司带着总裁签名的回信是这么回复的："感谢你搭乘本公司的航班，但是我们没有计划提供你所需要的服务。若你需要这些服务，请你搭乘其他公司的航班，若你不需要这些服务，欢迎你再次搭乘本公司的航班。"写得有情有理，实现了公司的"有所为，有所不为"的战略。西南航空公司"有所为，有所不为"的根本目的在于为特定的消费群体服务，让这些消费群体满意。

（资料来源：梁娟，《营销的市场细分与定位——美国西南航空公司经营策略个案分析》。）

思考：美国西南航空公司对目标客户的选择有何启示？

3. 第三步，对不同客户进行分类管理

下面介绍企业经常使用的客户管理方法：一种是按照客户价值分类的客户管理方法，即价值型客户的管理方法；另一种是按照客户与企业关系远近分类的客户管理方法，即关系型客户的管理方法。

（1）第一种方法：价值型客户管理方法。

1) VIP客户管理方法。VIP客户是非常有利可图并值得花费大量的时间来服务的。他们的订单数量大、信誉较好,并且能很快付款,对这类客户的管理中应注意以下几个方面:

a. 这类客户消费金额占总销售额的70%~80%,影响相当大,应加强注意。

b. 密切注意其经营状况、财务状况、人事状况和异常动向等,以避免倒账的风险。

c. 要指派专门的销售人员经常去拜访这类客户,定期派人走访,提供销售折扣,并且熟悉客户的经营动态,业务主管也应定期去拜访他们。

d. 应优先处理VIP客户的投诉案件。

2) 主要客户管理方法。主要客户的消费金额占销售总额的10%~20%,也具有一定的影响力,销售人员要进行定期的拜访。这类客户往往容易变为企业的忠诚客户,因此,是值得企业花些时间和金钱来建立忠诚度的。如果这类客户的订单频率和数量没有上升或如果他们向竞争对手订更多的产品,那么企业要给他们提供更多服务。在放弃一个主要客户之前,企业要找出他们从竞争对手那里订更多产品的原因。

3) 普通客户管理方法。普通客户的消费额只占10%以下,每个客户的消费额很少。对此类客户,企业若没有策略性的促销战略,在人员、财力、物力等限制条件下可减少推销努力,或找出将来有前途的"明日之星"培养为主要客户。对于这类客户,企业将对其服务的时间削减一半,但和这些客户保持联系,并让他们知道在他们需要帮助的时候企业总是会伸出援手的。

4) 小客户管理方法。在与小客户打交道时,他们往往是锱铢必较,忠诚度很低,不及时付款,订单不多却要求很多。对这些客户企业应提供很少的服务。

销售人员会拥有许多的客户,然而能为他们带来较大销售额和利润的客户却非常少,对那些重要的客户,销售人员要为他们花费更多的时间,否则就意味着是对自己的重点客户的忽视。销售人员要提高效率,就必须按照与客户的成交量来规划自己的推销拜访次数。总之,销售人员要记住,资源是有限的,要把有限的资源用在"刀刃"上。

(2) 第二种方法:关系型客户管理方法。

1) 对潜在客户和目标客户的管理。潜在客户和目标客户虽然没有购买过企业的产品或服务,但是他们是有可能在将来与企业有交易的客户。当他们对企业的产品或者服务产生兴趣并通过某种渠道与企业接触时,企业应当详细介绍产品或服务,耐心解答他们提出的各种问题,帮助潜在客户和目标客户建立对企业及其产品或者服务的信心和认同,这是促使其与企业建立交易关系的关键。对潜在客户和目标客户的管理目标是先将他们发展为初次购买客户,再培养其成为重复购买者,乃至忠诚客户。

2) 对初次购买客户的管理。对初次购买客户的管理目标是将他们发展为忠诚客户或重复购买客户。

虽然初次购买客户已经对企业有了初步的认同并接受了企业的产品,但是,初次购买客户在与企业初次交易过程中的体验,以及对所购买的产品的价值判断将会影响到他们今后是否愿意继续与企业进行重复的交易,第一次购买如果感觉不好,很可能就没有第二次了。

初次购买是客户成长的一个关键性的阶段,企业要抱着与客户建立终生关系的目标与客户进行第一次交易,让产品和服务符合或超过初次购买客户的期望。另外,企业还要跳开针对大众的媒体广告,与初次购买客户进行个性化的交流,保持与他们的联系和沟通,呵护和关心他们，并且尽量提供满足其个性化需求的产品或者服务，努力与他们建立起一种互相信任的关系，这是让初次购买客户再次与企业进行交易的基础。

通常，企业很难在第一次交易时就收集到完整的客户信息，而需要在反复的交易过程中对客户信息进行完善。因此，相对于忠诚客户来说，企业很难对初次购买客户的价值进行有根据和有效的判断。此时，企业应该注意收集和积累初次购买客户的后续购买的每次交易数据，并跟踪和完善初次购买客户的其他信息，以便为今后的客户价值评价做好准备。

3) 对重复购买客户和忠诚客户的管理。研究表明，销售给潜在客户和目标客户的成功率为6％，而销售给初次购买客户，即新客户的成功率为15％。销售给重复购买客户和忠诚客户，即老客户的成功率为50％，可见，对重复购买客户和忠诚客户的管理是客户管理工作的重点。企业应努力加强与这些客户建立联系，听取他们的意见，与他们进行沟通，然后根据其要求及时对产品或服务进行改进，同时，对这些客户提供"特殊关照"，甚至可以成立专门的部门来负责管理和服务这些客户，以加深与他们的感情交融，这样，企业就有可能将重复购买客户培养成忠诚客户，并且使忠诚客户继续对企业及其产品或服务保持最高的信任度和忠诚度。

反之，如果企业对重复购买客户和忠诚客户的关注不够，就可能使他们流失，甚至成为非客户再也不购买企业的产品或服务，那企业就会出现危机了。

总之，企业对此类客户的管理必须环环相扣，从潜在客户、目标客户开始，直到对初次购买客户、重复购买客户及忠诚客户都必须加强跟踪管理，决不能放松。

五、课堂实训

（一）案例分析

有一家以加工鸡肉为主的肉类加工企业的经理最近收到很多客户的来信，有的对企业提供的产品表示基本满意，并说如果以后厂家在加工的时候再多听听他们的意见就好了；也有几封来信把厂家的产品贬得一文不值，指责厂家怎么生产出如此糟糕的产品，简直就是在浪费资源。经理看完信以后，心里很不是滋味。他很发愁，客户的口味真是难调。他准备召开技术部门和市场营销部门的联合会议，讨论怎样答复这些客户的要求。综合各方面的情况，在众多的来信中，他们归纳出四种类型的客户，并做成以下一张表格。

四种类型的客户

客户代表类型	购买情况	反映情况
以一家鸡肉罐头厂为代表的购买大客户	每年要从公司订购买大量鸡肉，是公司的大客户，销售额占50%	产品基本符合他们的要求，希望在加工鸡肉的时候再精细一些，以减少他们的劳动投入。另外，在价格上能否给予一定的优惠
以一家饭店为代表的餐饮业	每年从公司订购的产品占销售额的30%	要求产品进一步加强保鲜，对肉味提出许多具体的要求
一些散客户	购买不固定，厂家打折的时候购买得多，占销售额的15%	要求价格低，对鸡的来源也提出了非常明确的要求
少数挑剔客户	偶尔购买，占销售额的5%	对产品极不满意，指责鸡肉不合他们的口味，要求鸡肉加工出来以后，肥瘦分布要均匀，花费在烹调上的时间要短

问题：请你浏览以上的表格，给这位经理提出一些建议。
（二）思考题
(1) 为什么要对客户进行选择？
(2) 结合企业实际谈谈如何对不同的客户进行管理？

任务三　客　户　开　发

一、任务描述
通过学习，掌握客户开发的策略和方法。根据企业的实际情况，能够提出该企业的客户开发策略及方法。

二、任务导入

年轻人与保险柜

有位年轻人在纽约闹市区开了家保险柜专卖店，但生意冷淡，很少有人留意店里琳琅满目的保险柜。看着川流不息的人群，他终于想出了一个办法，他从警察局借来正被通缉的罪犯的照片，并且放大好几倍，贴在店铺的玻璃上，照片下边附上一张通缉令。很快，行人被照片吸引，看到罪犯的照片，人们产生了一种恐惧感，于是本来不想买保险柜的人也想买了，年轻人的生意一下好起来了。不仅如此，年轻人在店里贴出照片，还使警察局获得重要的线索，顺利地将罪犯缉拿归案，年轻人因此受到警察局的表彰，媒体也作了大量的报道。这个年轻人也不客气，他把奖状、报纸一并贴到店铺的玻璃上，这下，保险柜专卖店的生意自然更红火了。

案例告诉我们什么道理？

这则案例告诉我们，有些需求是隐藏的，如果企业的产品或者服务的功能、效用能够满足这种需求，那么企业就应当想办法去刺激这种需求，一旦这种需求被激发，那么市场就打开了，客户会争先恐后地寻觅你，寻觅你的产品和服务。

三、知识支撑

（一）客户开发的含义
客户开发就是企业将目标客户和潜在客户转化为现实客户的过程。

（二）客户开发的重要性
早在三十多年以前，当代管理学大师彼得·德鲁克教授就已经观察到，一个企业的首要任务就是要"开发客户"。客户是企业的生命源泉，给了他们所需要的，企业才能从他们那里得到自己想要的。

对于新企业来说，首要的任务就是吸引和开发客户，对于老企业来说，企业要发展也需要源源不断地吸引和开发新客户，即便企业拥有大量的客户，还是需要开发客户，为什么呢？因为新陈代谢不仅是自然界的规律，也是企业管理的规律。据一般经验，每年老企业客户流失率为10%～30%，优质客户流失率会低一些，但也会流失，所以，企业在努力培养客户忠诚度的同时还要不断寻求机会开发新客户。这样，一方面可以弥补客户流失的缺口，另一方面也可以壮大企业的客户队伍，提高企业的综合竞争力，增强企业的营利能力，实现企业的可持续发展。

（三）客户开发策略

客户开发常采用营销导向客户开发策略（如恰当的产品/服务、价格、分销、促销、公共关系等）及销售人员直接寻找客户与客户沟通的推销导向客户开发策略。

拓展阅读：

老赵卖报的故事

下面通过一个真实案例让大家感受客户开发和维护的重要性及要点。

第一步：分析市场和竞争对手，并寻找切入点（机会）。

几年前，老赵所在的工厂破产了。下岗工资就那么一点点，夫妻俩要过日子，女儿还要读大学，在生活的压力下，老赵开始卖报挣钱。几经挑选，他决定去火车站卖报，因为这里人流量大。但是车站固定的卖报人已经有了两个，其中一个已经卖了很长时间，另一个好像是车站工作人员的亲戚。

第二步：变被动等待为主动出击，引起客户共鸣，争取支持。

老赵想，如果自己不做任何准备就直接进场卖报，一定会被人家赶出来。于是，老赵开始每天给车站的几位管理人员送报纸，拉家常。一来二去混熟了，老赵就开始大倒苦水，说现在自己下岗了，在附近卖报销量也不好，一天卖不了几份，而女儿马上就要参加高考了，高昂的学费实在是无力负担，女儿学习成绩那么好，如果不让她读了真的对不起她……人心都是肉长的，车站管理员就热心帮他出主意："那你来我们车站卖报好了，我们这里生意蛮好的，他们每天都能卖几百份呢！"

有了车站管理员的许可，老赵可以光明正大地进入车站卖报了。当然，他也没忘记每天给管理员每人一份报纸。

第三步：细分客户群体，制定产品宣传措施，提供差异化服务。

可是，虽然进场了，可一共三个人卖报，卖的也都是同样的报纸，竞争挺激烈的。怎么办呢？这两个卖报人在车站的一左一右各有一个小摊点，老赵决定不摆摊，带报纸到等车的人群中边走边叫卖。

一段时间下来，老赵还总结了一些门道：等车的人中一般中青年男性喜欢买报纸，上车的人中一般有座位的人喜欢买报纸，有重大新闻时报纸卖得特别多。

于是，每天叫卖报纸时，老赵不再喊快报、晨报、晚报，而是根据新闻来喊，这一招果然十分见效。听到吆喝声，许多人都纷纷主动上前来买报纸。几天下来，老赵发现，每天卖的报纸居然比平时多了一倍。

第四步：满足客户要求，不断提升产品的附加价值或者开发新产品。

半年后，车站的一家报摊由于生意不大好就撤了，于是老赵接下这地方，又买了政府统一制作的报亭，既气派又美观。报亭的经营品种也从单一的报纸扩大到畅销杂志。

因为卖杂志赚得比较多，所以老赵还会根据什么杂志好卖搞一些优惠。比如说买一本《读者》，送一份《快报》。

老赵的女儿周末在肯德基打工，经常带回来一些优惠券，于是，这又成了老赵促销的独特武器。买报纸杂志一份，赠送一份肯德基优惠券。

第五步：复制成功的经验和模式。

就这样一直做了两年，老赵的卖报生意有声有色，每月的收入都不低于5000元。现在，老赵又有了新的目标，他打算在附近的有线电厂小区出口的胡同里再开一家报亭，把女儿读研究生的钱也挣到手。

（资料来源：姜岚昕，如何做好客户开发和维护，有修改。）

四、实施步骤
（一）采用营销导向的策略实现客户开发
1. 第一步，提供恰当的产品或服务

（1）强调产品功能效用。功能效用是吸引客户的最基本的立足点，一个功能效用能够满足客户需要的产品或服务肯定会吸引客户前来购买。对于相似的产品或服务来说，功能越强、效用越大的产品或服务对客户的吸引力就越大。此外，对老产品或者服务在功能和效用上加以改进后重新推出也能够有力地吸引客户。如招商银行推出的"一卡通"，除具有"一卡多户、自动转存、代发工资、代收费用"等功能外，还有"证券保证金转账"功能，可以使客户不必携带大量现金进出股市，因此吸引了不少股民使用"一卡通"。

（2）保证良好的产品质量。"好东西自己会说话"质量优异的产品或服务总是受到客户的青睐，质量在吸引客户上起到了至关重要的作用。如法国家乐福公司对采购品的质量要求很严格，生产厂家必须通过包括工厂检测、产品测试直至装运检验等一系列的长达半年的考核才能向家乐福供货。

一个质量有问题的产品或服务即使非常便宜也没有人愿意购买，人们会退避三舍，唯恐避之不及；相反，对于高质量的产品，即使价格高些人们往往也愿意接受。因为质量往往代表着安全、可靠和值得信赖，人们之所以购买名牌产品或服务最主要的就是看中其过硬的质量。

（3）建立产品的特色。现在市场上产品或服务的同质化程度越来越高，因此，企业要想在激烈的市场竞争中脱颖而出，其产品或服务必须有足够的特色才能吸引客户的注意。

拓展阅读：

比利时布鲁塞尔的棺材酒吧

比利时布鲁塞尔有家30多年的棺材酒吧，生意一直非常红火，顾客遍及欧洲各国，也吸引着其他国家的游客。

棺材酒吧的店名是 Le Cercueil，位于布鲁塞尔大广场旁边一条小巷中。店面招牌血淋淋的，渲染一种恐怖的气息。店口内有一道走廊，这是一条长约10米的窄窄通道，通道的两边画着阴森墓园景象的壁画，要进棺材酒吧得先经过这"墓园"。通道尽头是挂着黑色帷幕的入口，棺材酒吧的室内装潢以黑色为基调，墙上、天花板上挂着几副棺材的盖板，板上附有耶稣被钉在十字架上受难的木刻，花圈与骷髅挂件点缀其间。

大厅里有木质的真棺材当基座的玻璃茶几，当你刚围着棺材坐下，一声恐怖的惊叫会忽然响起。这时酒吧的服务生"飘然而至"，面如骷髅、戴着一副眼镜，咧着嘴笑嘻嘻地递上酒单。酒水的名字很特别，有"吸血鬼之吻""魔鬼""僵尸水"等，其实就是普通的鸡尾酒和啤酒。随后，服务生便端上来一堆骷髅头，第一次来的客人举起骷髅头干杯时，都会小心翼翼地喝着饮料……刚开始总会有点不习惯，不过棺材酒吧的常客倒是边喝边聊,若无其事。

酒吧每天很快满座,门口还有不断到来的泡吧族,晚到的只好在外面的"墓园长廊"等候,准备进入"棺材"。所以,为了避免没有座位,也可以选择子夜时分到棺材酒吧,而且深夜给人的感觉更阴沉沉一些。

棺材酒吧的老板可谓是一位出色的心理学家,他抓住人们心理上的弱点,反其道而行之,从而刺激了人们的感官,吸引了更多的"勇敢者"光顾。

(资料来源:草祖强、李灯强,《海外营销怪招四则》,有修改。)

(4) 创产品品牌。品牌是用以识别某个产品或服务,并使之与竞争对手的产品或服务区别开来的商业名称及标志。

品牌对于客户的吸引力在于,品牌是一份合同,是一个保证,是一种承诺。无论购买地点在哪里,无论分销形式如何,品牌向客户提供了一种统一的标准,减少了客户可能冒的风险,能够更好地维护客户的利益。品牌对于客户的吸引力还在于,品牌不仅有利于维护客户的利益,还有助于提升客户的形象,特别是有些产品的购买被称为社会地位标志性的购买,如服装、酒、汽车等,因为品牌产生的附加值是根本性的,起着绝对的作用。品牌将自己的身份传递到人们的身上,提高了使用它或消费它的人的身价,给人们带来心理上、精神上更高层次和最大限度地满足感。因此,无论是奔驰还是宝马,或者Gucci、LV,它们都受到了客户的追捧,唤起了无数客户的购买热情。

(5) 适宜的包装。包装是指为产品设计并制作容器或包扎物的一系列活动,是不属于产品本身的又与产品一起销售的物质因素。

"人要衣装,佛要金装,产品要包装。"产品给客户的第一印象,不是来自产品的内在质量,而是来自外观包装。包装吸引客户的作用主要是体现在"无声销售员"上。据英国市场调查公司报道,去超市购物的妇女,由于受精美包装等因素的吸引而购买物品的数量常常超出原来计划购买数量的45%。

一方面,当产品被放到自选柜台或者自选超市时,好的包装能够吸引客户的视线,引起或加强客户的购买欲望。

另一方面,当各个品牌之间的"内在"差异很小或很难被消费者感知的时候,包装在功能方面或视觉方面的优势就会让产品"占上风",并左右客户的购买决策。美国杜邦公司研究发现,63%的消费者是根据产品的包装来选择产品的。

此外,颜色、造型、风格、陈设、标签等功能因素实际也是"大包装"的范畴,它们可以建立赏心悦目的形象,吸引客户的光临。

(6) 提供优质的服务。服务是指伴随着产品的出售,企业向客户提供的各种附加服务。如产品介绍、送货、安装、调试、维修、技术培训和产品保证等。企业向客户提供的各种服务越完备,产品的附加价值就越大,客户从中获得的实际利益就越大,也就越能够吸引客户。

IBM曾经发生过这样一件事情:一位客户住在小镇的一个小岛上,一天ThinkPad发生了故障,呼叫中心咨询后判断必须由客户服务人员现场解决,但当地没有服务网点,公司决定派工程师乘飞机到当地城市再坐出租车到小镇,然后租用快艇到小岛进行维修。碰巧当天下暴雨,工程师在深夜两点才赶到小岛,为了不打扰客户,工程师露宿于小岛,第

项目二 客户识别、选择和开发

二天上门并很快排除了故障。这件事情不久后就得到了积极的市场响应,那就是小镇上几乎所有准备购买电脑的人全都选择了或者表示将选择 IBM,这就是优质服务的魅力。

(7)承诺与保证。由于客户的购买总隐含着一定的风险,因此在一定程度上会限制其购买欲望。而卖方提供的承诺可以起到一种保险作用。如果企业对提供的产品或者服务做出承诺与担保,就可以降低客户购买的心理压力,就会引起客户的好感和兴趣,从而促进客户放心地购买和消费。比如,杭州大众出租汽车公司承诺:凡是气温在 30℃ 以上时,一律打开空调,如没有打开的,乘客可以要求退回所有的车费,并且获得面值 30 元的乘车证一张,公司还将对违纪司机给予处罚。

2. 第二步,提出恰当的价格

恰当的价格就是指企业应当根据产品或服务的特点,以及市场状况和竞争状况,为自己的产品或服务确定一个对客户有吸引力的价格。企业通过价格吸引客户的策略如下:

(1)撇脂定价策略。撇脂定价策略是指在鲜牛奶中撇取奶油,先取其精华后取其一般,比喻新产品在进入市场的初期时,利用消费者"求新""猎奇"的心理,高价投放商品以期从市场上赚取丰厚的利润,从而迅速收回成本。撇脂定价策略的优点是:定价高能获取较高的利润,可以尽快收回成本;当新产品上市时,消费者对其无理性的认识,利用较高价格可以提高新产品的身价,塑造其优质产品的形象;扩大了价格的调整回旋余地,提高了价格的适应能力,有助于增强企业的营利能力。

适宜采取撇脂定价策略的情况有:新产品比老产品有明显、突出的优点,市场上需求者多;生产方面拥有专利技术,没有竞争者;消费者认为高价代表高档、高品质的产品,虽然价格高但市场需求量不会大量减少;该商品是需求弹性较小的商品;消费者求购心切,愿出高价。

如 1945 年美国雷诺公司最先制造出圆珠笔,并且作为圣诞节礼物投放到市场上成为畅销货。虽然当时每支成本只需 50 美分,但是公司以每支 10 美元的价格卖给零售商,零售商再以每支 20 美元卖出。尽管价格如此之高,但仍然受到追时尚、赶潮流的客户的追捧。

(2)渗透定价策略。与撇脂定价策略相反,渗透定价策略是以低价投放新产品,使产品在市场上广泛渗透,以提高企业的市场份额,然后再随企业市场份额的提高而逐步调整价格,最终实现企业盈利目标的定价策略。这种定价策略迎合了消费者求廉、求实的消费心理。

渗透定价策略的优点是:低价能迅速打开新产品的销路,有利于提高企业的市场占有率;低价薄利,使竞争者望而却步、减缓竞争,获得一定的市场优势;物美价廉的产品有利于树立良好的企业形象。

适宜采取渗透定价策略的情况有:需求价格弹性大、购买率高、周转快的产品,如生活日用品;在成熟市场上竞争,往往要采取这种策略,以便和竞争者保持均势;如果大多数竞争者都降低了价格,尤其是竞争者对价格很敏感,而且企业的主要竞争对手提供了本企业无法提供的附加价值时,只有降低产品价格。

(3)尾数定价策略。尾数定价策略是指保留价格尾数,采用零头标价。如一件衣服的定价为 99.9 元,而不是 100 元。因为消费者会从心理上认为这是百元以下的开支,从而认为商品价格便宜。再者，带有尾数的定价可以使消费者认为企业制定的价格是认真的、精确的，从而产生信任感。此外，由于民族习惯、社会风俗、文化传统和价值观念的影响，某些数字常常会被赋予一些独特的含义。如在我国，尾数是"8"的价格较多见，"8"与"发"谐音。人们往往乐于接受这个有吉祥意义的数字。根据这一情况，采用尾数定价策略时可以有意识地选择消费者偏爱的数字，则其产品因此而得到消费者的喜爱。

（4）整数定价策略。与尾数定价策略不同，整数定价策略在定价时把商品的价格定成整数，而不带尾数。整数定价适用于某些价格特别高或特别低的商品。对于一些款式新颖、价格较贵、风味独特的商品采取整数定价取消尾数能够满足购买者高消费的心理。如精品服装可将价格定为 1000 元，而不定为 998 元，这样可以以千元价位的面目赋予商品以高档、优质的形象。

（5）声望定价策略。声望定价策略是根据消费者的"求名"心理制定高价的策略。多数消费者购买商品时不仅仅看重商品一流的质量，更看重品牌所蕴涵的象征意义，如地位、身份、财富、名望等。声望定价策略适用于知名度高、广告影响力大、深得消费者青睐的名牌商品。如 20 世纪 80 年代世界著名品牌皮尔·卡丹进入中国的时候，一条皮尔·卡丹的皮带卖到 1000 元。这是一种典型的声望定价策略。声望定价策略不仅被广泛地运用于零售业中，而且在餐饮、娱乐、维修服务等行业也得到了广泛运用。

（6）招徕定价策略。招徕定价策略是指多品种经营的企业将一种或几种商品的价格定得特别低或特别高以招徕消费者，吸引他们来到本企业并期望他们在购买低价或高价商品时也购买其他的商品，从而带动其他商品的销售。招徕定价策略常为综合性百货商场、超级市场甚至高档商品的专卖店所采用。

3. 第三步，采取恰当的促销

恰当的促销是指企业利用各种恰当的信息载体，将企业及其产品的信息传递给目标客户，并与目标客户进行沟通的传播活动，旨在引起客户的注意，刺激客户的购买欲望和兴趣，使其产生实际的购买行为。

（1）利用广告。广告可以大范围地进行信息传播和造势，起到提高产品或服务的知名度、吸引客户和激发客户购买欲望的作用。在商业界有这样一种说法：推销商品而不做广告，犹如在黑暗中送秋波，这也体现出广告在促销中的重要作用。

拓展阅读：

丰田汽车的"安全广告"

提起丰田汽车人们很容易想起"皇冠牌"小汽车和"车到山前必有路，有路就有丰田车"的广告用语。这些都是因为丰田公司如今已享有很高的知名度。然而，谁能想到 30 多年前，当丰田首次向美国出口汽车时，是以失败告终的，而且输得很惨，销售量只有区区的 228 辆。

面对汽车业发达的美国，丰田公司不得不卧薪尝胆，通过对消费者行为的深入研究去捕捉打入市场的机会。他们了解到美国车多、车祸多，开车人大都缺乏安全感，于是就录制了这样一组短片：

一位司机驾驶着一辆丰田车连人带车从 10 米高的地方撞了下去……正当人们惊恐之际，只见那位司机安然无恙，丰田车也完好无损。

这一短片通过电视转播到美国的千家万户时，产生了出奇的效果，掀起了一股购买丰田车的热潮。正是因为丰田公司的广告把握了客户求安全的心态，从而刺激客户的购买欲望，才取得如此巨大的成功。

（资料来源：http：//www.globrand.com/2006/32852.shtml，有修改。）

思考：刺激客户购买欲望的方法还有哪些？

（2）应用公共关系促销。公共关系是企业采用各种交际技巧、公关宣传、公关赞助等形式来加强与社会公众沟通的一种活动，其目的是为了树立或维护企业的良好形象，建立或改善企业与社会公众的关系，并且控制和纠正对企业不利的舆论。引导舆论朝着有利于企业的方向发展，其主要方法如下：

1）利用各种传播媒体和传播方式（如人际传播和大众传播），扩大企业的知名度，让社会了解企业。

2）开展联谊、庆典及咨询等活动，加强与社会各界的联系。

3）积极参与社会公益事业及其他社会活动，为企业创造良好的社会环境，获得社会的赞誉。

4）培养教育员工塑造良好的自身形象，建立企业与员工之间的良好情感。

（3）销售促进。销售促进是企业利用短期诱因，刺激客户购买的促销活动，其主要手段如下：

1）免费试用。免费试用是吸引潜在客户或者目标客户迅速认同并且购买企业的产品或服务的最有效的方式。

1979年之初，美国的IBM公司曾经免费赠送给中国工业科技管理（大连）培训中心20台IBM计算机。该中心的学员都是来自全国各地的大中型企业的厂长和经理，他们在培训中心使用IBM计算机后印象很好，很多人回到企业后就做出了购买IBM计算机的决定。IBM公司正是通过这种方式打开了中国市场。

2）免费服务。如电器商店为购买者提供免费送货上门、免费安装、免费调试。很多酒楼看准新人办喜事而竞相推出优质服务，有的免费代送宾客，有的免费提供新婚礼服、化妆品、花车及结婚蛋糕……总之，谁的服务招数高，谁的生意就兴隆。

3）奖金或礼品。奖金或礼品是指与购买一件产品相关联的馈赠奖金或礼品的活动。如饮料公司承诺凭若干个酒瓶盖就可换得若干奖金或者再来一瓶。航空公司推出"里程奖励"活动，对乘坐航空公司班机的乘客进行里程累计，当累计到一定公里数时，就奖励若干里程的免费机票。

4）优惠券。优惠券是指企业印发的给予持有人购买产品时一定减价的凭证。在网络营销发达的今天，许多卖家在节日或一些特定大促前，会给出一部分电子优惠券由买家领取，或者卖家主动发送给买家，此举一方面希望激发卖家回购的愿望，另外一方面也是对顾客的一种关怀和维护。如果用得好的话，投资回报率相当高。

在美国，人们在周五下班后就纷纷走进商店采购准备度周末，而在前一天，许多的商店已经在报纸上刊登减价广告和赠券，客户如被赠券所说的产品吸引可将赠券剪下来，然后持券购买该产品便可获得相应的优惠（图2-7）。

（4）通过会员制或客户俱乐部吸引客户。会员制是类似于减价优惠的一种促销形式，

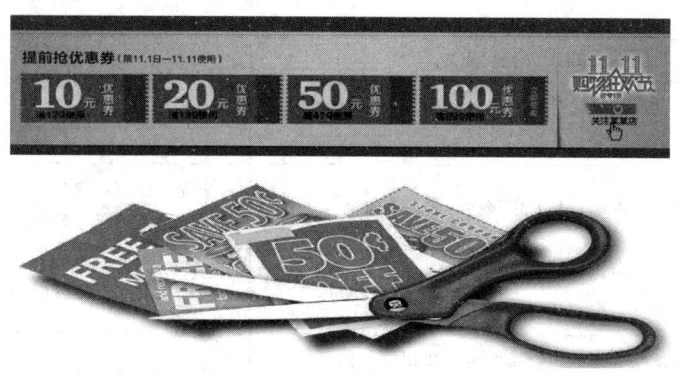

图 2-7 优惠券

客户可以从中获取许多的利益,会员一次性支出的会费远小于以后每次购物所享受到的超低价优惠,还可以享受各式各样的特殊服务,如可以定期收到有关新到货品的样式、性能、价格等资料,以及享受送货上门的服务等。如上海华联商厦对持有"会员卡"的客户在商厦购物可享受一定的折扣,并根据消费的金额自动累计积分;会员还可通过电话订购商厦的各种产品,无论大小,市区内全部免费送货上门,会员生日还能收到商厦的祝福贺卡及小礼物。

由于成为会员后可得到诸多好处,所以,会员制可以吸引和招徕新客户的加盟。此外,老会员还会在有意无意间帮助企业进行宣传,充当义务推销员的角色。

(二) 采用推销导向策略实现客户开发

所谓推销导向客户开发策略,就是企业通过积极的人员推销形势,将目标客户开发为企业的现实客户的过程。

推销导向客户开发策略是企业在自己的产品、价格、分销渠道和促销手段没有明显特色或者缺乏吸引力的情况下,采取的引导或者劝说客户购买的行为。推销导向策略开发客户,首先要能够寻找到目标客户,其次是要想办法说服目标客户。

1. 第一步,采取恰当的方法找寻适合的客户群

常用客户寻找法的优、缺点比较见表 2-1。

表 2-1　　　　　　　　常用客户寻找法的优、缺点比较

项　目	优　点	缺　点
逐户寻访	面对面沟通,直接有效;可借机进行市场调查,增加对行业真实的了解	盲目性大;耗费大量的人力、时间
电话拜访	可及时得到客户的反馈	无法详细介绍产品;盲目性大;耗费大量的人力、时间
直接邮寄	覆盖的范围往往比较广,涉及客户数量较多,内容可进行精心的设计	成本高;时间跨度较长;回复率较低
短信	覆盖的范围往往比较广,涉及客户数量较多,内容可进行精心的设计	盲目性大;信息量有限;回复率较低

项目二 客户识别、选择和开发

续表

项目	优点	缺点
面谈法	面对面沟通,印象深刻,直接有效;增加对行业真实的了解	需要消耗较多的人力、时间
连锁介绍法	信息较准确;具有说服力,成功率较高	事先难以制订完整的客户开发访问计划;销售人员常常处于比较被动的地位
会议搜寻法	可以同时提高自己品牌的影响力;潜在客户集中,搜寻效率较高	费用较高;有时易引起开发对象的反感
资料分析法	来源是很多的,容易搜集;开发成本相对较低;能较快了解到市场容量和客户状况	资料的时效性较差;资料的针对性不强
广告开发	传播速度快;节约人力、物力,覆盖范围广,若操作得当,可以同时提升品牌形象	目标选择性较差;费用高昂;难以直接了解客户的反映
网络推广	信息量大;成本较低;传播速度快	无法传达到未通网络地区;无法开发非网民客户

2. 第二步,采用适宜的形式进行联络

(1) 电话联络。电话联络是指以打电话的形式与客户联络的方法。采取这种形式要注意,打电话的目标是获得一个约会,并不可能在电话上销售一种复杂的产品或服务。用电话联系客户应该专注于介绍企业、企业的产品或服务,最好用最简短的语言作介绍,同时,大概了解一下对方的需求,有针对性地说明,从而抓住对方的注意力,引发其兴趣,促使客户想进一步了解产品的欲望。最重要的是不要忘记约定与对方见面,详细介绍企业的产品。

(2) 直接邮寄。直接邮寄是指以邮寄信函的方式来寻找目标客户。这种方式覆盖的范围往往比较广,涉及客户数量较多,但成本较高,时间较长,而且除非商品有特殊的吸引力,否则一般回复率很低。

(3) 短信联络。短信的好处正在受到越来越多的销售人员的喜爱。费用低廉、使用便捷、互动性强、信息逗留时间长等是短信开发客户的典型特征。手机短信又比那些陈词滥调的电视广告以及略显笨拙的报纸广告要轻松得多,它和传统的印刷媒介上的表达方式也不太一样,也有别于泛滥的网络页面,而且即使客户关机或不在服务区内信息也不会丢失。

"世界上最伟大的推销员"乔·吉拉德告诉我们,和客户打交道要有一种和客户谈恋爱的感觉,对我们的客户要和对我们的爱人一样,要勤问候。企业可以以短信方式问候客户,过年、过节、周末利用短信问候客户可以加强与客户的感情。

(4) 网络联络。随着科技的发展,互联网已成为企业与外界信息交流的一条主要通道,基于互联网的客户支持与服务系统已成为一个企业不可缺少的服务渠道。通过用网站可以向客户提供一个企业的最新产品信息、企业政策、常见的问题和疑难问题解答、客户互动交流等。

网上电子信箱会随时收集客户提出的各种问题,热线问答栏目提供最新、最有代表性问题的解答，客户可通过软件序列号注册为会员，获得在线的、个性化的、随时随地的服务支持等，不但可以维系与老客户的交流与合作，还有利于新客户的开发，同时还可以提高企业形象和声誉。

3. 第三步，直接拜访客户

访问客户的程序如下：

（1）拟订访问计划，包括访问的地点、时间、方式和谈话的内容等。

（2）收集和分析潜在客户资料，包括年龄、性别、婚姻状况、文化程度、职业、收入、健康状况、性格特点、投资经历、爱好特长和家庭状况等。

（3）心理准备。访问客户之前，心理的准备是销售人员访问成败的关键。销售人员在访问之前心理准备比较充分的话会显得比较轻松，态度也会从容不迫，特别是在遇到不顺时也能从容应对。

4. 第四步，努力消除客户的不友善态度

访问客户经常会遭遇不友善的态度，要消除客户的偏见实非易事，只得靠销售人员的耐心、毅力以及锲而不舍的精神。能留给客户良好印象的是友善的态度。表现友善的态度最好的方法是微笑，真诚地发自内心的微笑。除了上面所谈的之外，销售人员一定要既迅速又明确地把"我能够给您带来好处"或"我能替您解决问题"的信息传达给客户。

5. 第五步，进一步拜访客户

（1）锁定访问对象。访问对象的选择必须注意以下两条原则：①访问有决定权的人；②不要忽略有影响的人。

（2）慎选访问时间。访问时间如果不恰当会引起客户的反感。

（3）选择有利的访问地点。选择有利的访问地点必须遵循以下两条原则：①有利于交流而不受外界打扰的地方；②访问的地点以对客户较方便为宜，尊重客户的意见。

（4）明确访问的目的。访问的目的包括：①礼节性拜访；②取得预约；③正式访问；④约请客户到企业参观；⑤留住客户。

销售人员明确了访问目的，不但与客户谈话时可以做到井然有序，增加访问的信心，而且能够抓住重点，在短短的面谈时间里达到访问的目的。

（5）明确谈话的内容。销售人员在访问之前必须根据访问的目的准备谈话的内容。为了完成访问的使命，最好是在访问之前先作预演，把访问时可能发生的情况假想若干遍，并把客户可能提出的问题在自己的心中作答。

6. 第六步，客户开发检核

开发客户是系统的、长期的工作，为了保证开发活动有序、有效地开展，需要对客户开发活动进行定期检查，以便及时调整思路，保证目标得以实现。

客户开发检查的内容如下：

（1）是否做好行销地图。

（2）对商圈的收入水准、风格、习惯、意识是否正确把握。

（3）是否将潜在客户进行市场细分。

（4）是否已经做好客户资料卡。

（5）是否给销售人员明确的开发目标。

(6) 是否规定销售人员每天的访问数量。
(7) 是否灵活使用了所有的促销品。
(8) 是否分配给每个销售人员重点开发地点或客户群。
(9) 开发难度较大的客户群时,有没有对销售人员进行特别的训练或指导。
(10) 是否已经将过去成交而目前不发生交易关系的客户名单整理出来。
(11) 是否按照不同产品建立了不同的开发方法。
(12) 是否建立了潜在客户层的开发方法。
(13) 是否建立了信息收集网络。
(14) 是否每次活动都制定预定时间表。
(15) 是否准备好避免被挡驾或被拒绝人内的话语。
(16) 是否利用各种场合争取订单。
(17) 是否充分利用了有影响力人士的介绍或口碑。
(18) 是否知道对方的关键决定人。
(19) 是否交叉运用了各种推销方式。
(20) 是否对潜在客户进行深度开发。
(21) 是否费尽心机地培养主要客户。
(22) 是否将自己喜欢的本企业的产品介绍给自己的亲朋好友。

拓展阅读:

客 户 说 服 技 巧

寻找到客户不等于能够开发成功,因为还需要一个说服顾客的过程,那么如何说服客户呢?

首先,推销人员要向客户介绍企业的情况和产品的优点、价格及服务方式等信息。

其次,要及时解答和解决客户提出的问题,消除客户的疑虑,根据客户的特点和反应,及时调整策略和方法;再次,要一再说明和表达客户购买的好处。

富兰克林式表达就是这样一种说服技巧,就是销售人员向客户说明,如果你买了我们的产品,能够得到第一个好处是什么,第二个好处是什么,第三个好处是什么;同时也向客户说明不买我们的产品,蒙受的第一个损失是什么,第二个损失是什么,第三个损失是什么。

比如日产汽车首席推销员奥成良治,整整想了100多条客户买他的汽车能够得到的好处和不买蒙受的损失。

通过新媒体做客户关系营销

客户开发除了传统的人员一对一上门开发,或是通过打造自身的企业优势特色和优质营销来吸引客户,还有通过新媒体来做客户关系营销。随着信息产业革命的深入,近年来,微信、微博、移动终端APP等社交新媒体在消费者当中的影响力日益凸显,尤其是在微信社交平台上,利用朋友圈强大的影响力以及较好的口碑效应,以圈子为主流营销渠道,在朋友的转发和点赞过程中让更多的朋友参与到客户开发过程中。如今,新媒体俨然已成为企业营销、客户开发与管理的重要平台。新媒体裂变式的传播,可以快速把信息传播出去。

在新媒体迅速发展的时期，呈现出多点式和网络式的客户开发模式，营销和客户开发模式已经突破了传统的点对点形式的营销，这个过程中注重与受众之间的互动与交流，增加了受众在营销和客户关系建立过程中的产品体验。

新媒体已经成为与顾客互动，维系客户关系的管理工具。通过新媒体运营，提升客户对品牌的认可度，增加用户粘性是今后必须要做的。那么我们该怎么通过新媒体做客户关系营销？我们以微信为例，进行探讨。

1. 内容推送要考虑客户的需求与体验

这方面需要换位思考，了解现有客户或者潜在客户的实际需求，再从专业的角度去解答客户的问题。比如：车主需要实用的用车养车知识和优惠维保信息等；准车主需要备选车型的特色，以及与竞品相比的优势等。推送内容的语言风格要贴近客户，形式要多样化，比如要包含图文、声音、视频、动画等，忌讳千篇一律。

2. 互动要及时，语言风格要贴近客户

微信具有很强的互动性，对于客户提出的问题，要及时回答，或者有一个时间期限，不能让客户感觉没人理。语言的风格不要太程序化，尽量用贴近客户的语言来沟通。

3. 线上活动要有特色，应时应景，并将客户信息收集融入其中

通过微信开展线上活动是必须的，究竟该什么时候做活动？做什么样的活动？运营者要有一个规划，包括年度规划、月度规划等。同时，针对热点事件或者突发事件要及时快速反应，举办应时应景的活动。

（资料来源：http：//www.allcan.com.cn/jituanxinwen/yingxiaozhishi/20180521/1554.html，有修改。）

五、课后练习
(一) 客户体验
从一个电话销售案例体会引导客户需求的技巧

让我们来分别来看看下面三位顾问探寻客户需求的技巧及取得的销售成果（以人才服务机构销售顾问与客户的对话为案例角色）。

顾问甲：张经理，您好！请问贵公司有招聘的需要吗？

客户张经理：有的。我们在招一个电工。

顾问甲：那要不要考虑来参加我们本周六的综合招聘会？200元钱，效果很好，很超值。

张经理：不好意思，这个职务不急，暂时不需要，谢谢。

顾问甲：哦！没关系，那您有需要时再给我电话好吗？

张经理：好的。再见！

（请思考这样做销售的有什么问题，并请看下面的对话。）

顾问乙：张经理，您好！请问贵公司有招聘的需要吗？

张经理：有的。我们在招一个电工。

顾问乙：请问您这个职位缺了多久了？

张经理：有一段时间了。

顾问乙：大概多久呢？

张经理：哦！有半个多月了吧。

顾问乙：啊！这么久了？那您不着急吗？

张经理：不急，老板也没提这个事。

顾问乙：张经理，老板没提这个事可能是因为他事情太多没注意到这个问题。但是您想到没有？万一在电工没到位这段时间，工厂的电器或电路发生问题该怎么办呢？

张经理沉默。

顾问乙：张经理，我知道您的工作一向做得很棒，老板非常认可。很多事情不怕一万，就怕万一。如果工厂万一发生了什么事情，而老板却发现电工还没有到位那肯定会对您有影响。您为这家公司也付出了很多，如果因为一件小事情而受到影响，肯定划不来。建议您尽快把这个电工招到位。

张经理：你说的好像也有一点道理。

顾问乙：我本周六给您安排一场招聘会，您看怎么样呢？

张经理：好啊！那就安排一场吧。

顾问乙：好的，那麻烦您让人尽快把资料发给我，我好在报纸上帮您做点宣传，确保电工招聘到位。

张经理：好的。谢谢你了。再见。

（请思考顾问乙比顾问甲做得好的地方在哪里？探寻客户需求的每一步他分别用在什么地方？）

再让我们来看看第三个顾问是如何与客户沟通的：

顾问丙：张经理，您好！请问贵公司有招聘的需要吗？

张经理：有的。我们在招一个电工。

顾问丙：请问您这个职位缺了多久了？

张经理：有一段时间了？

顾问丙：大概多久呢？

张经理：哦！有半个多月了吧。

顾问丙：啊！这么久了？那您不着急吗？

张经理：不急，老板也没提这个事。

顾问丙：张经理，老板没提这个事可能是因为他事情太多没注意到这个问题。但是您想到没有？万一在电工没到位这段时间，工厂的电器或电路发生问题该怎么办呢？

张经理沉默。

顾问丙：张经理，我知道您的工作一向做得很棒，老板非常认可。很多事情不怕一万，就怕万一。如果工厂万一发生了什么事情，而老板却发现电工还没有到位那肯定会对您有影响。您为这家公司也付出了很多，如果因为一件小事情而受到影响，肯定划不来。建议您尽快把这个电工招到位。

张经理：你说的好像也有一点道理。

顾问丙：张经理，能不能再请教您一下？（有价值的销售人员沉得住气）

张经理：你说。

顾问丙：请问您要招的这个电工是一般的水电工呢还是要懂一点设备维修维护？

张经理：嘿，你还挺专业。我们工厂机器比较多，电工一般都要懂一些日常维护维修。前面那个电工就是因为对设备一窍不通，所以老板把他解雇了。

顾问丙：谢谢！那这个人你可得认真找找。你们给的待遇怎么样呢？

张经理：1600元/月。

顾问丙：张经理，坦白讲这个待遇低了一点，现在一般的水电工大概是1200～1600元/月，如果要懂设备维修的话，一般在2000元/月以上。

张经理：是吗？难怪我们上次只招了一个"半桶水"的人。

顾问丙：是的，张经理，建议您跟老板提一下，把待遇提到2000元，一个好的电工可以为工厂省很多钱，相信您的老板会明白这个道理的。另外，好电工可能不是那么好招。我准备给您设计一个简单的招聘方案，您觉得好吗？

张经理：你都这么专业了，我不听你的听谁的，你说吧。

顾问丙：我的建议是您安排两场招聘会350元，我们还送您四分之一版报纸招聘广告。这个方案的好处是能够集中时间把职位招聘到位。您看怎么样呢？

张经理：一个电工要订两场，不需要吧？

顾问丙：张经理，其实您是订两场，订两场可以送您四分之一版报纸招聘广告，考虑您招的不是一般的电工，现场不一定能够找到，所以有必要增加报纸渠道。我们的报纸会在江门主要工业区派发，这对您的招聘效果是一个有力的保证。这个套餐比您一场一场的订要优惠超值得多。您说呢？

张经理：有道理，好吧。那就这样定了吧。跟你聊了一下，我还真想把这个电工招到。周六见。

顾问丙：谢谢！张经理，感谢您的信任，我会帮您安排好的，尽量帮您把电工招到位。再见。

（1）请思考顾问丙比顾问乙哪些地方做得好？他在哪些地方体现了探寻客户需求的技巧？

（2）通过上面3个客户沟通案例，你从中学到了什么？

（二）思考实践

（1）结合一个企业的实际具体说明采用营销导向策略开发客户的措施。

（2）借助于一种产品利用推销导向策略进行客户开发。

（三）能力测评

人际关系处理能力是维持、加深人际关系的法宝，处理水平的高低，决定人际关系的发展趋向，你的人际关系处理能力如何呢？通过下面的问卷测测就知道了。

（1）和同事发生争执时，你会不知不觉地提高音量吗？（　　）

　　A. 是　　　　　　　　　　B. 否

（2）你能叫出公司里八成以上的人名全称吗？（　　）

　　A. 是　　　　　　　　　　B. 否

（3）看到讨厌的人，你会假装没看见吗？（　　）

　　A. 是　　　　　　　　　　B. 否

（4）你和主管及同事们相处愉快吗？（　　）

A. 是　　　　　　　　　　　B. 否

（5）遇到不合理的事情，一定抗议到底吗？（　　）

A. 是　　　　　　　　　　　B. 否

（6）昨天才吵过架的人，今天又可以愉快地跟他聊天吗？（　　）

A. 是　　　　　　　　　　　B. 否

（7）购物时遇到态度不好的店员，会跟他发生争执吗？（　　）

A. 是　　　　　　　　　　　B. 否

（8）同事帮你买错盒饭，你是否会很感谢地吃完它？（　　）

A. 是　　　　　　　　　　　B. 否

（9）和朋友出去玩，你会特别坚持自己的意见吗？（　　）

A. 是　　　　　　　　　　　B. 否

（10）你认为保持和谐的状态是很重要的事吗？（　　）

A. 是　　　　　　　　　　　B. 否

（11）朋友借了你一笔钱，过了很久也未归还，你不了解他是因为一时无力偿还，还是忘在脑后了，而你在近期内又急用这笔钱，你会怎么办呢？（　　）

A. 请一位与你与他都要好的朋友去提醒一下

B. 只好再等待

C. 你找他讨还

（12）你给孩子买了一件刚上市的服装，回家一试发现太小不能穿，你找到商店，但售货员拒绝退货，你会怎么办？（　　）

A. 找到商场经理说明情况，表示道歉，希望商量一个双方都能接受的方案

B. 心里有气，还是把衣服带回家

C. 和对方大吵大闹，引来众人围观

（13）市场上某种食品涨价了，而这种食品又是你平日最喜欢的，你会怎么办呢？（　　）

A. 少买些，但把菜谱适当调整一下

B. 它涨它的，照买不误

C. 大发牢骚，但还是买了

（14）你一位很要好的朋友因工作变动要到另一个部门去，你会怎么办？（　　）

A. 为他饯行，并祝福他

B. 认为他离开以后关系会变差，所以就不冷不热

C. 陈说厉害，设法留住他

（15）你因工作中的一时失误，受到上司的批评处罚。原来和你关系不错的同事，不但不来安慰你，反而躲得远远的。你的反应是（　　）。

A. 随他的便，地球照样转

B. 认为这是人际关系的弊病，毫不在意

C. 你骂他们是势利小人、没良心，从此断绝关系

（16）你因工作能力强，老板欣赏你而给你升职加薪，同事们要你请客，这时候你会

怎么办?(　　)

　　A. 感谢同事们的关照,必要时会表示

　　B. 只找几个要好的朋友去吃一顿

　　C. 你认为没有必要请客而拒绝

(17) 有一位远亲患病,从外地投奔你,请你帮助联系医院或请名医治疗,而你工作忙不说,住宿还是大问题。这时你将会(　　)。

　　A. 尽管有困难,也热情接待,想办法满足他的要求,并劝他多住些日子治疗

　　B. 热情接待,但告诉他你爱莫能助,请他谅解

　　C. 厌烦之情溢于言表,借故推托了事

(18) 你是个已婚人士,由于工作的需要将长期和某个异性来往、接触,但耳闻有人对你们捕风捉影地妄加评论,你将怎么办?(　　)

　　A. 不理那一套,该干什么还干什么

　　B. 感到委屈,为了不使人议论想辞掉那份工作

　　C. 发誓要找到造谣者并找他算账

(19) 在朋友、同事、邻居中,有人结婚、过生日等,难免要破费一点表示表示,你认为(　　)。

　　A. 虽然要花点钱,但还是觉得应该

　　B. 对一般人不屑一顾,但对体面的人则送重礼

　　C. 假装不知道或借故躲开

(20) 你和同事外出办事,因缺少经验而办了一件尴尬的事,回来后同事拿你这件事当众寻开心,出你的洋相。这时候你会(　　)。

　　A. 和同事们一块笑,事后说明原委

　　B. 很尴尬而不知所措

　　C. 很气愤,也揭对方的老底

项目三

保持客户关系

本项目描述

本项目介绍客户信息与客户信息管理的含义,如何对客户信息进行分类管理;如何存储和处理客户信息;如何对客户进行分级管理;如何进行客户体验、关怀管理;怎样与客户进行沟通;如何使客户满意并使客户忠诚。

知识目标

(1) 了解客户信息与客户信息管理的含义,客户信息分析的内容。
(2) 了解客户关系管理的主要内容。
(3) 了解客户分级的原因、方法。
(4) 了解大客户管理的内涵,客户体验管理、客户关怀、客户沟通、客户忠诚的内涵。

技能目标

(1) 能够运用所学的信息收集知识,对客户的信息进行初步的收集及存储。
(2) 掌握客户体验管理的模式和方法。
(3) 掌握客户关怀的手段。
(4) 掌握与客户沟通的渠道及策略。
(5) 掌握提高客户满意的方法。
(6) 掌握培养客户忠诚的方法。

素质目标

(1) 培养学生诚实守信、沟通交流、解决问题的能力。
(2) 培养团队协作、设计创新、信息处理的能力。

任务一　收集和管理客户信息

一、任务描述

客户信息和客户关系管理的主要内容及方式是进行客户管理的基础,掌握客户信息收集的渠道和操作步骤是进行客户关系管理的关键环节。

二、任务导入

小饭店服务员的客户关系管理

拓展客户难,维持客户更难,经济越是不景气,客户资源就越是稀缺,于是客户关系管理越来越风靡。在大多数人的印象中,客户关系管理是高科技公司搞的一种与IT技术相关联的管理新理论,不排除其中有管理软件公司炒卖CRM软件的嫌疑。然而,下面这家小餐馆的服务员却让人感受到了客户关系管理的不一样的魅力。

亲历者是这样描述的：

前段时间出差去广州，一天中午和蓝院长一行四人开车到校园外吃饭。

我们驱车来到一家湖南菜馆。餐厅不大，一位服务员热情地迎了上来，带我们就座。她的热情不是那种被强迫出来的职业笑容，而是一种洋溢出来的热情，一开始给我们印象就不错。

很快，服务员一个小小的举动让我们非常有好感。蓝院长要点可乐，一人一听。她马上建议说，一听可乐5元，四听就是20元，不如买一大瓶可乐，才8元，量也差不多。

能够从消费者的角度出发，考虑如何给消费者创造更大的价值，这个来自湖南农村、没什么文化、刚刚16岁的小姑娘顿时让人刮目相看。

菜上得很快，味道也不错，大家吃得很舒心。

这位服务员已经赢得了大家的喜欢，于是大家跟她聊了起来。不经意中，她问起蓝院长姓什么，蓝院长说姓蓝，她说从没听说过这姓，表示不相信，说蓝院长骗她，直到蓝院长无奈地拿出名片。她很认真地记下了蓝院长的名字，然后，不经意中她逐个要走了我们其他人的名片。

到这时我们才发现，她实际是在进行高级的客户关系管理，她要力争在我们吃一餐饭的时间里，了解到我们的名字，了解我们的职业和背景，跟我们熟络起来，好让我们成为回头客。

这时，蓝院长也开玩笑问她，下次我再来，能不能叫得出来我的名字。小姑娘骄傲地回答，肯定能，我还能记得你们今天吃了什么菜！

吃完了饭去结账的时候，在服务台那里看到几个服务员正在进行一项有趣的游戏，她们一人拿出一厚摞名片，互相比，看谁的名片多。

原来，不仅她一个服务员，那里所有的服务员都在进行客户关系管理。估计她们在客人少的时候，通过玩名片这种游戏，背名片、背客人的模样、背客人点过的菜。

好棒的客户关系管理！

我不知道以后我还会去这个湖南菜馆几次，但就冲着试试这个服务员下次是否真的记得我，我都肯定要再去一次。

是啊，有这样优秀的客户关系管理，有老客户不断回头，何愁生意不盈门！

这是一个值得借鉴的客户关系管理案例。

任务分析：小餐馆的服务员是如何进行客户管理的？

三、知识支撑

（一）客户信息来源

信息是决策的基础，想要维持好与客户建立起来的关系，就必须充分掌握客户信息。任何一个企业总是在特定的客户环境中经营发展的，有什么样的客户环境，就应有与之相适应的经营战略和策略。如果企业对客户的信息掌握不全、不准，判断就会出现失误，决策就会偏差，而如果企业无法制定出正确的经营战略和策略，就可能失去好不容易建立起来的客户关系。所以，企业必须全面、准确、及时地掌握客户的信息。

随着企业经营观念的转变，客户的维系和管理已经被所有企业重视；同时，随着互联网的迅猛发展，企业获取客户信息的方法和渠道越来越多，大数据存储及分析运用的异军突起，也让更多的企业意识到大量的客户信息可以给企业带来不可估量的利益，可以为企业发展提供决策依据。客户信息管理的第一步就是搜集有价值的客户信息。客户信息是指客户的一些基本资料，如姓名、性别、年龄、生日、爱好、住址、QQ号、微信号、E-mail，以及经过必要的加工后得到的信息汇总，如客户行为习惯、客户满意度、客户忠诚等信息。

（二）客户信息类型

根据客户性质，一般将客户信息主要分为描述类信息、行为类信息和关联类信息。

1. 描述类信息

描述类信息主要是用来理解客户的基本属性的信息，如个人客户的联系信息、地理信息和人口统计信息，企业客户的社会经济统计信息等，这类信息主要来自于客户的登记信息，以及通过企业的运营管理系统收集到的客户基本信息。

这类信息的内容大多是描述客户基本属性的静态数据，其优点是大多数的信息内容比较容易采集到。但是一些基本的描述类信息内容有时缺乏差异性，而其中的一些信息往往涉及客户的隐私，如客户的住所、联络方式、收入等。

对于描述类信息最主要的评价要素就是数据采集的准确性。在实际情况中，经常有一些企业知道为多少客户提供了服务，以及客户购买了什么，但是往往到需要主动联络客户的时候，才发现缺乏能够描述客户特征的信息和与客户建立联系的方式，或是这些联络方式已经失效了，这都是因为企业没有很好地规划和有意识地采集和维护这些描述类信息。

2. 行为类信息

行为类信息一般包括客户购买服务或产品的记录、客户的服务或产品的消费记录、客户与企业的联络记录，以及客户的消费行为、客户偏好和生活方式等相关的信息。行为类信息的主要目的是帮助企业的市场营销人员和客户服务人员在客户分析中掌握和理解客户的行为。客户的行为信息反映了客户的消费选择或是决策过程。

行为类信息一般来源于企业内部交易系统的交易记录，企业呼叫中心的客服人员和客户接触的记录，营销活动中采集到的客户相应数据，以及与客户接触的其他销售人员与服务人员收集到的数据信息。有时企业从外部采集或购买的客户数据，也会包括大量的客户行为类信息。

例如，客户偏好信息主要是描述客户的兴趣和爱好的信息：有些客户喜欢户外运动，有些客户喜欢旅游，有些客户喜欢打网球，还有些客户喜欢读书等，这些数据有助于帮助企业了解客户的潜在消费需求。

又如，客户的交易数据往往是企业在日常的销售和服务过程中记录下来的大量数据，如零售企业就记录了客户的购物时间、购物商品类型、购物数量、购物价格等信息。电子商务网站也记录了网上客户购物的交易数据，如客户购买的商品、交易的时间、购物的频率等。对于移动通信客户来说，其行为信息包括通话的时间、通话时长、呼叫客户号码、呼叫状态、通话频率等；对于电子商务网站来说，点击数据流记录了客户在不同页面之间的浏览和点击数据，这些数据能够很好地反映客户的浏览行为。

与描述类信息不同，行为类信息主要是客户在消费和服务过程中的动态交易数据和交易过程中的辅助信息，需要实时地记录和采集。

在拥有完备客户信息采集与管理系统的企业里，客户的交易记录和服务记录非常容易获得，而且从交易记录的角度来观察往往是比较完备的。但需要注意的是，客户的行为信息并不完全等同于客户的交易和消费记录。对客户的交易记录和其行为数据进行必要的处理和分析后，将得到的信息进行汇总和提炼，才能得到客户的行为信息。

3. 关联类信息

关联类信息是指与客户行为相关的，反映和影响客户行为和心理等因素的相关信息，如客户满意度、客户忠诚度、客户对产品与服务的偏好或态度、竞争对手行为等。企业建立和维护这类信息的主要目的是为了更有效地帮助企业的营销人员和客户分析人员深入理解影响客户行为的相关因素。

关联类信息有时可以通过专门的数据调研和采集获得，如通过市场营销调研、客户研究等获得客户的满意度、客户对产品或服务的偏好等；有时也需要应用复杂的客户关系关联分析来产生，如客户忠诚度、客户流失倾向、客户终身价值等。关联类信息经常是客户分析的核心目标。

关联类信息所需的数据往往较难采集和获得，即使获得了也不容易结构化后导入到客户管理系统中。规划、采集和应用客户关联类信息往往需要一定的创造性，而采集与应用也不是简单的技术问题，而是为实现市场管理或客户管理直接相关的业务目标服务的业务问题，如提高客户满意度、提高客户忠诚度、降低客户流失率、提高潜在客户发展效率、优化客户组合等核心的客户营销问题。

很多企业并未有意识地采集过这类信息，其实就像企业的高端客户和活跃客户，关联类信息可以有效地反映客户的行为倾向。对于很多企业，尤其是服务类企业，有效掌握关联类信息对于客户营销策略和客户服务策略的设计实施是至关重要的。一些没能很好地采集和应用这些信息的企业往往会在竞争中丧失优势和客户资源。

（三）客户关系管理的主要内容和方式

1. 客户关系管理的主要内容

客户关系管理的主要内容包含以下几个方面（简称7P）：

（1）客户概况分析（Profiling）包括客户的层次、风险、爱好、习惯等。

（2）客户忠诚度分析（Persistency）指客户对某个产品或商业机构的忠实程度、持久性、变动情况等。

（3）客户利润分析（Profitability）指不同客户所消费的产品的边缘利润、总利润额、净利润等。

（4）客户性能分析（Performance）指不同客户所消费的产品按种类、渠道、销售地点等指标划分的销售额。

（5）客户未来分析（Prospecting）包括客户数量、类别等情况的未来发展趋势、争取客户的手段等。

（6）客户产品分析（Product）包括产品设计、关联性、供应链等。

（7）客户促销分析（Promotion）包括广告、宣传等促销活动的管理。

2. 客户关系管理的方式

(1) 建立数据库。客户信息数据库建立是客户信息数据建模的过程，即对构建模型的原始客户数据进行描述和解释的过程。客户数据建模前企业需将收集的客户数据加以整理并录入数据库。

客户数据库是存储客户信息的地方，是客户关系管理的雏形，也是客户关系管理系统的基础。目前，客户信息库基本都是基于计算机或者互联网通过用电子数据库来实现的。

1) 客户信息库建设前的注意事项：①明确客户资料数据库的建立目的；②从企业实际出发，了解企业的特性，掌握客户的消费特点；③明确定位企业所需要的客户信息资料的内容、实际情况及发展的可能性；④结合企业实际人力、财力、规模、业务量等因素确定客户信息数据库建立的规模；⑤根据企业业务的需求，决定数据库信息内容建设的步骤；⑥数据库建设团队的组建与培训；⑦合理设计建立数据库的流程、时间安排及成本控制等。

2) 客户信息数据库建设的步骤如下：①决定建立客户数据库；②由各个渠道采集客户信息资料；③填写、录入客户信息资料；④客户信息资料筛选、整理、分类；⑤数据建模、客户数据库的形成；⑥灵活使用数据库。

3) 客户数据模型的建立。企业要想正确地了解客户，为客户提供优质的服务，提高企业效益，仅仅靠大量、零散的客户数据是不行的，需要对已采集的客户数据构建相关的客户分析项目模型，建立统一、全面的客户视角。

客户数据模型可反映客户原始数据的本质属性，能够成功地对数据未来发展作出预测或说明。客户数据模型的建设属于企业战略规划中信息化建设的一部分，其构建如图 3-1 所示。

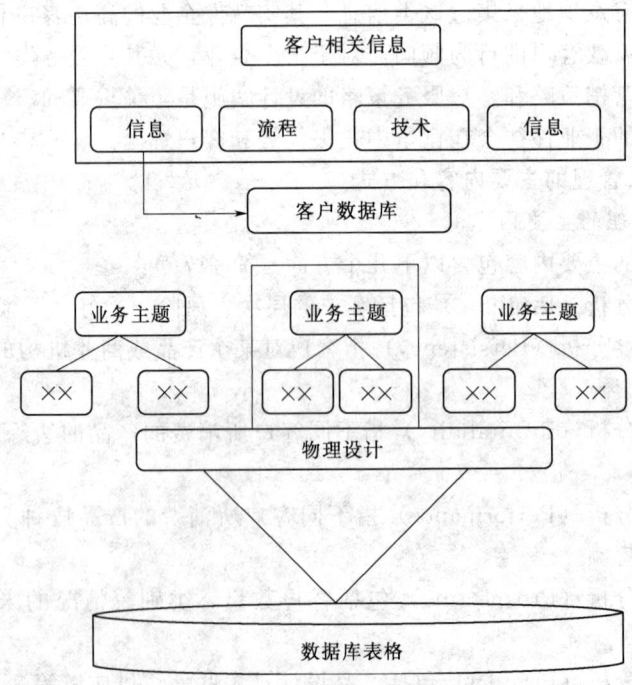

图 3-1 客户信息数据模型的构建

这是一个电子商务中对于客户价值分析的数据模型，复购率是衡量客户忠诚度的重要依据，其中1次购买到2次的回头是最需要提升的环节。这个大部分卖家的情况是一致的，就是新客户2次回购率非常低，但是2~3次就比较高了，这个是我们称为"洗客户"的过程，不断把忠诚客户"洗下来"。出现这个问题其实很简单，比如，在淘宝做是需要自然流量的，自然流量是需要爆款的，爆款是需要打折的，那么大部分购买爆款的客户（包括聚划算、淘金币、天天特价，几乎还有其他所有的淘宝活动来的客户）是因为价格因素来购买的，对频道和活动（例如聚划算）的依赖性远比店铺要高，所以他们最喜欢的店铺是"聚划算"和"淘金币"，并不是"××旗舰店"和"××专营店"。这样，我们就可以得出客户回购行为的分析（图3-2）。

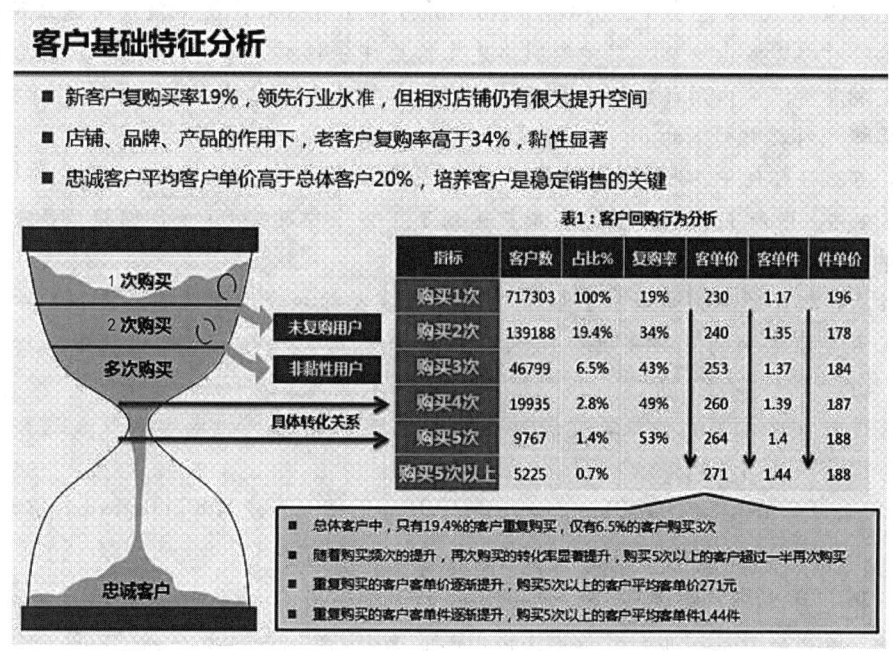

图3-2 客户回购行为分析图

拓展阅读：

BB&CC公司的数据挖掘

在大数据环境下，客户信息的绝对容量迅速增大，企业与客户之间的关系日益复杂，数据挖掘成为客户关系管理的首个要素。企业可以利用数据挖掘等先进的智能化信息技术，利用神经网络等分析技术，挖掘出潜在的有用信息，从而辅助企业进行决策。

比如，新浪微博文章就有反映：

Big Bank and Credit Card Company（BB&CC）每年进行25次直接邮寄活动，每次活动都向100万人提供申请信用卡的机会。"转化率"用来测量那些变成信用卡客户的比例，这是一个关于BB&CC每一次活动效果的百分比。使人们填写信用卡申请仅仅是第一步，BB&CC必须判断提交申请的客户是否有良好的信用风险，然后决定接受他们成为自己的客户还是拒绝他们的申请。统计显示大约6%的人在接到邮寄后会提出申请，但他们中只有16%满足信用风险要求,结果邮件列表中的人大约有1‰成为了BB&CC的新客户。BB&CC的6%的响应率意味着每次活动中的100万人中仅有6万人对邮寄的请求产生响应,并且在6万人中只有1万人满足信用风险条件而成为客户。BB&CC面临的难题是更有效地影响那仅有的1万人。

BB&CC的每份邮寄成本约1美元,也就是说每次邮寄活动的总成本为100万美元。在接下来的两年里,那1万人将为BB&CC产生大约125万美元(每人约125美元)的收益,结果从一次邮寄活动获得净利润为25万美元。数据挖掘可以改善这个回报率。尽管数据挖掘也不能精确识别最后那1万信用卡用户,但它可以帮助促销活动的投入更有效。

首先,BB&CC发送了5万个邮件做测试并仔细分析结果,使用决策树建立预测模型来显示谁将对邮寄做出响应,用神经网络建立信用评分模型。接着,BB&CC结合这两个模型来发现那些满足信用评定而且最可能对"恳求"产生响应的人群。BB&CC运用这一模型再从邮件列表中剩下的95万人中选择70万发送邮件。结果显示:从这75万(包括测试的5万)件邮件中,BB&CC获得了9000份信用卡申请。换句话说,响应率从1‰提高到了1.2‰,增加了20%。虽然目标只达到了1万个中的9000个,但模型是没有完美的,剩下的1000个是无利可图的。

请注意,邮寄的纯利润增加了12.5万美元,甚至你扣除由于数据挖掘而产生的软件、硬件即人力资源方面的4万美元,纯利润还增加了8.5万美元。建模的投入转化成了200%的收益。

这是进行数据挖掘的结果,它帮助企业管理获取新客户的成本和改善这些活动的效果。

(资料来源:http://blog.sina.com.cn/s/blog_49061ee20100gvtp.htm,有修改。)

思考:谈谈你对BB&CC挖掘客户数据的体会?

(2)建立客户信息档案。将客户的信息进行有序的整理后形成的文档就是我们所说的客户档案。客户档案是企业与客户交往过程中所采集、形成的客户资料,企业自行制作的客户分析报告以及客户资信状况等的综合性档案材料。建立合格的客户档案是企业客户管理的起点,属于企业客户管理的基础性工作。客户档案包括客户基础资料和客户资信调查报告两个方面的内容。

1)客户基础资料是客户档案的基本内容,主要包括客户的名称、联系方式、交易过程中的合同、可行性研究报告和报审及批准文件;客户的法人营业执照及副本复印件、客户履约能力证明资料及其复印件、客户的法定代表人或合同承办人的职务资格证明、个人身份证明、介绍信、授权委托书、双方签订或履约的合同、客户的往来记录等书面材料和视听材料。

2)客户资信调查报告是客户档案的核心内容,主要包括被调查企业的概况,如股东及管理层情况、财务状况、银行信用、付款记录、经营状况、公共记录等;企业实际调查结果报告;关联企业及关联方交易情况;对客户企业的总体评价、给予客户的授信建议等;经过分析得到的分类类别、交易的趋势,给予客户的授信建议等;客户的购买模式和偏好特征等。

每个企业都或多或少地拥有自己的客户群,不同的客户具有不同的特点,对其档案管理也有不同的做法,从而形成了各具特色的客户档案管理方法。

(3)客户数据隐私与安全。以客户为中心的企业必须实施有效的客户隐私控制,保证客户数据的安全。

1)保证客户信息的安全性:①企业必须有一套安全策略系统,用户身份、操作权限、业务范围的验证、授权等;②应该采取恰当的物理、电子和管理方面的措施以维护和保障客户信息,防止未经授权的访问和泄密;③使用加密技术,保护数据的准确性,并确保信息的正确使用,尤其是在收集和传送敏感数据时。

2)尊重客户的隐私权:①企业在实施客户的数据挖掘时,必须在法律允许的范围内确定收集信息的范围;②提供客户访问、查看、更新个人信息的机制,采取合理的措施严整身份,限制不安全的访问;③在客户信息的使用时,事前充分告知客户,尊重客户的自主权,使客户选择是否授受市场调查或市场推广;④企业有义务保护客户的信息免遭滥用,不能出售、出租或与第三方分享客户信息(在未经客户允许的情况下)。

(4)客户信用分析。主要对客户信用限度、同业评价、稳定性、发展性、客户质量、交易愿望、货品周转、企业信用历史等方面进行分析。

四、客户信息收集的操作步骤

(一)第一步,掌握获取客户信息的渠道

客户信息收集常采取以下信息收集的渠道来实现。

1. 直接渠道

直接收集客户信息的渠道主要是指客户与企业的各种接触机会。如从客户购买前的咨询开始到售后服务,包括处理投诉或退换产品,这些都是直接收集客户信息的渠道。以电信业为例,客户信息的直接收集渠道包括营业厅、呼叫中心、网站、客户经理等。也有很多的企业通过展会、市场调查等途径来获取客户信息。

具体来说,直接收集客户信息的渠道如下:

(1)在市场调查中获取客户信息。市场调查是对市场的情况与信息进行收集与分析,得出结论。在市场调查中调查人员可以通过面谈、问卷调查、电话调查等方法得到第一手的客户资料,也可以通过仪器观察被调查客户的行为并加以记录而获取信息。

市场调查包括市场的各个方面:宏观环境(人口、政治法律、经济、社会文化、科学技术、自然地理)和微观环境(企业自身、供应商、营销中介、顾客、竞争者、社会公众),既有历史的和现实的、个别和一般的,又有基础的、广泛的,也有专门的、针对性的,但一般较注意其时效性。

如美国尼尔逊公司就曾通过计算机系统在全国各地1250个家庭的电视机里装上了电子监视器,每90秒钟扫描一次电视机,只要收看3分钟以上的节目就会被监视器记录下来,这样就可以得到家庭、个人收视偏好的信息。

优秀的销售人员往往善于收集、整理、保存和利用各种有效的客户信息。如在拜访客户时,除了日常的信息收集外,销售人员还会思考:这个客户与其他的客户有什么相同、有什么不同?并对重点客户进行长期的信息跟踪。

目前,IBM公司在已有市场经理、销售经理职位的基础上增设了客户关系经理,其

职责是尽可能详尽地收集一切相关的客户资料，追踪所属客户的动向，判断和评估从客户那里还可能获得多少盈利的机会，并且努力维护和发展客户关系，以便争取更多的生意。IBM公司的这种做法使其拥有了大量的客户信息。

（2）在营销活动中获取客户信息。如广告发布后，潜在客户或者目标客户与企业联系，或者打电话，或者剪下优惠券寄回，或者参观企业的展室等，一旦有所回应，企业就可以把他们的信息添加到客户数据库中。

又如，与客户的业务往来函电包括询价、发盘、还盘、接受、合同执行、争议处理等函电，可以反映客户的经营品质、经营作风和经营能力，也可以反映客户关注的问题及其交易态度等，因此可以帮助企业获取客户信息，是收集客户信息的极好来源。

在与客户的谈判中，客户的经营作风、经营能力及对本企业的态度都会得到体现，谈判中还往往会涉及客户的资本、信用、目前的经营状况等资料，所以，谈判也是收集客户信息的极好机会。

再如，开展特价品或竞赛活动，由潜在客户填上信息后寄回，以换取免费赠品、特价品或奖品。一般来说，通过活动反馈回来的客户信息非常有针对性。

此外，启动频繁营销方案，或者实行会员制度，或者成立客户联谊会、俱乐部等也可以收集到有效的客户信息。如麦德龙是一家实行会员制的企业，会员入会不需要交纳会员费，只需填写"客户登记卡"，主要项目包括客户名称、行业、地址、电话、传真、地段号、市区、邮编、税号、账号和授权购买者姓名。此卡记载的资料输入计算机系统就有了客户的初始资料，当购买行为发生时，系统就会自动记录客户的购买情况。

（3）在服务过程中获取客户信息。对客户的服务过程也是企业深入了解客户、联系客户、收集客户信息的最佳时机。

在服务过程中，客户通常能够直接并且毫无避讳地讲述自己对产品的看法和期望、对服务的评价和要求、对竞争对手的认识以及其他客户的意愿和销售机会，其信息量之大、准确性之高是在其他条件下难以实现的。

此外，服务记录、客户服务部的热线电话记录以及其他客户服务系统也能够收集到客户信息。

（4）在终端收集客户信息。客户调查是对准潜在客户和现实客户的情况、信息进行收集与分析。

客户调查的目的是为企业的市场推销和客户管理提供可靠的信息资料，它主要侧重于企业现在的客户和潜在客户的基本情况，具有专门性、全面性和隐秘性。

终端是直接接触最终客户的前沿阵地，通过面对面的接触可以收集到客户的第一手资料。但是终端收集难度较大，因为这关系企业的切身利益，因此要通过激励机制，调动企业的积极性，使企业乐意去收集。

如服装商场可以要求客户在优惠卡上填写基本情况，如住址、电话、邮编、性别、年龄和家庭人数等，当客户采购时，只要在收款处刷一下就可以将采购信息记录在数据库中。

商场通过客户采购商品的档次、品牌、数量、消费金额、采购时间和采购次数等可以大致判断客户的消费模式、生活方式、消费水平以及对价格和促销的敏感程度等。

这些信息不仅对商场管理和促销具有重要的价值，还可据此确定进货的种类和档次以及促销的时机、方式和频率，而且对生产厂家也具有非常重要的价值，通过这些信息，生产厂家可以知道什么样的人喜欢什么颜色的衣服，何时购买，在什么价格范围内购买，这样生产厂家就可以针对特定的客户来设计产品以及制定价格策略和促销策略。

终端点是企业形象的代表，通过这个最直接接触最终顾客的前沿阵地可以收集到客户的第一手资料。但是，终端点收集难度较大，因此，要加强对终端点的监管与互动，通过激励的办法，促使商家乐意去收集。

（5）通过博览会、展销会、洽谈会等获取客户信息。由于博览会、展销会、洽谈会针对性强且客户群体集中，因此可以成为迅速收集客户信息、达成购买意向的场所。

（6）网站和呼叫中心是收集客户信息的新渠道。随着电子商务的开展，客户越来越多地转向网站去了解企业的产品或服务，以及即时完成订单等操作，因此，企业可以通过客户访问网站进行注册的方式建立客户档案资料。

此外，客户拨打客服电话，呼叫中心可以自动将客户的来电记录在计算机数据库内。另外，在客户订货时，通过询问客户的一些基本送货信息也可以初步建立起客户信息数据库，然后逐步补充。

信息技术及互联网技术的广泛使用为企业开拓了新的获得客户信息的渠道，同时，由于网站和呼叫中心收集客户信息的成本低，所以通过网站、呼叫中心收集客户信息越来越受到企业的重视，已经成为企业收集客户信息的重要渠道。

（7）从客户投诉中收集。客户投诉也是企业了解客户信息的重要渠道，企业可以将客户的投诉意见进行分析整理，同时建立客户投诉的档案资料，从而为改进服务、开发新产品提供基础数据资料。

在以上这些渠道中，客户与企业接触的主动性越强，客户信息的真实性和价值就越高，如客户呼入电话，包括投诉电话、请求帮助或者抱怨时所反馈的客户信息就比呼叫中心的呼出电话得到的客户信息价值高。

同时，客户与企业接触的频率越高，客户信息的质量就越高，如在营业厅或呼叫中心获取的客户资料一般要比在展会中得到的客户信息真实，而且成本较低。

拓展阅读：

百 度 迁 徙

2014年，新华网天津频道登录了下面这篇文章，这篇文章对客户的分析和管理有一定的启示。原文如下（中间有删减）：

春节，导演了一场场相聚和别离，也催生了世界最大规模的周期性人口迁徙。近年来中国春运人口迁徙超30亿人次，呈逐年上升趋势，2013年超过36亿人次。面对如此众多的迁徙人群，政府、企业和百姓个体都陷入思索，他们专注地寻找着各自的答案。铁路部门、民航部门最想知道如何进行动力规划以保证人们顺利出行；老百姓最想知道如何才能买到火车票以保证在大年夜与家人吃上团圆饭；他们还想知道去哪个城市旅游自驾游不会遇到拥堵。围绕春节，百度集团推出2013年最后一项服务产品——"百度迁徙"，全称是"百度地图春节人品迁徙大数据"，为政府、百姓提供生产、生活等位置类公众信息服务，为各方合理决策提供可靠数据资料。百度推出的"百度迁徙"通过可视化大数据方式，展示国内春节人口迁徙的情况。通过分析手机网民定位信息的大数据，能够折射出人群的迁徙轨迹。

2014年春节前最后一个周末，全国公路、铁路、民航、水路迎来节前出行客流最高峰。据不完全统计，这两天单日出行旅客将突破1亿人次。乘坐火车：25日、26日两天，日均发送旅客680万人次左右，全国铁路开行旅客列车约5000列，其中加开临客约650例。"北上广"地区，分别发送旅客75万、128万、108万人次左右，同比增长8.2%、18.5%、7.8%；客运汽车：26日，9900万人次；乘坐飞机：26日，超100万人次。

最热门迁入城市：一、北京；二、重庆；三、上海；四、天津。

最热门迁出城市：一、上海；二、北京；三、天津。

最热门迁徙线路：一、成都到北京；二、上海到滁州；三、北京到德州；四、上海到合肥；五、天津到德州。

……

"百度地图春节人口迁徙大数据"（简称"百度迁徙"）项目，利用百度后台每天数十亿次LBS（基于地理位置的服务）定位数据进行计算分析，展现春节前后人口大迁徙的轨迹与特征。据百度LBS技术总监顾维灏介绍，百度LBS开放平台已覆盖数亿部手机，约占手机网民使用设备总量的8成。百度地图LBS开放平台是中国定位数据源最广的数据平台，该平台为数十万APP提供定位服务，日处理定位请求35亿次（2013年8月公布数据），其定位服务覆盖数亿部手机。由于春运期间大多数迁徙人群都是手机用户，只要他们使用定位功能，那么从出发地到目的地就会在地图上显示一条淡淡的线，人越多这条线就会越亮，全程、即时、动态、直观的中国春运迁徙轨迹便展现出来。"百度通过云计算平台强大的数据处理能力，加上精准的定位，能够实现全面、准确、及时地反映人口迁徙状况。"2014年1月25日，央视晚间新闻首推"据说春运"特别节目，此节目联合百度集团，利用百度迁徙服务产品提供的大数据呈现春运民意，真实反映中国春运人口流动情况。百度迁徙对普通网民开放，所有网民都可以访问专题页面，了解春运最新动态，包括当前全国春运最热线路，最热门的迁出城市、迁入城市。"百度迁徙"获得一致好评，并被网民称赞"更接地气"，也将百度集团服务产品推向更高的服务层次和水平。

"百度迁徙"项目是一次尝试，希望项目未来能够服务于政府部门科学决策，赋予社会学等科学研究以新的观察视角和方法工具。中国传媒大学调查统计研究所所长沈浩表示，通过百度人口迁徙数据研究春运人口流向，可为交通部门的政策和服务提供参考，其开放后，也可以为普通百姓、企业提供生活、生产的参考，具有很大的社会价值。

中国工程院院士邬贺铨则指出，百度可以利用搜索以及各种方式获取大数据，服务于网民、社会和企业自身。另一方面，百度还可以提供大数据解决方案，帮助其他机构解决各种决策问题。

"百度迁徙"作为一个品牌项目，是百度集团服务创新的又一举措。一方面，百度集团可以利用搜索以及大数据服务于网民、社会和企业自身；另一方面，百度集团可以提供大数据解决方案，帮助其他机构解决各种决策问题；同时，在为社会各方提供服务时百度集团又逆向开辟了更广阔的数据获取渠道。尽管"百度迁徙"还处于雏形阶段，无论在商业价值还是大数据应用方面还需要在发展中摸索前行，但是科技在经济生活与社会生活中的新势力地位日益彰显，网络、电子商务、信息化等新生代名词再次证明，中国服务革命时代已经到来。

（资料来源：新华网天津频道，http：www.tj.xinhuannet.com//tt/jcdd/2014-0127/c_119147806.htm，有修改。）

阅读分析：请列举百度集团推出的"百度迁徙"项目为政府和百姓提供了哪些服务，并分析该项目对于个人和社会具有什么意义。

2. 间接渠道

间接收集客户信息的渠道是指企业从公开的信息中或者通过购买获得客户信息，一般可以通过以下渠道获得。

（1）各种媒介。国内外各种权威性报纸、杂志、图书和国内外各大通迅社、互联网、电视台发布的有关信息往往都会涉及客户的信息。

（2）工商行政管理部门及驻外机构。工商行政管理部门一般掌握客户的注册情况、资金情况、经营范围、经营历史等，是可靠的信息来源。对国外客户，可委托我国驻各国大使馆、领事馆的商务参赞帮助了解，另外，也可以通过我国一些大企业的驻外业务机构帮助了解客户的资信情况、经营范围、经营能力等。

（3）国内外金融机构及其分支机构。一般来说，客户均与各种金融机构有业务往来，通过金融机构调查客户的信息，尤其是资金状况是比较准确的。

（4）国内外咨询公司及市场研究公司。国内外咨询公司及市场研究公司具有业务范围较广、速度较快、信息准确的优势，可以充分利用这个渠道对指定的客户进行全面调查，从而获取客户的相关信息。

（5）从已建立客户数据库的企业租用或购买。小企业由于实力有限或其他因素的限制，无力自己去收集客户信息，对此可以通过向已经建立客户数据库的企业租用或者购买来获取客户的信息，这往往要比自己去收集客户信息的费用要低得多。

（6）其他渠道。如从战略合作伙伴或者老客户以及行业协会、商会等也可以获取相关的客户信息。另外，还可以与同行业的一个不具有竞争威胁的企业交换客户信息。

总之，客户信息的收集有许多途径，在具体运用时要根据实际情况灵活选择，有时也可以把不同的途径结合在一起综合使用。

相对来说，银行、保险、电信、医院、教育机构、旅游、航空运输等服务业最容易在企业内部收集客户信息，因为这些行业在与客户交往的过程中已经产生了很多的客户信息，只要稍微进行加工整理就可应用。但目前，在我国这些行业因具有一定的垄断经营性质而不重视甚至无视客户信息的重要性。

（二）第二步，收集客户的基本资料

1. 个人信息

（1）基本信息。基本信息包括姓名、户籍、籍贯、血型、身高、体重、出生日期、性格特征、身份证号码、家庭住址、电话、传真、手机、QQ号、微信号、E-mail，所在单位的名称、职务、单位地址、电话、传真等。

（2）教育情况。教育情况包括高中、大学、研究生的起止时间，最高学历、所修专业、主要课程、在校期间所获奖励、参加的社团、最喜欢的运动项目等。

（3）事业情况。事业情况包括以往就业情况、单位名称、地点、职务、年收入，在目前单位的职务、年收入、对目前单位的态度，对事业的态度、长期事业目标是什么、中期事业目标是什么、最得意的个人成就是什么等。

（4）家庭情况。家庭情况包括已婚或未婚、结婚纪念日、如何庆祝结婚纪念日，配偶姓名、生日及血型、教育情况、兴趣专长及嗜好，有无子女、子女的姓名、年龄、生日、教育程度，对婚姻的看法、对子女教育的看法等。

（5）生活情况。生活情况包括过去的医疗病史、目前的健康状况，是否喝酒（种类、数量）、对喝酒的看法，是否吸烟（种类、数量）、对吸烟的看法，喜欢在何处用餐、喜欢吃什么菜，对生活的态度、有没有座右铭，休闲习惯是什么、度假习惯是什么，喜欢哪种运动、喜欢聊的话题是什么，最喜欢哪类媒体、个人生活的中期目标是什么、长期目标是什么。

（6）个性情况。个性情况包括曾参加过什么俱乐部或社团、目前所在的俱乐部或社团，是否热衷政治活动、宗教信仰或态度，喜欢看哪些类型的书、忌讳哪些事、重视哪些事，是否固执、是否重视别人的意见、待人处事的风格，自己认为自己的个性如何、家人认为他的个性如何、朋友认为他的个性如何、同事认为他的个性如何。

（7）人际情况。人际情况包括亲戚情况、与亲戚相处的情况、最要好的亲戚，朋友情况、与朋友相处的情况、最要好的朋友，邻居情况、与邻居相处的情况、最要好的邻居，对人际关系的看法。

如房地产企业在收集客户信息时通常关注客户目前拥有房地产的数量、品牌、购买时间等，而这些在结合家庭人口、职业、年龄和收入等数据进行分析后往往能够得出该客户是否具有购买需求、预计购买的时间和数量、消费的档次等结论。

2. 企业客户的信息

企业客户的信息内容应当由以下几个方面组成：

（1）基本信息，包括企业的名称、地址、电话、创立时间、组织方式、行业种类、资产等。

（2）客户特征，包括规模、服务区域、经营观念、经营方向、经营特点、企业形象、声誉等。

（3）业务状况，包括销售能力、销售业绩、发展潜力与优势、存在的问题及未来的对策等。

（4）交易状况，包括交易条件、信用状况及出现过的信用问题、与客户的关系及合作态度等。

（5）负责人信息，包括所有者、经营管理者、法人代表及其姓名、年龄、学历、个性、兴趣、爱好、家庭、能力、素质等。

（三）第三步，填写客户资料卡

填写的客户资料卡有助于对客户资料的整理和分析，要妥善保管，并在开展业务过程中加以利用。客户资料卡范例参见表3-1～表3-3。

表 3-1　　　　　　　　　　　　**客户基本情况调查表（个人）**

身份证号码					
姓名			性别		
民族			出生地		
文化程度			参加何种党派		
本人地址	户籍地址				
	联系地址				
	邮政编码		联系电话		
婚姻状况	已婚	未婚	丧偶	离婚	再婚
配偶姓名			配偶身份证号		
子女情况	独生子女	无子女	非独生子女	子女出生日期	
健康状况	良好	一般或比较弱	有病	残疾	
学习经历	起始日期	学校名称	所学专业	毕业（肄业）	
工作经历	起始日期	工作单位	从事岗位	职务/职称	
备注					

填表人：　　　　　　　　　　　　　　　　　　填表日期：　　年　　月　　日

表 3-2　　　　　　　　　　　　**客户基础情况调查表（企业）**

企业名称		主营部门		归属行业名称	
法人代码		法定代表人		法人联系电话	
企业地址		经济类型		企业规模	
注册资金		电子邮件		企业网址	
企业注册日期		开户银行		信用等级	
联系人		联系电话		邮政编码	
传真号码		职工总数		技术人员数	
占地面积			建筑面积		
基本情况					
经营范围					
经济效益					

填表人：　　　　　　　　　　　　　　　　　　填表日期：　　年　　月　　日

表 3-3　　　　　　　　　　　　　人际关系调查表

内部人际关系	同事姓名	专长职务	备注
	上司姓名	专长职务	备注
外部人际关系	同乡姓名	专长单位	备注
	同窗好友姓名	专长单位	备注
	顾客姓名	专长单位	备注
	联谊会会员姓名	专长单位	备注
	其他相关人员姓名	专长单位	备注

填表人：　　　　　　　　　　　　　　　　　填表日期：　　年　　月　　日

（四）第四步，运用客户数据库管理客户信息

客户数据库是运用数据库技术，全面收集关于现有客户、潜在客户或目标客户的综合数据资料，追踪和掌握现有客户、潜在客户和目标客户的情况、需求和偏好，并且进行深入的统计、分析和数据挖掘，从而使企业的营销工作更有针对性。客户数据库是企业维护客户关系、获取竞争优势的重要手段和有效工具。

客户资料库的内容包括客户服务的对象、目的与企业决策需要，以及企业获取客户信息的能力的资料库整理成本等。客户资料库中即使是已经中断交易的客户也不应放弃。客户资料库一般包括以下三个方面的具体内容。

1. 客户原始记录

客户原始记录即有关客户的基础性资料，它往往也是企业获得的第一手资料，具体包括个人和组织资料、交易关系记录等。

2. 统计分析资料

统计分析资料主要是通过客户调查分析或向信息咨询业购买的第二手资料，包括客户对企业的态度和评价、履行合同的情况存在的问题、与其他竞争者的交易情况。

3. 企业客户记录

企业客户记录应包括企业与客户进行联系的时间、地点、方式、费用开支记载，提供产品和服务的记录，为争取和保持客户所付出的费用等。

拓展阅读：

金日集团依靠信息调整营销策略

《战胜对手的秘密武器》中有这样一段文字：

香港金日集团在东南亚素有"西洋参之王"的美称。在推出护心健脑功能性保健品金日心源素的三个月后,金日集团的客户服务部在收到了来自全国各地近九百多封来信的基础上建立了金口心源素的客户数据库,结果发现真实情况与原来的主观判断存在较大偏差。

在这些反馈信中20~30岁这个年龄段的客户最多(占总数的20%),其次是40~50岁(占总数的13%)和50~60岁(占总数的12.9%),而且实际服用人群的性别区分不明显,男女比例均衡,这与公司事前把金日心源素定位为"40岁以上男人"的保健品出现了分歧。

此处,客户症状最多的是头晕、失眠、记忆力减退,而金日心源素对头晕、失眠、胸闷、记忆力减退、头痛、嗜睡等症状效果明显。但是客户对"耐缺氧""抗氧化"的宣传不知所云。

为此,金日集团调整了市场定位,淡化了目标消费群的性别区别,将其定位为"中老年人"的保健品;增加了"延缓衰老"的功效诉求;停止宣传"耐缺氧""抗氧化",集中诉求对"胸闷、心悸、头晕、失眠、心慌、气喘、疲劳、体虚"八大症状的疗效。

经过调查,金日心源素上市几年就取得了良好的业绩,成为心脑保健领域的领导品牌。

(资料来源:乔辉,《战胜对手的秘密武器》。)

思考:谈谈你对香港金日集团客户信息调查的体会。

五、实践练习

(1)练习在淘宝网上注册用户。
(2)记录注册用户需要填写的客户信息。

思考:如果你是淘宝客户信息管理人员,在这些注册信息中都可以进行哪些数据挖掘,看看谁想出的最多。

任务二 客户分级管理

一、任务描述

客户分级和客户分级管理的前提是要清楚客户分级的原因、目的和意义,而实现客户分级管理的保证是掌握客户分级和客户分级管理的方法。

二、任务导入

万科的客户细分体系(5类客户群体)

通过市场调查得到的数据,下面是万科的客户细分体系:

第一类:富贵之家(9%)。

人群特征:家庭成员高学历,高收入,高社会地位。

生活形态:忙碌、加班,希望有空闲时间,休闲活动层次高。

房屋价值:事业成功的标志、社会标签。

房屋需求:完备的健身娱乐场所,良好的停车设施,高水平的物业管理,大规模的山水园林,高层次的邻居,房屋面积大、价格高。

第二类：社会新锐（29%）。
人群特征：年轻、学历较高、收入仅次于富贵之家、无小孩家庭较多，或小孩年龄较小。
生活形态：思想观念多元、休闲娱乐丰富且新潮、注重生活品质。
房屋价值：社会标签、个性、彰显品位、聚会场所。
房屋需求：户型好、接近娱乐场所。
第三类：望子成龙（31%）。
人群特征：收入水平一般、以孩子为生活核心。
生活形态：一般进行一些对孩子成长有利的运动，比如打乒乓球、网球、踢足球等，而牺牲了成人的业余活动和兴趣爱好，有强烈的家庭观念。
房屋价值：对房屋有心理依赖，房屋能够为孩子提供健康成长地方，也在物质和精神上给他们一种安定的感觉。
房屋需求：小区文化氛围浓、房屋通风和采光对家人健康有利，靠近父母方便照顾孩子。
第四类：健康养老（6%）。
人群特征：家庭结构趋向老龄化，或接老人同住。
生活形态：一般进行老年人喜欢的安静运动，较少远距离出行。
房屋价值：安享晚年或照顾老人的地方，健康和老人休闲较为注重。
房屋需求：大型的娱乐锻炼场所，步行到超市，附近有医疗机构。
第五类：务实之家（25%）。
人群特征：收入不是很高，对价格非常敏感。
生活形态：生活节省，一般进行近距离的休闲或宅在家里。
房屋价值：最大的投资支出、生活的保障。
房屋需求：注重房屋质量，小区安全，通风采光好，物业费低廉，对更高层次的属性要求少。

思考：万科的客户细分体系对你有何启示？客户关系管理中，分级管理有何意义？

三、知识支撑

（一）客户分级和客户分级管理的含义

1. 客户分级的含义

客户分级是企业依据客户对企业的不同价值和重要程度，将客户区分为不同的层级，从而为企业的资源分配提供依据。

2. 客户分级管理的含义

所谓客户分级管理，就是根据客户对于企业的贡献率等各个指标进行多角度衡量与分级，最终按一定的比例进行加权。根据分类标准对企业客户信息进行分类处理后，在同类顾客中根据销售信息进行统计分析，发现共同特点，开展交叉销售，做到在顾客下订单前，就能了解顾客需要，有针对性地进行商品推荐，实现营销。

一般按照以下几点进行评级：

（1）客户的信用状况。即企业统计客户最近一年的付款情况是否及时，是否有拖延及拖延的天数与原因，然后根据这些因素，来判定客户的级别。

(2) 客户的下单金额。统计企业近一年或者两年的客户下单金额，然后，按照其下单量从大到小进行排列。下单量可以从下单的金额，也可以从下单的数量进行考核。

(3) 客户的发展前景。这主要针对新客户，企业通过考察、了解等手段，挖掘客户的潜在价值，然后，人为的判断其重要性。新客户因为没有历史交易的情况，所以很难用具体的数据来支持企业的决策，只有通过主观的判断，才可以指定客户的优先级别。

(4) 客户对企业利润的贡献率。这种方法，不但从客户下单的金额考虑，还涉及其购买产品的成本与利润问题。统计一年客户的销售订单量及其购买产品的利润率问题，然后算出起给企业创造了多少的利润。再以这个利润的大小进行排名，进行优先级的排名。

(5) 综合加权。以上几个指标都只是从一个方面进行衡量，不免有点偏颇。如虽然客户信用状况很好，但是，有可能其一年才下100万的订单，就算其信用状况最好，其也没有给企业提供多少的价值；再如，客户的下单量虽然比较大，但是，其购买的产品都是低利润的产品、或者其信用状况不是很好，老是拖欠，那也不一定是价值高的客户。

(二) 客户分级的原因、目的和意义

1. 客户分级的原因

企业的资源是有限的，不同的客户可以带来的价值不同。由于每个客户给企业带来的价值不同，每个客户能给企业创造的收益是不同的，企业的需求和预期待遇也就会有差别。而客户分级是有效进行客户沟通、实现客户满意的前提。

2. 客户分级的目的

企业通过对客户分级管理，便于重点客户精细化管理及服务，可以更好地整合和利用客户资源，也有利于提高对资源共享和管理的共识，从而对新生成客户，分级进行基本评判，作为评审的基础资料，并建立完善的客户资源，进一步培养忠诚的客户。因此，企业要培养高价值的忠诚客户，首先要认识客户，认识客户价值。

3. 客户分级的意义

(1) 客户分级可以使关键客户自豪地享受公司提供的特殊待遇，并激励他们进一步为公司创造更多的价值。

(2) 可以刺激有潜力的普通客户向关键客户看齐，以争取享受关键客户所拥有的"优待"。

(3) 有利于鞭策有潜力的小客户向普通客户甚至关键客户看齐。

(4) 伴随各级客户提升，增加他们给公司创造的价值。

(三) 客户分级的方法

1. "客户金字塔"模型分级法

客户分级的目的在于区分客户价值，相应的，客户分级的方法通常也基于客户价值分析。

企业根据客户给企业创造的利润和价值的大小按由小到大的顺序"垒"起来，就可以得到一个"客户金字塔"模型，给企业创造利润和价值最大的客户位于客户金字塔模型的顶部，给企业创造利润和价值最小的客户位于客户金字塔模型的底部。

客户金字塔模型可分为四层级：重要客户、次要客户、普通客户和小客户，如图3-3所示。

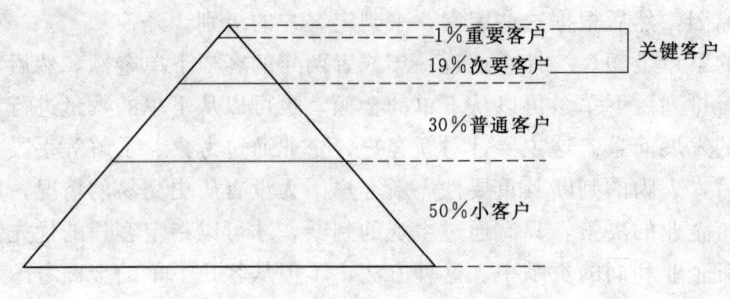

图 3-3　客户金字塔模型

"客户数量金字塔"和"客户利润提供能力倒金字塔"体现了客户类型、数量分布和创造利润能力之间的关系,如图 3-4 所示。

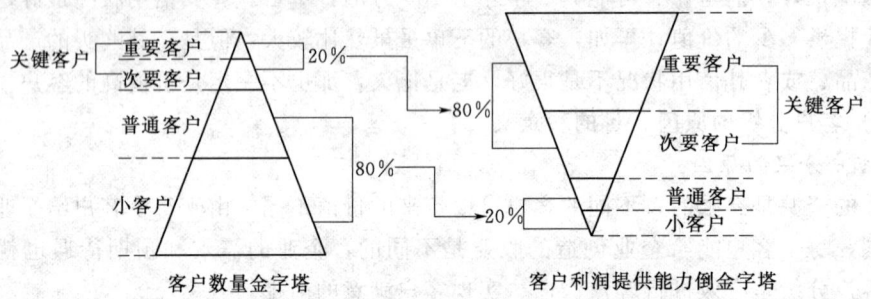

图 3-4　客户类型、数量分布和创造利润能力之间的关系

"客户金字塔"包含着重要的思想,那就是企业应为对利润贡献最大的关键客户,尤其是重要客户提供最优质的服务,配置最强大的资源,并加强与这类客户的关系。

拓展阅读:

某房地产服务商的客户分级体系

评分项目	项目细分	得分标准	实际评分	备注
客户性质 15分	股份公司	15分		政府包括政府部门或其下属的半政府性质的公司;国有企业包括国有全资或控股企业;民营企业包括民营全资或控股企业
	政府/国有企业	10分		
	民营企业	5分		
客户实力 15分	强大	10~15分		政府实力可能体现在拥有土地数量/面积、财务能力等方面;企业实力可能体现在注册资本、近三年平均销售额和是否上市等方面
	一般	5~10分		
	较弱	5分以下		
客户成长性 15分	高成长性	10~15分		政府客户成长性体现在近三年土地开发的数量/面积;企业客户成长性体现在近三年平均销售增长率等
	中成长性	5~10分		
	低成长性	5分以下		
利润贡献 15分	贡献大	10~15分		利润贡献体现在近三年合作的项目数量和累计的项目收益
	贡献一般	5~10分		
	贡献较小	5分以下		

续表

评分项目	项目细分	得分标准	实际评分	备注
客户关系 20分	与最高层关系默契	15~20分		客户关系主要指对方高层或最高层的默契关系
	与高层关系默契	10~15分		
	没有高层默契关系	10分以下		
战略重要性 20分	非常重要	15~20分		战略重要性主要指和企业的战略发展方向的吻合程度，比如如果企业战略指向于全国性的房地产服务商，则优先选择全国性开发商；如果定位于住宅服务商，则优先选择以住宅为主业的开发商
	一般重要	10~15分		
	不重要	10分以下		
合计				

思考：请根据上表的数据，分析该企业的分级方法。

2. 大客户的定义、分类和购买决策

（1）大客户的定义。什么是大客户？目前，业界普遍认同的一种定义，是指对企业的产品（或服务）需求频率高、需求数量大、利润率高，对企业的经营业绩能产生较大影响的关键客户。从某种意义上来讲，考察和评判大客户的重点，不是其一次购买的数量，而是其是否忠诚于企业的品牌。因为客户忠诚度越高，双方的关系就越紧密，对企业品牌的贡献就越大。

根据"二八法则"，企业80%的利润来源于20%的高端客户，这些高端客户就是企业的大客户。大客户是客户分级中的关键客户，是企业的核心客户。

企业在判断和选择大客户时，应注意以下几点：

1）不要将偶尔消费量大的团购客户视为大客户。

2）不能单纯将需求量大的重复消费客户视为大客户，应将目标集中于利润和业绩贡献度。

3）不能将盘剥企业的"大户"视为大客户，这类客户不具备长期发展价值。

大客户是金字塔中最上层的金牌客户，这类客户是企业的优质核心客户群，信誉度好，对企业的贡献最大，由于他们经营稳健，做事规矩，对企业的忠诚度高，对企业具有战略意义，能给企业带来长期稳定的收入，值得企业花费大量时间和精力来提高该类客户的满意度。

（2）大客户的分类。基于不同角度，有多种界定和评价大客户的方法。

1）从企业与客户的互动关系划分。根据科特勒对企业与客户之间三种不同程度的关系水平划分，来分析大客户与企业之间的关系。

大客户处于的位置在左下角，即在企业客户中所占比例小、能给企业带来高额利润的那部分客户。科特勒对客户关系的划分与帕雷托的80/20定律不谋而合，这也正解释了企业80%的利润来自于20%的客户这一经验规则。

2）根据关系营销对客户忠诚度的划分。位于最顶层的"忠实客户"，他们愿意与企业建立并保持长期、稳定的关系，愿意为企业提供的产品和服务承担合适价格，并且还为企业的产品及服务作免费宣传。

3) 从客户的赢利性进行划分。大客户能为企业带来高赢利,却只花费企业较低的服务成本。

基于以上的分析,大客户是企业的伙伴型客户,是企业忠实的客户,是为企业创造80%利润的客户,是为企业带来高收益而企业只需支付低服务成本的客户,因为他们与企业建立的是长期的可盈利关系。这部分客户为企业节省了开发新顾客的成本、为企业带来了长期利润,并且帮助企业诱发潜在顾客。

(3) 大客户的购买决策。大客户的购买行为以购买需求为基础。其从产生需求,到决定购买,到选择产品,再到实施购买的不同阶段的不同行为,构成了一个完整的购买过程。大客户的购买决策过程可从图 3-5 得以体现。

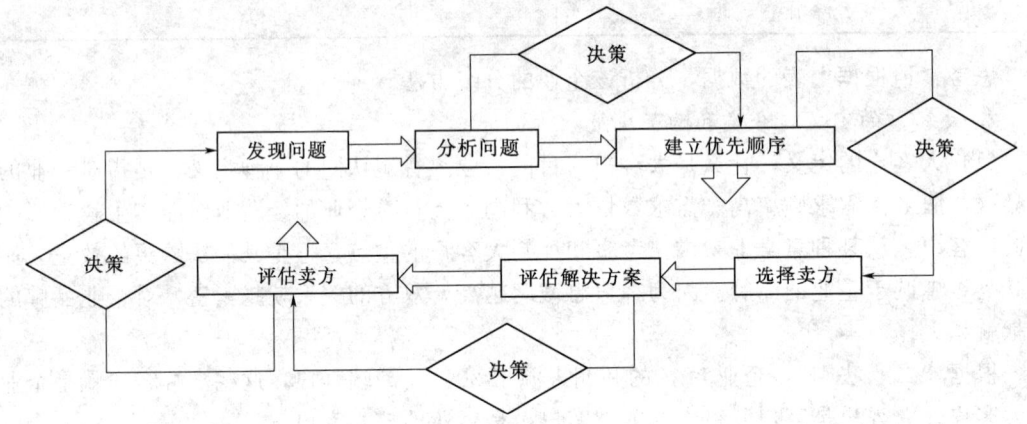

图 3-5 大客户的购买决策过程

购买决策图,即购买循环图,解决了大客户经理经常提出的三个问题:
1) 怎样看透客户的购买心理。
2) 当客户不愿成交时,大客户经理应该采取怎样的策略。
3) 通过什么方式能够有效地引导客户朝着对大客户经理有利的方面进行决策。

拓展阅读:

移动专席领先服务,响应大客户服务需求链

在企业的客户中,因其购买目的的不同,也导致其与企业的关系的不同。这一点可以作为对客户进行分类的依据。

中国移动公司根据《中国移动通信集团公司大客户服务管理系统业务需求规范》,中国移动把大客户分为个人大客户和集团大客户。个人大客户是指连续在网时间较长、话费支出额排名前列、信誉度良好的签约客户以及经审批成为个人大客户的党政军、公检法、新闻媒体等国家部门的重要个人客户;集团大客户是指个人客户数量较多、话费支付额排名前列、信誉度良好的集团客户以及经审批成为集团大客户的重要集团客户。在大客户内部还有进一步的细分,如钻石卡、金卡、银卡、普通卡大客户等。大客户也称为核心客户,是企业收益的主要来源。针对这群金字塔顶端的客户,公司不仅要花心思经营,而且还要找对方法和策略,必须在战略和战术上都做好充分的准备。2002 年年初,中国移动

正式提出将"服务与业务领先"作为企业的战略重点以推动战略措施的实施,实施"服务与业务领先"就是要以客户细分为基础,针对目标客户群提供优质的网络服务和优良的客户服务,突出差异性,保持服务优势,使服务始终处于市场领先地位;提供多样化、个性化的业务,创造高价值、高技术的产品,保持品牌优势,始终处于市场领先地位。

大客户群体的分类:

2010年,中国移动通信广东有限公司为更好地保有中高端客户、保障市场领先地位,将移动大客户群根据客户行为进一步细分,增加十年老客户的尊享服务,将移动大客户群体分为钻石卡、金卡、银卡和10年尊享老客户等四大类。划分的标准为:

序号	大客户类别	划 分 标 准
1	钻石卡	消费积分≥13000分或者连续5年为我公司VIP金卡的10年老客户
2	金卡	8000分≤消费积分<13000分或者连续3年均为我公司VIP银卡的10年老客户
3	银卡	5000分≤消费积分<8000分
4	10年尊享老客户	入网10年以上的全球普通客户

大客户群体对服务的需求:

服务领先是企业的发展之本,是以客户的细分为基础,针对目标客户群提供优良的客户服务和优质的网络服务,突出差异性,保持服务优势,使服务始终处于市场的领先地位。拥有6亿客户的中国移动作为国内移动领域的主导运营企业,起着引领移动通信市场潮流的先锋作用。中国移动要保持市场领先的地位不仅要留住含金量很高的客户,还要继续发展新的客户,而在市场竞争使得客户的选择余地越来越大的今天,只有通过向用户提供优质的服务才能留住老客户发展新客户。更为重要的是,当前中国移动聚集了相当数量的高价值的大客户,他们创造了中国移动绝大部分收入,留住这些用户对于提高APRU值、赢得投资者的支持至关重要。尤其是大客户,他们往往对资费并不十分敏感,他们更关注运营商能不能为他们提供物有所值的高水平服务。对客户而言,当产品具有替代性的时候,对其最终选择起决定性作用的就是服务,至于运营商是用什么技术、什么网络并不是客户主要关心的,他们更关注的是谁的服务更好、谁的服务更能满足他们的通信需求,服务质量的高低将直接影响到运营商市场份额的大小。

目前,中国移动为了确保"双领先",在客户对品牌认可的前提下以不同的品牌区隔推广差异化的大客户服务,其中在"大客户经理24小时服务""话费误差双倍返还"以及"全球通VIP俱乐部"等方面都获得了空前的成效。随着中国移动通信市场的日益高速发展,移动大客户群体也逐渐发展壮大,大客户经理已不能完全满足大客户市场需求,由此以客户服务为中心、以提高的客户满意度和忠诚度为目的的移动客服中心必须采取有效的大客户管理策略,才能在竞争中立于不败之地。

对于大客户群体来说,他们需求的服务是具有针对性的、尊贵的、差异化的专属服务,更强调的是问题解决率、服务响应时长和效率以及个性化的营销服务。广州移动客服中心对大客户群体的行为进行分析,立足于移动客户服务发展形势,及时做好内部结构重组,加强大客户服务的规范管理,提高大客户服务方面的业务支撑能力,建设移动大客户管理机制,即具有差异化、个性化的VIP专席服务机制。该机制以"优质、优先"为原则，凸显大客户的尊贵身份，充分落实"服务领先"战略。

VIP专席服务响应大客户需求举措：

客户服务广州中心一直以"争当服务领头羊"为目标，从"客户为根、服务为本"的原则出发，打造移动服务的服务领先优势。对于高价值的大客户群体，客户服务广州中心推出了"优质、优先"的专席服务机制，保障了大客户的尊贵身份、个性化的服务需求。

其中"优质"主要体现在优秀的客服代表和高标准的服务：

（1）优秀客服代表。VIP专席的客服代表都是从普通坐席或其他专席的优秀员工中层层选拔而来，一般都在公司工作好几年，有着丰富的客户服务经验。他们业务熟练，技巧成熟，且客户满意度、首次问题解决率以及产量等数据指标在中心也都遥遥领先。和大客户一样，他们也是中心客服代表中的VIP。

（2）高标准的服务。广州客服中心对服务大客户的VIP专席给予了高标准、高期望和高要求，其中高标准主要体现在高接通率、高满意度以及高首次问题解决率等。在公司给出的月度目标值中，中心要求VIP专席提供24小时服务，接通率比普通坐席高2~3个百分点，且满意度和首次问题解决率的保底值也须高出普通坐席4~5个百分点。这是高标准也是高挑战，是压力也是动力，提高VIP专席每一通电话的服务质量，获得更高的大客户满意度和忠诚度，领先通信服务市场。

"优先"主要体现在效率上，表现有接入优先、尊贵优先和处理优先等：

（1）接入优先。大客户接入10086客服热线默认转人工服务（VIP专席），优先享受优质的服务。同时也可以选择其他服务方式，如自助服务、普通坐席，接入方式的设置方便且优先。

（2）尊贵优先。一句"尊敬的全球通VIP客户您好！全球通VIP专席为您服务"让大客户优先感受自身的尊贵，增强大客户感知，提高大客户满意。另外还向大客户开展了专属的服务和营销活动，如VIP俱乐部、易登机和优惠购机等。

（3）处理优先。VIP专席要求除了英文专席之外，话务一律不得转接，强调的是一次性处理。公司给大客户提供的服务权限比较高，基本业务都可以由专席客服代表直接通过前台系统能够查询、办理，大大提高了话务处理效率。另外对大客户需后台人员跟进处理和投诉相关业务的工单，公司都坚持优先处理原则，做到高效地解决大客户的问题，提高大客户感知和忠诚度。

VIP专席服务是公司"服务领先"和"服务分层分级"的重要表现，也进一步增强了大客户服务的质量和内容的多样性和实用性，是打开吸引客户的重要通道和防止客户流失的屏障，VIP专席在维系客户关系CRM中发挥着不可替代的重要作用。意大利经济学家帕雷托提出了非常著名的80/20法则，它的原意是指一个企业的营业额中80%的利润来自20%的客户，其核心意义在于顾客群中仅有少数比例的关键客户便可以提供高比例的贡献值。根据这一法则，20%的努力产生80%的结果，20%的客户带来了80%的销售额，20%的工作能够体现80%的价值，那么我们的VIP专席就是20%的工作服务20%的客户却体现80%的价值。这个法则是对"多数"与"少数"之间不平衡关系现象的概括，这种普遍存在的不平衡关系表明了在因和果、投入和产出、努力和收获之间的不对称性，往往关键的少数却能带来企业核心的收益。清晰了解并不断满足这些客户的需求和期望是企业赖以发展的重要策略，将差异化、个性化的服务运用到占少数客户份额的大客户中,在这些大客户对运营商保持相对较高的忠诚度和满意度的基础上不断影响其他客户在客户价值链中的关系。VIP专席服务正是集中最优势的服务力量服务最具价值的客户群体,通过优质、优先的服务机制保障移动客户80%的客户价值,为服务领头羊的目标迈出了重要的一步。

中国移动公司的这种分类方式,有利于保留有价值客户,挖掘潜在客户,赢得客户忠诚,并最终获得客户长期价值。

[资料来源:《客户世界》2012年5月刊;作者单位为中国移动广东公司客服(广州)中心,有修改。]

思考分析:
(1) 中国移动通信集团公司以什么标准进行大客户群体分类?
(2) 大客户群体的服务需要有何特点?
(3) 如何实现VIP专席服务与大客户的对接?

四、客户分级管理的操作方法

(一) 金字塔形客户的分级管理方法

客户分级管理策略是企业在依据客户带来利润和价值多少对客户进行分级的基础上,依据客户级别的不同设计不同的客户服务和关怀项目的活动。核心是把重点放在为企业提供80%利润的关键客户上。

1. 关键客户管理方法

关键客户的消费金额占销售总额的10%~20%,也具有一定的影响力,销售人员要进行定期的拜访。这类客户往往容易变为企业的忠诚客户,因此,是值得企业花些时间和金钱来建立忠诚度的。如果这类客户的订单频率和数量没上升或如果他们向竞争对手订更多的产品,那么企业要给他们提供更多的服务。要集中优势资源服务于关键客户,通过沟通和感情交流,密切双方的关系,可以采用以下方式巩固与关键客户的关系:

(1) 定期拜访关键客户。
(2) 定期征求关键客户的意见。
(3) 及时有效地处理关键客户的投诉。
(4) 利用多种手段加强与关键客户沟通。
(5) 成立为关键客户服务的专门机构——客户经理制。

在放弃一个关键客户之前,企业要找出他们从竞争对手那里订更多产品的原因。

2. 普通客户管理方法

针对有升级潜力的"普通客户",要努力培养其成为"关键客户";针对没有升级潜力的"普通客户",可减少服务,降低成本。如果普通客户的消费额只占10%以下,每个客户的消费额很少。对此类客户,企业若没有策略性的促销战略,在人员、财力、物力等限制条件下可减少推销努力,或找出将来有前途的"明日之星"培养为主要客户。对于这类客户,企业将对其服务的时间削减一半,但和这些客户保持联系,并让他们知道在他们需要帮助的时候企业总是会伸出援手的。

3. 小客户的管理方法

对此类客户的管理可采用"长尾理论",即如果能够把大量市场价值相对较小的部分都汇聚起来将可创造更大的经济价值。

"长尾理论"提示我们要重视包含大量中小客户的利基市场,重视"小客户"的集体贡献。小客户购买力并不强,客户资料并不具备吸引力,消费行为并不活跃,但是将他们全部集中起来却能够对企业形象产生巨大的影响,为企业带来新的客户,为企业创造定额利润。

(二)大客户的管理方法

(1)指派专门的营销人员(或客户代表)经常联络,定期走访,为他们提供最快捷、最周到的服务,让他们享受最大的实惠,企业领导也应定期去拜访他们。

(2)密切注意该类客户的所处行业趋势、企业人事变动等其他异常动向。

(3)应优先处理该类客户的抱怨和投诉。

(4)大客户组织化。成立客户俱乐部为成为会员的大客户提供各种特制服务,如新产品推广、优先销售和优惠价格等。通过客户俱乐部的系列活动,加强大客户和企业的联系,培养大客户对企业的忠诚;通过客户的情报反馈系统,了解客户的需求;通过会员宣传企业的产品和服务。

(5)定制化营销。根据大客户不同的情况,和每个大客户一起设计营销方案,按他们的特殊要求提供相应的产品。定制化营销有利于建立企业和客户间的长期关系,因为产品或服务的提供是一对一的。每个客户都有不同的情况,如区域的不同、经营策略的差别、销售条件的差别等,根据他们具体情况设计的产品和服务不仅更具针对性,还使客户感受到他是被高度重视的,他是你营销渠道的重要因素。

为了准确把握大客户的需求,企业需要对大客户有深入的了解,并提供优质的服务。由于同一行业的企业对某项需求的背景有相似性,为了降低服务成本,按行业进行细分市场并进行专业化服务就十分必要。如香港电讯公司对大客户按不同行业分类进一步细分市场,如贸易、制造业、金融业、运输业、旅游业等,对不同行业的大客户都设有专职的营销人员专门联系,有些营销人员一个人就负责两家大客户,久而久之,这些人就成了"行业专家"能够根据不同行业对电信的需求,对自己的专门客户提供最新的服务项目、最优的政策和最佳的服务。

总之,因为大客户在企业客户中占有较高的客户价值和影响作用,企业应围绕大客户为中心,采取项目组或者团队的形式为大客户提供增值、个性化的服务,提高大客户的满意度和忠诚度,培育良好的大客户关系,从而提升企业的营销效率和效益。

五、课堂实训

训练任务:分组分析相关企业的客户分级管理情况。

训练目的:学生能根据企业实际情况来制定相应的客户分级标准。

训练要求:通过此次实训,理解客户分级的必要性,要求掌握客户分级的标准和ABC分类法。

训练内容:选取不同行业的典型企业,以小组为单位,分析这家企业的客户分级管理。

第一组:服装企业。

第二组:苏宁或国美电器。

第三组：超市。
第四组：银行。
第五组：百货业。
第六组：快销品行业。
第七组：移动通信。
训练过程：
（1）按小组讨论。
（2）各小组分析的企业以抽签的形式确定，分别分析（注意提炼，每一类客户特征用3～5个关键词或者关键句来表示，再展开叙述）。
（3）各小组派一各代表汇报分析情况。
（4）教师点评。

任务三　客户体验与沟通关怀

一、任务描述

客户关系管理既要重视对客户的关怀、体验和沟通，还要运用正确的方法实现对客户关怀、体验和沟通的管理。

二、任务导入

何谓客户体验管理 CEM

请感受以下客户体验：

在我意识到 CEM 已成为另一个铺天盖地几近滥用的商业缩略语之前我就早已知道客户体验管理是一个正确的观念、一种正确的思想、一个正确的方向。

远景客户或客户每对企业做出一次思考其对企业的体验就会改变一次。无论这种思考是由广告、电话呼叫、网站、与朋友的交谈促成的还是博客上我们称之为的"客户许可内容"又或者浏览网站所促成的，情况都是如此。

如果你的营销、网站和客户服务都是为了企业、产品和服务，那么你要做的工作就多了。然而如果你的网站专注于客户，那么你就走对了路，并且这条路将引领你取得更多的投资回报。

从以企业为中心向客户为中心的转变绝非易事。即使一心一意以客户为本的人在一个大企业里，有时甚至小公司也不例外，想要完成这样一种变革恐怕也会遇到不少麻烦。但事无不可能，只要你肯坚持，再加上一点点想象力。

一家名为 Zylom 的小公司邀请我飞往阿姆斯特丹，然后坐火车去埃因霍温，再开车去一个会议中心。届时他们公司上下 30 个人都会在那里参加一个为期 3 天的讨论班，学习如何以客户为中心。

Zylom 生产和发布在线益智游戏。不是那种十几岁小男孩喜欢的射击类游戏，而是一些他们的妈妈会喜欢的文字游戏和类似于俄罗斯方块一样的游戏。许多妈妈喜欢这样的游戏。所以这家企业取得了惊人的成功。

第一天的内容一部分是演讲一部分是讨论。什么是客户体验？它的在线表现形式是怎样的？你如何始终保持以客户为先？那地方棒极了。周围有着令人倾倒的美景。午餐后进行了一次集体骑自行车绕乡间环游。那天晚上我们租了一辆车去附近的一个小镇吃晚饭。

当我们30人走下车时才发现餐馆漏了我们的订单。面对这一大群饥饿的顾客，餐馆的这种做法看上去却没有受到太大挑战。我们中有一半人等了约1个小时，另一半人又多等了20分钟。结果，饮料给错了人，食物上的特别慢，还是冷的，调料放太多，火候又不够，餐后甜点最终也没有出现。牛奶至少过最后销售期2个星期了。

这是一家号称一流的餐馆，但它展现在我们面前的却是糟糕的不能再糟糕的服务。

次日早晨的安排是讨论我布置的回家作业：描述一个糟糕的客户体验。如果被这么问，你一定会想一会儿，在记忆里搜寻曾经的某次糟糕的购买体验或者碰到过的哪个气人的职员，所以我给了他们充足时间。维修工作出错，器皿和设备不知送哪儿去了，问题多多但没有人愿意或有能力改进的电话服务，这样的例子举不胜举。

最终，当我围着桌子走了一半的时候，有位员工提出说前晚的晚餐不是很尽如人意。这句话一石激起千层浪，人们纷纷表示赞同并偷偷瞟向他们的CEO。因为正是他选择了那家餐馆。

那天快结束的时候，CEO宣布我们将登上同一辆汽车并且前往同一家餐馆用晚餐。这时全场一片寂静。他让这种寂静持续了片刻，随后说他曾在几个星期之前就跟餐馆老板达成了一份协议。协议的内容是餐馆必须在第一天晚上策划并制造一次糟糕的客户体验，然后在第二天带来一次良好的客户体验。

房间里沸腾了起来。

每个人都开始评论餐食是如何的糟糕；服务生是如何的无礼，酒吧招待在那里抽烟；咖啡杯上有缺口；啤酒是温的；根本找不到盐或胡椒粉；餐巾纸看上去让人觉得是哪个快餐店用的。餐馆的各种缺点在人群的数落声中越变越多，人们对其乃有意而为感到错愕不已。

作为这一计谋的始作俑者之一，参与者所完成的"恶作剧"让我感到很高兴。酒吧侍者做的不仅仅是抽烟，他把一些杯子灌到只一半满，还在吧台后面没人看见的地方把壶和盘子敲得叮当响。我看着他把一杯啤酒放进微波炉去热，让它失去味道。时不时地可以看到他和其他人在厨房里笑闹。而餐巾纸，的的确确来自一家快餐连锁店。

第二天傍晚，当我们的车停在餐馆门前时老板正站在路旁迎接我们。下车时他向我们每个人问了好。然后把我们带到一个桌前，上面铺着桌布摆着餐巾、水晶饰品和蜡烛，还有一本塑边的菜单，上面刻着Zylom的名字和logo。服务员们立刻迎上来，手拿酒杯向我们致意。

老板拿了条凳子进到我们屋里坐下来。"在为你们上开胃小食之前，我要谢谢你们所有人。我当了这么多年餐饮业主，但从未像昨晚那样学到那么多。我们已经准备好为先前的膳食而道歉，并承诺今晚一定让大家满意。"

转而，他讲述了一条从那刻起将会改变他和员工对待客户方式的启示。

"哦，我们'玩'得很开心！"他说。"不过这也不是件轻松的事。首先，而且也是第一次，我们要去考虑一次良好的晚餐体验和一次糟糕体验之间的区别，这样我们才能在避免用溅出食物或用热盘子烫伤你们等手段的情况下完成约定。然后我们就开始行动，而我们中的一些人还是失败了。"

"我们的女服务员在接单时只是不小心脱口而出说'谢谢'的。我们的厨师直截了当地拒绝了烹制奶油焦糖。因为那是个累人的活。"他停顿了一下。"但我们却无法理解一件事情。一件既让人困惑又发人深省的事情，那就是为什么无论我们怎么做都没人抱怨呢?"

"现在我知道了，因为是你们的老板要你们来这儿的并且单也是他买，所以你们不愿意逆他的意思或反对他挑选的餐馆。但没有人是应该忍受我们昨晚的所作所为的。而现在我们终于知道，无论我们感觉自己有多出色也无论我们认为我们的小餐馆有多美妙，事实上当有问题出现时，也没有人会告诉我们！所以我们必须特别注意，特别小心。否则我们就是在愚弄自己。谢谢你们为我们上了这一课。请你们一定要好好享用今晚的晚餐。"

次日早晨大家都起得稍微晚了点儿，因为前晚吃得很开心而且还喝了酒。午餐之后就轮到我来检查用餐者是否也像餐馆一样吸取了经验和教训。我们讨论了如何改善 Zylom 的客户体验。期待和意料中的想法包括焦点小组、可用性测试、随机调研以及诸如此类等。但当那位主管收账的女士说话时我知道训练达到目标了。

"下次我开发票给广告商客户时会附上一行注释，问他们如何处理账务他们会觉得更方便。"她已经很成功地将支付账款之人认作她的客户并决定采取主动。

之后我飞回 Santa Barbara，我知道已经帮助他们改变了看待这个世界的眼光。

你希望自己的企业涉足客户体验管理吗？首先，你必须改变企业看待货物和服务的方式。你也许可以先考虑让每个员工描述一次糟糕的客户体验。然后请他们吃晚餐。

如果是你，你打算怎么做呢？

(资料来源：http://wenku.baidu.com/view/37509913a21614791711286a.html，有修改。)

三、知识支撑

(一) 客户体验管理

客户体验管理 (Customer Experience Management，CEM) 是"战略性地管理客户对产品或企业全面体验的过程"。客户体验管理以提高客户整体体验、强化感知价值为出发点，注重与客户的每一次接触，从而实现客户与企业的良性互动，提高客户对企业的满意度和忠诚度。

1. 客户体验的含义与模式

客户体验是企业以服务为舞台、以产品为道具进行的令客户难忘的活动。

客户体验是客户使用产品或接受服务各的直接感受，这种感受包括操作习惯、使用后的感受等。产品、服务对客户来说是外在的，而体验则是内在的，是客户在形体、情绪、知识上参与的所得，客户体验是客户根据自己与企业的互动产生的印象和感觉。

客户体验的模式主要有以下几种：

(1) 客户感官体验。产品设计越来越多地追求通过感官等方面的激发愉悦人的精神的体验设计。

(2) 客户情感体验。情感是人的需要在满足或不满足时，所产生的一种对客观事物的态度和内心感受。制造情感体验，常用的联系纽带有友情、亲情、恋情。

(3) 客户思考体验。思考体验是以创意的方式引起客户的惊奇、兴趣，对问题集中或分散的思考，为客户创造认知和解决问题的体验。

(4) 客户行为体验。行为体验是指通过增加消费者的身体体验，指出他们做事的替代方法、替代的生活形态与互动，丰富消费者的生活。行为体验也可以通过偶像、角色如影视歌星或著名运动明星来激发消费者。

(5) 客户关联体验。关联体验是对感官、情感及适当的行动的相互结合。

拓展阅读：

当咖啡被当成"货物"贩卖时，500 克可卖 300 元；当咖啡被包装为"商品"时，一杯就可以卖一二十元；当其加入了"服务"，在咖啡店出售，一杯至少要几十元到一百元；但如能让咖啡成为一种香醇与美好的"体验"，一杯就可以卖到上百元甚至是好几百元。

你觉得这是为什么？

2. 客户体验管理的步骤

(1) 分析客户的体验世界。

1) 确定目标客户。

2) 分离体验世界。体验世界可以分为四个层次，即产品或品牌体验、产品品类体验、使用和消费环境体验以及社会文化、商务环境体验等层次，如图 3-6 所示。

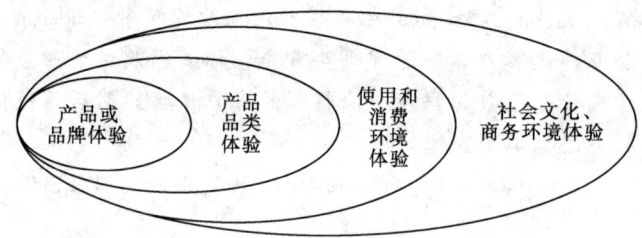

图 3-6　客户体验世界的四个层次

3) 根据接触点追踪顾客体验。从认识产品的需求，经过信息收集、信息过滤、信息选择，最后达到购买终点。

4) 了解竞争对手。企业间的竞争游戏不再只是价格，而且包括体验的竞争。

(2) 建立客户体验平台。客户体验平台是客户与企业互动的媒介。客户体验平台的选择与建立要考虑客户体验的定位、体验价值的承诺等要素。

客户体验平台策略内容包括体验定位、体验价值承诺（EVP）及全面实施主题，如图 3-7 所示。

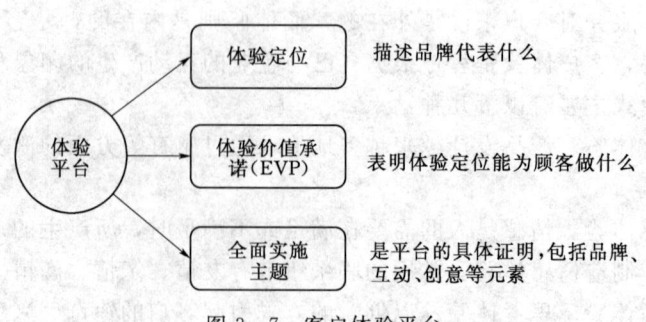

图 3-7　客户体验平台

(3) 设计品牌体验。品牌体验是客户个体对品牌的某些经历产生回应的个别化感受。品牌体验包括产品体验、外观体验及体验沟通三个方面，如图 3-8 所示。

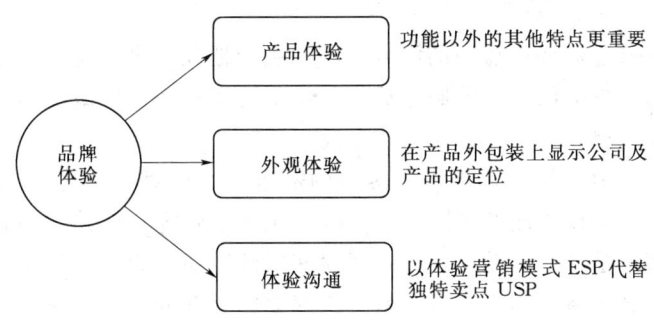

图 3-8 品牌体验

(4) 不断创新。客户体验创新就是不断创新客户体验形式，如创新接待客户方式和提高客户体验参与度，研发新产品，创新产品形式及创新营销方式等。

实操训练：

查阅资料，分析一个品牌，看一看这个品牌企图给客户的体验是什么，品牌与客户的关键接触点有哪些，给这些接触点的表现打分，分析客户对该品牌体验的效果。分析时可以尝试使用如下工具，沿着客户购买的时间线路，确定线路上的关键点，对各个点进行评价，然后将各个点连起来，就形成了一个品牌体验的评价曲线，如图 3-9 所示。

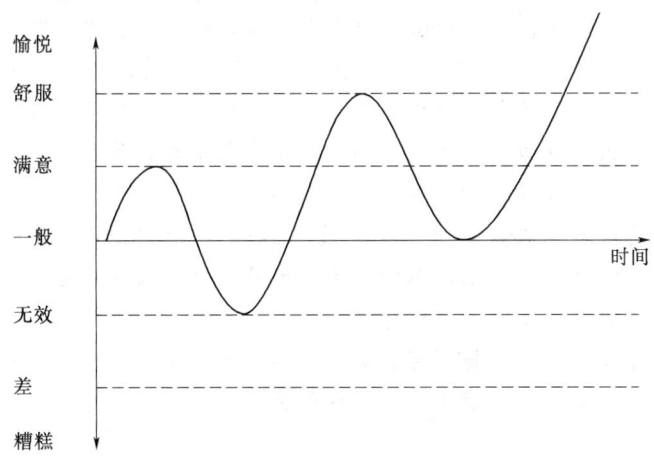

图 3-9 品牌体验的评价曲线

(二) 客户关怀

1. 客户关怀概述

客户关怀，即对客户的关心与爱护，它是一种高层次的客户沟通形式。

客户关怀是从市场营销中的售后服务发展而来的。客户关怀理念最早由克拉特巴克提出。客户关怀可使企业与客户建立起亲密的情感关系，让客户对企业产生"归属感"和"责任感"及对于企业价值和目标的共同使命感。在以客户为中心的商业模式中，客户关怀是客户保持的重要方面。随着竞争的日益激烈，企业依靠基本的售后服务已经不能满足客户的需求，必须提供主动的、超值的、让客户感动的服务才能赢得客户信任，这就是客户关怀的理念。

客户关怀就是通过对客户行为的深入了解，主动把握客户的需求，通过持续的、差异化的服务手段，为客户提供合适的服务或产品，最终实现客户忠诚度的提升。这其中有以下三个关键点需要把握：

（1）通过客户行为了解客户需求。客户的需求不是仅靠简单地询问客户就可以得到的，企业必须在日常工作中注意观察客户行为，主动了解客户，并识别客户的真实需求。

（2）客户关怀不是市场活动，不是一段时间内的短期行为。一旦企业明确了客户差异化的体验标准，就必须将其作为企业日常组织习惯的一部分，而不仅仅停留在规则里。

（3）客户关怀不是营销。客户关怀并不是追求客户买一件产品或一种服务，而是首先追求客户尽可能长时间地留下来，实现较高的客户忠诚度。在此基础上，通过客户的整个生命周期价值来提升获益。

客户关怀既有操作的内涵，又有友情或感受的内涵，正确的客户关怀体现尊重和诚信。真正良好的客户关怀能使企业与客户建立起亲密的情感关系，让客户对企业产生"归属感"，对企业拥有很强的责任感及对企业价值和目标的共同使命感。

拓展阅读：

客户走进一家手机连锁店投诉要求换货

处理场景一。

客户：你这是什么手机，刚买回去，外壳就破了，我要求换部新的。

售货员（仔细看过手机）：不对，一看就知道这手机外壳的破损是由人为强有力的撞击等原因造成的，不在我们的包换范围之内，不过，我们可以给你免费换个外壳。

客户：什么叫人为强有力的原因，你们分明是在找借口，推卸责任，难道你说我撑得没事干，故意将手机摔烂来找你们的茬。

售货员：我不是这个意思，我只是说这是人为因素，没有说是故意，有可能是不小心，也有可能是你家的小孩，总之，不管具体原因是什么，你也不会说真话，但就是不应是我们承担的责任，因此，我们不会给你退货。

客户：你们这是什么态度，想"屈打成招"，告诉你们，我也总之一句话，我昨天刚在你这买的手机，现在手机有问题了，就找你们退货……

处理场景二。

客户：你这是什么手机，刚买回去，外壳就破了，我要求换部新的。

售货员：哦，真是不好意思，昨天刚在我们这儿买手机就遇到问题了，我代表公司先向您表示歉意，您能先让我看看吗？

售货员（看手机，打开机身，认真检查后）：您这手机主要问题是外壳破损，其他内部零件都完好无损的，功能都应很正常，因为这种手机外壳是采取一种特殊的感光材料制成的，优点是外观闪亮华丽，不足是不太耐撞、耐摔。先生您一看就是平时工作非常忙的事业成功人士，可能没有时间仔细看说明书，也可能是当时我们售货员工作不太细心，没有观察到这点，忘记了给您多叮嘱一句：要特别注意保护好漂亮的手机外壳，防止强力撞击或重摔。我对我们的工作疏忽再次向您表示道歉。

客户：真是的，你们为什么不在销售时向我说清楚，否则我也许不会选这款，费事，现在自找麻烦，这样，我想看看其他的款式。

售货员：那天您挑了很长时间才选上这款的，也算是跟它有缘。其实，您现在对它最不满意就是外壳破损了，要不这样您看行吗？我们给您换一个新的外壳，或者您现在不想要这种外壳，可以给您换我们这儿所有20种款式中任何您喜欢的一种，另外，我们将以实际行动对告知不周表示我们最真诚的歉意，向您赠送一张价值50元的充值卡。

最后，客户换了外壳，拿了充值卡，比较满意地离开了。

讨论：针对以上两则处理投诉场景实例进行比较，评说在与客户进行沟通时的策略。

2. 客户关怀的手段

客户关怀的手段主要有主动电话营销、网站服务、呼叫中心等。

（1）主动电话营销。主动电话营销是指企业充分利用数据库信息，挖掘潜在客户，通过电话主动拜访客户和推荐满足客户需求的产品，以践行充分了解客户、充分为客户着想的服务理念，同时也提高销售机会。

（2）网站服务。通过网站和电子商务平台，企业可以提供及时且多样化的服务。网站应该智能化，企业可以根据客户点击的网页、在网页上停留的时间等信息，实时捕捉网页上客户要求服务的信息。企业将客户浏览网页的记录提供给服务人员，服务人员可通过不同的方式服务客户，包括电话、视频对话、与客户共享服务软件等方式。同时企业应利用文字、语音、视频等组合多媒体的实时功能与客户进行互动和网上交易。

（3）呼叫中心。呼叫中心通过公开一个电话特服号码提供对客户的电话服务。呼叫中心可以帮助企业了解客户、服务客户和维系客户。

3. 客户关怀的计划

客户关怀计划是对未来客户关怀工作的安排。

一项完整的客户关怀计划应包括计划执行周次、开始日期、结束日期、客户关怀项目、工作内容、传播方式、适用客户群、客户关怀项目负责人、所需资源条件等。

（三）客户沟通管理

管理客户关系是一件很困难的事情，也是一个持续的过程，它需要客户和企业双方都深入地参与其中，并且都相互了解对方。为了达到这种亲密关系，企业就必须尽其所能去接近客户，要求企业必须做到以其竞争对手无法做到的方式了解其客户，而要了解一个客户，要理解一个客户，要从客户那里得到信息，唯一可行的办法就是同他们进行沟通互动。与客户良好的沟通能够帮助企业实现以下目标。

1. 客户沟通的概念

沟通是指两个或两个以上的人之间交流信息、观点和理解的过程。

客户沟通是企业与客户通过建立信息交流平台，拉近企业和客户的距离，加深彼此感情，从而建立良好的合作伙伴关系的过程。

2. 客户沟通的作用

（1）实现客户满意的基础。

（2）维护客户关系的基础。

3. 客户沟通的内容
(1) 信息沟通。
(2) 情感沟通。
(3) 理念沟通。
(4) 意见沟通。
(5) 政策沟通。

4. 客户沟通的类型
(1) 企业与客户。

1) 了解客户需求。企业了解客户真正需求的最佳方法是与客户进行直接的互动，每次在客户购买时，企业都应该掌握更多的客户信息，了解其喜欢以何种方式购物以及其倾向于购买什么东西等。互动之所以重要，不仅仅因为这是客户同企业一起投资到关系建设中，同样也是因为从互动中，企业了解到了更多的关于客户的信息，会得到企业需要的有价值的客户信息，而企业的竞争对手却没能了解到这些信息。

实操训练：

某顾客因为孩子最近要出国留学，打电话咨询银行英镑汇率，对话过程如下：

柜员：您好，欢迎来电！

客户：你好，我想咨询一下近期外汇汇率情况。

柜员：好的，最近汇率一直有浮动，请问您是要咨询哪一种外汇汇率？

客户：是的，请问今天英镑汇率是多少？

柜员：最近英镑预期在贬值，建议您还是选择其他理财产品吧，稳定收益，风险低，很多顾客都选择，年利率在6.5%（几种理财产品的详细介绍……）

客户：那我考虑考虑吧，再见。

柜员：欢迎您来电垂询，请您在结束通话后对我的服务作出评价，谢谢！

讨论：

在这次通话中，你认为银行柜员的问题出在哪儿？

你认为，如何对这次电话客服过程进行修正？

2) 预测客户潜在价值。在每一次同客户的互动中，客户都帮助企业更加准确地预测他对于该企业的潜在价值。该客户也许会有一个具体的计划，他会花多少钱来购买该企业的产品或服务，以及他会使用该企业的产品或服务多长时间等。在预测一个客户的潜在价值时通常都会包括一个即将实施的计划所表现出来的前兆，或者是即将要购买的信息，或者是该客户同其竞争对手同样进行交易的有关信息，或者是推荐给其他的客户使该企业能够营利的举动等。这种类型的信息通常只能够通过与该客户进行直接的互动才能够得到，这对于企业要优先安排的营销力量和销售活动也是极为重要的，这就是企业要有效分配其客户投资资源的一种能力。

拓展阅读：

有一个演讲者，想证明酒精的害处，他在讲台上摆了两个透明的玻璃杯，一个装白水，另一个是酒精。演讲者抓了一只虫子放到白水里，虫子在里面游来游去，他又把虫子拿出来放到酒精里，虫子游了几下就死掉了。

这时，演讲者非常得意地对观众说："各位，这个实验说明了什么？"

台下沉默很久，突然，后排有一个醉醺醺的声音说⋯⋯

一个醉醺醺的声音说："这说明，人要是喝酒就不招虫子。"

此案例说明了什么？⋯⋯

启示：如果要做有效沟通，就必须具备相同的背景知识、思维方式和共同的价值体系，否则就会南辕北辙，无法达到沟通效果。

(2) 客户与企业。为了方便客户与企业的沟通，可采取以下方式：

1) 开通24小时投诉热线或者网上投诉。

2) 设置意见箱、建议箱、意见簿、意见表、意见卡及E-mail。

3) 建立有利于客户与企业沟通的制度。

四、实现客户沟通的步骤与策略

(一) 第一步，掌握与客户沟通的途径

1. 通过销售人员与客户沟通

销售人员可以当面向客户介绍企业及其产品或服务的信息，还可以及时答复和解决客户提出的问题，并对客户进行主动询问和典型调查，了解客户的意见及客户对投诉处理的意见和改进意见等。

销售人员与客户沟通，双方可直接对话，进行信息的双向沟通，可使双方从单纯的买卖关系发展到建立个人之间的友谊，进而维护和保持长期的客户关系。

拓展阅读：

一张卡片平息了客户的不满

这是发生在迪斯尼乐园的一个故事：

一个5岁的孩子在妈妈的带领下在迪斯尼乐园排队，准备玩梦想已久的太空穿梭机，他们排了40分钟的队，好不容易轮到了，可是临上机时却被告知：由于年龄太小，孩子不能玩这种游戏。

其实在队伍的开始和中间都有醒目标志：10岁以下儿童，不能参加太空穿梭游戏。

失望的母子俩正准备离去，迪斯尼乐园的工作人员亲切地上前询问了孩子的姓名，不一会，就拿了一张印有孩子姓名的精美卡片走了过来，郑重地交给孩子，并对孩子说，欢迎他符合年龄时再来玩这个游戏，那时他只要拿着卡片就可以不用排队——因为已经排过了。

就这样，一张卡片平息了母子俩的不满情绪，母子俩拿着卡片愉快地离去。

这张卡片不仅平息了一场不愉快，而且给乐园赢得了客户。

(资料来源：崔鹤同、徐玉平，《忠诚客户近在眼前》。)

思考：请谈谈你对案例中的客户关系管理的认识。

销售人员与客户沟通要注意以下事项：

(1) 要记住客户的名字，并且不时亲切地、动听地称呼他。频频称呼客户的名字会使客户产生被尊重的感觉，因此能够加深与客户之间的感情。

(2) 要善于倾听。企业要想更多地鼓励客户参与，了解更多的信息，在善于提问的同

时还要善于倾听，倾听不仅有助于了解客户，而且也显示了企业对客户的尊重。良好的倾听表现如下：

1) 身体稍微前倾，保持虔诚的身体姿势，眼睛保持与客户的视线接触（不时对视，但不是目不转睛），经常点头，表示在听。

2) 认真听客户讲的话，把客户所说的每一句话、每一个字都当作打开成功之门不可缺少的密码绝不放过，当然也要留意客户没有讲的话。

3) 适当地做笔记，适时地提问，确保理解客户的意思，并且思考客户为什么这么说或为什么不这么说。

如果销售人员能够有意识地从这些方面提高技巧，那么大多数客户都会乐意讲话。毕竟，这个世界上愿意听别人讲话的人实在是太少了。因此，销售人员要记住这样一个原则：在整个沟通过程中，自己说话的时间不应该超过40%。

拓展阅读：

倾听——化解矛盾的良策

倾听是一种情感的活动，除了耳朵，还需要通过面部表情、肢体语言来回应对方，传递给对方一种你很想听他说话的感觉。

美国纽约电话公司遇到一个蛮不讲理的客户，他拒不付电话费，声称电信公司的记录是错误的。对此，他暴跳如雷，破口大骂，甚至威胁要砸碎电话机，同时寄信给各大报社，向公共服务委员会抱怨。为此，与电话公司打了好几场官司。公司派出好几个人去处理此事都失败了。后来，公司派了最有耐心的乔治去处理此事。在乔治面前，那位客户没完没了地大发脾气。第一次，乔治静静地听了近三个小时，对客户所讲的每一点都表示同情。后来又去了三次，静听客户的抱怨。在第四次时，客户的态度渐渐地变得友好起来。最后，乔治说服了这位客户加入了他们的"电话用户保持协会"，与此同时，客户付清了全部电话欠费账单，结束了他的投诉。

作为客户关系管理中的主要环节，"听"是一种无声的技巧。管理人员只有做到"会听、善听、多听"，才能增进与客户的相互交流，融洽彼此关系。

（资料来源：施志君，《电子客户关系管理与实训》，有删减。）

思考分析：倾听在客户关系管理中有何作用？

(3) 要避免用武断式的语言。讲述可能引起争论的事情时应该以最温和的方式，如"据我了解……""如果没有记错的话……"来表达自己的观点，而不要使用绝对的或不容许怀疑的字眼。

实操训练：下面句中加横线部分表示强调，请体会其所表达的意思有什么不同。

<u>班长</u>说这个电话是你接的。

班长<u>说</u>这个电话是你接的。

班长说<u>这个</u>电话是你接的。

班长说这个<u>电话</u>是你接的。

班长说这个电话<u>是</u>你接的。

班长说这个电话是<u>你</u>接的。

班长说这个电话是你<u>接</u>的。

班长说这个电话是你接的。

（4）要懂得微笑。"饭店之王"希尔顿旅馆的创始人希尔顿的母亲告诉希尔顿，要使经营持久发展，就要掌握一种简单、易行、不花本钱却又行之长久的秘诀，那就是微笑服务，环境可以令客户"宾至如归"，热情微笑会令客户"流连忘返"。

2. 通过活动与客户沟通

通过举办活动可以让企业的目标客户放松，从而增强沟通的效果。

如通过座谈会的形式，定期把客户请来进行直接的面对面的沟通，让每个客户畅所欲言，或者发放意见征询表，向他们征求对企业的投诉和意见。通过这种敞开心扉的交流可以使企业与客户的沟通不存在障碍，同时，这也是为客户提供广交同行朋友的机会，在座谈会上，客户们可以相互学习、相互取经。

通过定期或不定期地对客户进行拜访，与客户进行面对面的沟通，也可以收集他们的意见，倾听他们的看法、想法，并消除企业与客户的隔阂。

邀请客户联谊也是加深与客户的感情的好方式，如一个可携带配偶出席的晚会将增进企业与客户的情谊。

此外，通过促销活动与客户沟通可以使潜在客户和目标客户有了试用新产品的理由，从而建立新的客户关系，也使现实客户有再次购买或增加购买的理由，从而有利于维护和发展客户关系。但是，通过促销活动与客户沟通的缺点在于可能使客户对产品或服务的价格产生怀疑，从而造成不利的影响。

3. 通过信函、电话、网络、E-mail、呼叫中心等方式与客户沟通

通过信函、电话与客户沟通是指企业向客户寄去信函，或者打电话宣传、介绍企业的产品或服务，或者解答客户的疑问。

随着技术的进步和沟通实践的发展，新的沟通渠道在不断地出现，特别是互联网的兴起彻底改变着企业与客户沟通、交流的方式，企业可以在强大的数据库系统支持下，通过电子商务的手段，开设自己的网站为客户提供产品或服务信息，与客户进行实时沟通，从而缩短企业与客户之间的距离。

此外，现代通信手段的发展使企业还可以通过电子邮件、手机短信和传真等形式与客户沟通，向客户提供产品及服务信息。

新型的 Internet 呼叫中心是一个具有语音、视频和聊天的综合交互界面，客户能够随时与服务者进行面对面的交流，给客户一种亲切的感觉，有利于增进客户与企业间的感情。

如上海通用汽车公司原来只有一个呼叫中心系统，远不能满足客户的需要。为了更好地与客户沟通，公司委托 IBM 公司帮助建立了客户关系管理系统，使客户通过免费的电话呼叫中心和"百车通"网站可以直接下订单购车。当然，客户还可以对购车时间进行选择，如立刻购买、3 个月内购买、6 个月内购买、1 年内购买，而上海通用汽车公司则根据客户不同的购买时间制定不同的应对方法。

拓展阅读：

12306 客服遭遇"火鸡哥"

12306 是铁路的客服电话，这部电话不是直接用来买火车票的，但是咨询、投诉或者

需要帮助都可以拨打它。春运开始后，沈阳铁路局客服中心一天就能接听将近2万个电话，高峰时段每个接线员每个小时就要处理50个旅客来电。

近日沈阳铁路12306热线出现了下面一段"囧"对话：

旅客："我想带点火鸡（机）回家。"

客服："是不是没处理过，死的那种？"

旅客："不是死的，就是国外火鸡（机），没过油的那种。"

客服："火鸡是死的还是活的？"

旅客："活的，不带气的。"

客服："活的不允许带上车，死的可能办理托运。"

旅客："死的？你说的是一体机带液体那种？"

客服："一体机？您说的是打火机吗？"

（资料来源：王鑫，《客户服务实务》，有删减。）

讨论：通过信函、电话、网络、E-mail、呼叫中心等方式与客户沟通要注意什么？

4. 通过广告与客户沟通

广告的形式多样，传播范围广，可对目标客户、潜在客户和现实客户进行解释、说明、说服、提醒等，是企业与客户沟通的一种重要途径。

通过广告与客户沟通的优点是：迅速及时，能够准确无误地刊登或安排播放的时间，并可以全面控制信息内容，能让信息在客户心中留下深刻的印象。

通过广告与客户沟通的缺点是：单向沟通，公众信任度较低，易引起客户的逆反心理。这就要求企业的广告要减少功利的色彩，多做一些公关广告和公益广告，这样才能够博得客户的好感。

（二）第二步，掌握与客户沟通的策略

1. 对不同的客户实施不同的沟通策略

企业要根据所掌握的客户信息，借助或者利用客户联系卡或客户数据库提供的信息，定期与客户联系，对不同特点的客户进行有针对性的、个性化的沟通。

此外，要考虑客户给企业带来价值的不同进行"分级沟通"，即针对客户的不同级别实施不同级别的沟通。如在与客户的沟通中，对重要客户，每个月打一次电话，每季度拜访一次；对主要客户，每季度打一次电话，每半年拜访一次；对普通客户，每半年打一次电话，每年拜访一次；对小客户，则每年打一次电话或者根本不必打电话和拜访。

2. 站在客户的立场上与客户沟通

客户通常关心的是自己切身利益的事，从某种意义上说，客户购买的不仅仅是产品或服务，还包括企业对客户的关心以及客户对企业的信任。因此，企业只有充分考虑客户的利益，把客户放在一个合作伙伴的角色上、站在客户的立场上才能获得沟通的成功。

拓展阅读：

国内生产企业与跨国零售集团的沟通

与客户的沟通的方式可以是面对面的交流，也可以通过平台进行沟通。

从根本上说，当前"中国制造"难进跨国零售集团"采购筐"的根本原因是国内生产企业与跨国零售集团即供需双方缺乏足够的沟通和交流的平台。

跨国零售集团对我国企业及其产品不甚了解、不甚熟悉，要找到符合要求的供应商需要花费很长时间和很大成本；国内生产企业也缺乏直接与跨国零售集团联系的渠道，对跨国零售集团的采购程序和方法也知之甚少，对国外相关的技术标准、认证体系和市场规则更缺乏必要的了解，甚至不知道外商对产品有什么具体要求。

因此，国内生产企业必须加强与跨国零售集团的沟通，特别是要站在对方的立场上，积极地研究、熟悉和掌握跨国零售企业在长期的采购实践中已经形成的一整套严密的采购规则、程序、标准和要求，投其所好，才能获得更多、更好的跨国零售采购订单。

另外，国内生产企业要主动邀请跨国零售集团到企业进行实地考察或"验厂"，或与跨国零售集团建立定期会晤机制，向他们提供详细的技术介绍和特殊服务以此促进与他们的沟通和交流，使跨国零售集团能够切实了解和认同我国的产企业及其产品。

（资料来源：江林，《客户关系管理》，有删减。）

问题分析：此案例对客户沟通有何启示？

3. 向客户表明诚意

由于沟通的成功有赖于双方的共同努力，因此企业与客户沟通时要首先向客户表明自己是很有诚意的（主要表现在对客户的态度上，如承诺的兑现），衷心希望得到客户的积极响应。如果企业都没有诚意，就不要指望得到客户热情的回报，也不要指望与客户的沟通能够获得成功。

拓展阅读：

沟通需要有诚意，还需要讲立场，有技巧。

有时候，当我们为大客户提供令其非常满意的服务时，他们非但没有带来预期的盈利，反而提出许多额外的要求。在这种情况下，所谓大客户就不一定具有大的价值，那么是否意味着企业就可以不重视他们、抛弃他们呢？当然不是，那企业应该如何与大客户沟通，使他们的行为有所收敛呢？

首先，要向大客户表明诚意。可安排企业高层进行拜访，通过真诚的交流和情感沟通，增进彼此的理解使其认识到"一荣俱荣，一损俱损"的利害关系，不贪图眼前利益而损害双方的长远关系。

其次，要站在大客户的立场上。企业要努力为大客户提供富有个性的、与时俱进的产品或服务，使大客户离不开企业，甚至产生对企业的依赖。这样，当发生利益冲突时，大客户就会理智些，甚至有所顾忌，从而不敢轻易伤害双方的关系。

再次，软硬兼施，讲究策略和技巧，促使大客户能以情为重，以双方关系的稳定和正常化为重。

这样双方就可以建立平等、双赢的伙伴关系，并发展成为永久的关系。

（资料来源：施志君，《电子客户关系管理与实训》。）

五、课堂实训

客 服 现 场

某顾客致电某服务中心，因无人接听而处在电脑服务当中，等得不耐烦的时候，终于等到服务员接听。

　　接线员:"您好！我是77号，竭诚为您服务，我有什么可以帮助您？"
　　顾客答:"你能不能让我少等会儿？"
　　服务员:"哦，今天电话特别多，一下忙不过来，您有什么事？"
　　顾客答:"你们为什么不配多点人？"
　　服务员:"那是我们领导的事，我也想人多点呀！"
　　顾客答:"那你们领导真蠢，总是让我们花大把时间等，难道顾客的时间就不值钱吗？"
　　可见，即使礼貌和客气，客户还是不满意。
　　(资料来源：王鑫，《客户服务实务》。)

分析与实践：
(1) 服务人员在服务过程中，有哪些不妥之处？
(2) 服务人员如此礼貌与客气，顾客为什么还是不满意呢？
(3) 请演示合适的服务方式。

任务四　使客户满意

一、任务描述

　　客户满意是一种销售后或选择后的评估，是决定客户忠诚的主要因素，客户满意也是企业战胜竞争对手的重要手段，学习客户满意相关知识的目的是能够运用相关的方法实现客户满意。

二、任务导入

两种乘公交车的不同效果

　　设想一下，烈日炎炎的夏日，当你经过一路狂奔，气喘吁吁地在车门关上的最后一刹那，登上一辆早已拥挤不堪的公交车时，洋溢在你心里的是何等的庆幸和满足！而在秋高气爽的秋日，你悠闲地等了十多分钟，却没有在起点站"争先恐后"的战斗中抢到一个意想之中的座位时，又是何等的失落和沮丧！

　　同样的结果——都是搭上没有座位的公交车，却因为过程不同，在你心里的满意度大不一样，这到底是为什么？

　　问题的答案在于你的期望不一样
　　讨论：这个案例给我们什么启示？
　　乘坐公交车的启示：
　　(1) 客户满意度是一个相对的概念，是客户期望值与最终获得值之间的匹配程度。
　　(2) 客户的期望值与其付出的成本相关，付出的成本越高，期望值越高。公交车的例子中付出的主要是时间成本。
　　(3) 客户参与程度越高，付出的努力越多，客户满意度越高，正所谓越难得到的便会越珍惜。

三、知识支撑

　　企业实施客户关系管理的目的不仅仅是要拓展企业经营的触角和改变企业的经营模

式，还应当强化企业与客户之间的互动关系，最终目的是要提升企业的利润。因此，企业如何满足客户的要求，进而留住客户，提升客户的满意度，这已经是目前企业经营中最重要的新课题，更是衡量企业竞争力的重要指标。那么什么是客户满意度呢？又如何提高客户满意度？下面对这些问题进行阐述。

（一）客户满意的概念

自从美国学者 Cardozo 在 1965 年首次将客户满意的观点引入营销领域以后，学术界掀起了研究客户满意的热潮，客户满意也成为颇受西方企业推崇的经营哲学。

菲利普·科特勒：客户满意是指一个人通过对一种产品的可感知的效果与他或她的期望值相比较后，所形成的愉悦或失望的感觉状态。

Barky：客户满意是指客户使用前的预期与使用后所感知的效果相比较的结果。而客户满意度是客户满意水平的量化。

理查德·奥利弗：满意是客户对于自己愿望的兑现程度的一种反应，是一种判断方式。满意度是一种影响态度的情感反应。

由此可见，客户满意是一种心理反应和活动，是客户的需求被满足后形成的愉悦感或状态。

满意是一个不确定的概念。满意的标准因人而异，因时间而异，不同的人对同一产品或服务的满意程度不一样，即使同一个人在不同的时期对同一类商品的满意状况也不一样。

（二）客户满意的内容

客户满意一般包括以下几个方面：产品满意、服务满意、视听满意、行为满意和理念满意。

客户满意度是由客户的期望和客户的感知这两个因素决定的，如期望越低就越容易满足，实际感知越差越难满足。可见客户是否满意与期望成反比关系，与感知成正比关系。即客户满意度是客户的感知与客户期望的比值。据此我们可以用一个简单的公式来描述客户满意状况的评价指标客户满意度，即

$$C = \frac{B}{A}$$

式中　C——客户满意度；

　　　B——客户的感知值；

　　　A——客户的期望值。

对客户的满意状况的测量实际是看客户满意度的大小。

当 C 等于 1 或接近 1 时，表示客户的感受即可认为"比较满意"，也可认为"一般"。

当 C 小于 1 时，表示客户的感受为"不满意"。

当 C 等于 0 时，则表明客户的期望完全没有实现。

在一般情况下客户满意度多为 0~1，但在某些特殊情况下，客户满意度也可大于 1，这意味着客户获得了超过期望的满足感受。

客户满意与否，取决于客户接受产品或服务的感知同客户在接受之前的期望相比较体验（图 3-10）。通常情况下，客户的这种比较会出现三种感受。

（1）当感知接近期望时，一般会出现两种状态：一种是客户因实际情况与心理期望基

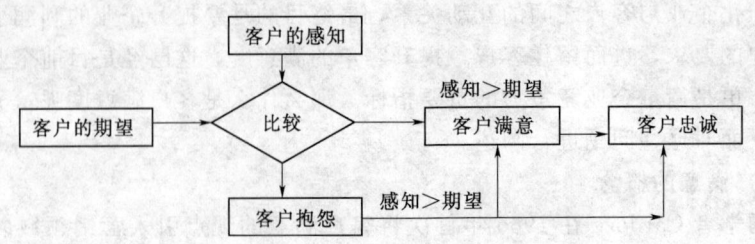

图 3-10 客户期望与客户感知比较后的感受

本相符而表示"比较满意";另一种是客户会因对整个购买决策过程没有留下特别印象而表示"一般"。所以,处于这种状态的客户既有可能重复同样的购买经历,也有可能选择该企业的竞争对手的产品或服务。

(2) 当感知高于期望时,客户就会体会到喜悦和满足,感觉是满意的,其满意程度可以从事后感知与事前期望之间的差异来测量。感知超过期望越多,客户的满意程度就越高,而当感知远远超过期望时,满意就演变成忠诚。值得强调的是,客户满意并不等同于客户忠诚。客户满意其实是进行某种消费后的心理状态,而客户忠诚则是一种购买行为,代表了企业的营利能力。

(3) 当感知低于期望时,客户会感到失望和不满意,甚至会产生抱怨或投诉,但如果对客户的抱怨采取积极措施妥善解决,就有可能使客户的不满意转化为满意,甚至令其成为忠诚的客户。

总之,对企业而言,若要实施"以客户满意为中心"的经营战略,就必须尽力消除客户满意度小于1的情况,即通过提高产品或服务相对于客户价值来满足甚至超越客户的期望,实质上就是平息和预防客户抱怨的发生。

拓展阅读:

加强期望值管理,肯德基全力满足客户需求

实现期望值,是满足客户需求的前提。

60多年前,桑德斯上校研发出由11种香料组合而成的独家炸鸡配方,并把它应用在快餐店里,而后发展成肯德基。今天,肯德基遍布全球80余个国家,拥有超过9600家连锁店,是世界上大型快餐连锁企业之一。而在世界各地,肯德基都秉承一个宗旨,即:永远将客户需求放在第一位,这是占领市场的必然途径。要满足客户的需求,当然离不开客户的期望值管理。肯德基在这方面有着相当出色的表现。

随着市场物价上涨,越来越多的客户正在趋于精明消费,用更经济的方法维持生活品质。作为高度重视客户需求的品牌,肯德基开始从策略上考量:满足客户对优惠的需求。肯德基于2011年4月25日,首次推出"15元豪华午餐"活动。这一当面让价的优惠活动,为肯德基吸引了更多的客户,并获得更大收益。肯德基的经理层人士透露,这主要得益于肯德基的客户期望值管理。在客户期望值管理方面,肯德基提出了以下管理理念:

1. 把握客户当前的消费心理

这种做法是一种把握近期客户效益的做法。肯德基认为客户当前的消费心理应该是寻求可以替代肯德基的、价格更低的产品,这无疑会影响肯德基的利润并很容易导致客户的流失。

2. 明确服务内容，与客户达成共识

肯德基进一步提出，客户对服务质量的评价只能是一种模糊的认识，并没有统一衡量的标准，这容易导致客户实际感知的服务与期望值之间存在差距，这种差距有可能造成客户满意度的下降。因此，在制订服务标准时，一要与客户进行交流与沟通，了解客户的要求和期望；二要明确公司的职责和服务范围，与客户达成一致意见，制订合理、可行的服务项目，从而有效控制客户期望值；三要公开服务的各项内容，向客户准确传递服务信息，并接受客户监督，及时消除服务种的不足。

3. 严格执行服务标准，真情对待客户

在实际的操作过程种，要严格遵守服务内容和标准，对客户的承诺一定要做到，否则只会使客户满意度降低。具体而言，一要加强业务技能培训，通过强化学习来提高员工的责任感和服务水平；二要坚持督查工作，通过建立投诉热线和走访客户，了解员工的业务水平、服务技能状况，及时解决工作中存在的问题；三要跟踪了解客户期望值的变化，一成不变的服务，即使质量再好也难以满足客户需求，所以要不断创新。这就需要通过与客户的交流来掌握这些信息。当客户刚刚出现的需求很快实现时，公司得到的不仅仅是客户的惊喜，更多的是客户的满意和信赖。

（资料来源：孙科炎，《客户服务技能案例训练手册2.0》，有删减。）

思考：肯德基是如何满足客户的需求的？

（三）客户满意对企业的意义

随着客户数量的不断增长和竞争对手的不断增加，企业除了在吸引新增客户上不断加大力度以外，将越来越关注已有客户的满意状况和忠诚状况。因为从营销的角度来看，新兴市场的主要工作是吸引客户，但当市场进入成熟期时，保持客户显得重要得多，因为流失一个客户的损失比新增加一个客户的收益要大得多。所以企业定期考察客户满意度和忠诚度显得尤为必要。提高客户满意度对企业营利能力的影响主要体现在以下方面。

1. 通过增加现有客户忠诚度增加企业利润

提高客户满意度可以提高现有客户的忠诚度，这意味着有更多的客户在将来会重复购买该企业的产品。如果一个企业有着很高的忠诚度，它必然会体现在企业的经济回报中，即保证了企业具有一个稳定的、未来的现金流。同时，客户的忠诚度越高，他们可能继续从同一个企业购买产品的持续时间就越长，企业就可以从忠诚客户获得越高的累计价值。总之，客户忠诚度的提高会增加一个企业客户资产的价值，从而提高企业的盈利性。

2. 通过降低现有客户的价格弹性来增加盈利

研究表明，满意的客户更愿意为他们得到的产品或服务支付成本，并且更有可能容忍价格的上涨。这意味着企业可以获得较高的毛利率。如果一家企业有较高的客户满意度，并因此具有高于竞争者10%的产品价格，该种产品1年达到10亿元销售额，那么，这家企业由于较高的客户满意度就可多获得1亿元的毛利润。与此相对应，在行业内出现激烈价格竞争的情况下，客户满意度高可以保持较低的降价幅度，减少利润损失；相反，客户满意度低将导致价格弹性增大，致使企业客户追求更低的价格，客户流失率会很高。而要吸引竞争企业的满意客户作为本企业的新客户将会付出更高的成本。

3. 通过降低交易成本增加盈利

任何企业要保持和吸引客户都是有交易成本的。最典型的交易成本是花费在广告、促销、公关以及人员推销等领域。在消费品行业中,这些成本一般占销售额的5%~20%。研究表明,客户满意度高可以降低交易成本,主要体现在以下三个方面:

(1)维护一个老客户的成本大约仅仅是吸引一个新客户成本的1/5。如果一个企业拥有很高的客户满意度,它就拥有固定的老客户群,不需要投入太多的资金来吸引新客户,从而降低交易成本。

(2)满意客户很可能以更高的频率购买更多的产品,并且有可能直接购买这个企业提供的其他产品或服务。

(3)满意客户给企业传播正面口碑的可能性大,而传播负面口碑的可能性很小,而各种媒体也会因此更有可能传递该企业正面的信息,企业所做的广告和促销也将会更加有效。

4. 通过减少失败成本来增加盈利

一个持续一贯地提供客户高满意度产品或服务的企业,在处理产品退货、更换、修理、返工以及处理客户抱怨上所花费的资源更少。

5. 通过提升企业总体声誉来增加盈利

高的客户满意度会给企业带来良好的声誉。对客户来说,试用一个具有良好声誉企业的新产品,风险较小,这使企业在推广新产品时更加容易。声誉对于建立和保持与关键供应商、分销商和使用伙伴的关系也有好处,他们会认为这家企业更加可靠。好的声誉对于企业还有"光环效应",从而有力地帮助企业获得其他的重要资产,如增加品牌无形资产、提高股票市场价值等。

拓展阅读:

"海底捞"火锅服务宾至如归,实现多方满意

优秀的企业,从来都是以客人为主,把客人放在第一位。

一家简单的火锅连锁企业,几乎没有核心技术可言,却通过简单的优质服务拥有了大规模发展和扩张的动力,这就是"海底捞"的成功之处。"海底捞"将创新精神融入普通的火锅行业,从而创造了奇迹。一时间,各行业掀起了一股向海底捞"学管理""学营销""学服务"的热潮。"海底捞"不再是一个小火锅的代名词,转而上升成一种现象。重庆市火锅协会会长、小天鹅集团总裁何勇智也发出号召:我们要学习"海底捞"的服务创新措施,提升重庆火锅产业的消费额附加值和重庆火锅的整体档次。

"海底捞"之所以取得如此巨大的成功,正是得益于其核心技术,以顾客至上为准绳的服务创新。

"海底捞"有一套专属创新,人称"肉麻式服务"。例如,客人入座后,服务人员会立即送上围裙、手机套,就餐期间还会有服务人员不时奉上热毛巾。

在"海底捞",客人能真正体会到"上帝的感觉",这让"海底捞"的客人蜂拥而至。"海底捞"的北京分店大部分时间能保持每晚高达5~6桌的翻台率,支撑这种翻台率的就是"海底捞"独特的等位模式,提前预订或者两三个小时的等位时间已经成为"海底捞"的特色之一。

等待，原本是一个痛苦的过程，"海底捞"却用一套免费服务把这变成了一种愉悦的体验。因为，即使时提供免费服务，"海底捞"也绝不糊弄了事。例如，只要客人打个喷嚏，服务人员便会请厨房做碗姜汤奉上；孕妇到"海底捞"就餐会获赠专制泡菜；如果某位客人非常喜食店内的某类免费食物，服务人员也会主动为其打包一份带走……这就是海底捞的"粉丝"们所享受的"花便宜的钱买到星级服务"的全过程。

（资料来源：黄铁鹰，《海底捞你学不会》，中信出版社2011年版，有删减。）

分析提示："海底捞"的这种用户体验创新时一场对传统的标准化、单一化服务的颠覆性革命，给客户带来宾至如归的体验的同时，促进了自我的成功。

6. 客户满意是企业战胜竞争对手的最好手段

在当今买方占主导地位的市场上，客户对产品或服务能满足或超越他们期望的要求日趋强烈。如他们不但需要优质的产品或服务，同时希望能以最低的价格获得它们，此外还有其他的许多要求。

如果企业不能满足客户的需要，而竞争对手能够使他们满足，那么客户很可能就会叛离，投靠到能让他们满意的企业中去。只有能够让客户满意的企业才能在激烈的竞争中获得长期的、起决定作用的优势。

所以，企业间竞争的关键是比较哪家企业更能够让客户满意。谁能更好地、更有效地满足客户需要，让客户满意，谁就能够营造竞争优势，从而战胜竞争对手、赢得市场。

总之，通过提高客户满意度，企业可以在许多的方面增加盈利水平，从而更有效地实现企业生存与发展的目标。

四、客户满意的实现步骤

（一）第一步，了解哪些因素影响客户满意

客户满意是一种主观的心理感受，从菲利普·科特勒"满意是指个人通过对产品中可感知的效果与他的期望值相比较后所形成的愉悦或失望的感觉状态"的定义中，我们可以看出客户满意是客户期望和客户感知比较的结果。如果客户感知达到或超过客户期望，那么客户就会满意；而如果客户感知达不到客户期望，那么客户就会不满意。很显然，影响客户满意的因素就是客户期望和客户感知。

1. 客户期望

（1）客户期望对满意度的影响。

1）期望是客户满意或不满意的参照标准。客户经常把对某种产品或服务实际表现的感受同他采购前的期望进行比较，当这种感受超过期望时，他是很满意的；当这种感受等于期望时，他刚好满意；当这种感受低于期望时，他是不满意的。人们常说"期望越大，失望也越大"，这表明期望与客户满意度是负相关的关系。

2）期望是客户在购买之前对某种产品或服务未来实际表现的预期，这种预期来自于客户习惯的该种产品或服务的实际表现水平。从心理学角度讲，客户在使用或消费实际的产品或服务后，有将其感受到的满意水平向预期靠拢的心理倾向，以避免实际感受与预期差距太大从而感觉很失望。这种同化作用使得客户在预期水平较高时，满意度也较高；预期水平较低，满意度也较低。如此看来，客户期望与客户满意度又是正相关的关系。

期望对客户满意度的这两种影响互相消长,究竟哪种影响占据主导地位不仅取决于客户自身的性格、态度和生活方式等因素,而且取决于企业产品或服务的各种营销活动。

(2) 影响客户期望的因素。

1) 客户以往的消费经历。客户在购买某种产品或服务之前往往结合他以往的消费经历对即将要购买的产品或服务产生一个心理期望值。

如客户过去吃一份快餐要 10 元,那么他下次再去吃快餐可以接受的价格,即对快餐的价格期望值也是 10 元;如果过去吃一份快餐只要 5 元,那么他下次再去吃快餐可以接受的价格,即对快餐的价格期望值就是 5 元。

也就是说,客户以往的消费经历会影响他下次购买的期望,而对于初次消费的客户来说,由于没有消费经历和经验,他们对产品或服务的期望主要来源于他人的介绍和企业的宣传等。

2) 他人的介绍。人们的消费决定总是很容易受到他人尤其是亲戚朋友的影响,特别是在中国这样从众心理普遍存在的国家,他人的介绍对客户期望的影响远远超出我们的想象。

如果客户身边的人极力赞扬,说企业的好话,那么就容易让客户对该企业的产品或服务产生较高的期望;相反,如果客户身边的人对企业进行负面宣传,则会使客户对该企业的产品或服务产生较低的期望。

3) 企业的宣传。企业的宣传主要包括广告、产品外包装上的说明、员工的介绍和讲解等,根据这些客户会对企业的产品或服务在心中产生一个期望值。如药品的广告宣称服用 3 天见效,那么药品的服用者也就期望 3 天见效;如果广告宣称是服用 3 周见效,那么药品的服用者也就期望 3 周见效。

肆意地夸大宣传自己的产品或服务会让客户产生过高的期望值,而客观的宣传就会使客户的期望比较理性。

2. 客户感知

客户感知是客户在购买或者消费过程中,企业提供的产品或服务给客户的感觉。客户感知的价值实际上就是客户的满意度价值,即客户购买产品或服务所获得的总价值与客户为购买该产品或服务所付出的总成本之间的差额。

(1) 客户感知对满意度的影响。客户对产品或服务等的实际感知值与期望值的比较对客户满意度产生影响。

当客户感知高于客户期望时,客户的满意度就高;当客户感知接近客户期望时,客户刚好满意;当客户感知低于客户期望时,客户会产生不满意。也就是说,客户感知与客户满意是正相关的关系。

如假设 A、B、C 三家企业同时向一个客户供货,假设客户对 A、B、C 三家企业的期望值都是 b,假设 A、B、C 三家企业给客户的感知价值分别是 a、b、c,并且 $a>b>c$。

那么,购买后,客户对 C 企业感觉不满意,因为客户对 C 企业的期望值是 b,但是 C 企业给他的实际感知价值是 c,而 $b>c$,也就是说,C 企业所提供的产品或服务没有达到客户的期望值,因此使客户产生不满。

客户在购买前对 B 企业的期望值为 b,而客户实际感受到 B 企业的产品或服务的感知价值刚好是 b,也就是说,B 企业所提供的产品或服务刚好达到了客户的期望,所以客户对 B 企业是满意的。

客户在购买前对 A 企业的期望值为 b，而客户实际感受到 A 企业的产品或服务的感知价值是 a，而 a>b，也就是说，企业给客户提供的感知价值不但达到而且超过了客户的期望值，从而使客户对 A 企业非常满意。

这个例子说明了客户感知对客户满意的重要影响。

（2）影响客户感知的因素。影响客户感知的因素有客户总价值和客户总成本两大方面：一方面是客户从消费产品或服务中所获得的总价值，包括产品价值、服务价值、人员价值、形象价值等；另一方面是客户在消费产品或服务中需要耗费的总成本，包括产品成本、时间成本、精神成本、体力成本等。也就是说，客户感知受到产品价值、服务价值、人员价值、形象价值、货币成本、时间成本、精神成本、体力成本八个因素的影响。

1）产品价值。产品价值是由产品的功能、特性、品质、品种、品牌与式样等所产生的价值，它是客户需要的中心内容，也是客户选购产品的首要因素。在一般情况下，产品价值是决定客户感知价值大小的关键因素和主要因素。产品价值高，客户的感知价值就高；产品价值低，客户的感知价值就低。

假如产品的质量不稳定，即使企业与客户建立了某种关系，这种关系也是脆弱的，很难维持下去，因为它损害了客户的利益。所以，企业应保持并不断提高产品的质量，这样才能提升产品价值，进而提升客户的感知价值，使客户关系建立在坚实的基础上。

假如产品缺乏创新，样式陈旧或功能落伍，跟不上客户需求的变化，客户的感知价值就会降低，自然客户就会不满意，还会"移情别恋""另觅新欢"，转向购买新型的或者更好的同类产品或服务。为此，日本企业特别崇尚设计的新颖性与使用的舒适性，创造性地把客户所重视的形式与功能结合起来，如本田的发动机、索尼的电子产品等无不如此，从而提升了产品价值和客户的感知价值。

品牌对企业提升产品价值的影响也尤为突出。随着收入水平的提高，客户的需求层次也有了很大的变化，面对日益繁荣的市场，许多的客户产生了渴望品牌的需求，此外，品牌还充当着企业与客户联系情感的纽带。对此，企业可以通过对品牌形象的塑造来提升产品价值，进而为客户带来更大的感知价值。

2）服务价值。服务价值是指伴随产品实体的出售，企业向客户提供的各种附加服务，包括售前、售中、售后的产品介绍、送货、安装、调试、维修、技术培训、产品保证，以及服务设施、服务环境、服务的可靠性和及时性等因素所产生的价值。服务价值是构成客户总价值的重要因素之一，对客户的感知价值影响也较大。服务价值高，感知价值就高；服务价值低，客户的感知价值就低。

虽然再好的服务也不能使劣质的产品成为优等品，但优质产品会因劣质的服务而失去客户。如企业的服务意识淡薄，员工傲慢，服务效率低，对客户草率、冷漠、粗鲁、不礼貌、不友好、不耐心；客户的问题不能得到及时解决，咨询无人理睬、投诉没人处理等都会导致客户的感知价值低。

优异的服务是提升客户感知价值的基本要素和提高产品价值不可缺少的部分，出色的售前、售中、售后服务对于增加客户总价值和减少客户的时间成本、体力成本、精神成本等方面的付出具有极其重要的作用。企业只有不断地提高服务质量才能使客户的感知价值增大。

拓展阅读：

海尔是如何提升服务价值的

企业的服务价值可以通过真诚的服务得以体现。海尔公司正是这样的一家企业，它在经营管理过程中重点抓好以下几个方面。

1. "快乐三全服务"

如今，海尔在全国30多个城市设立了电话服务中心，500多家电脑服务网点，这样海尔就可以为客户提供快速、准确的高标准服务。

（1）全天候24小时服务。24小时电话咨询服务、24小时服务到位、365天服务等。

（2）全方位登门服务。售前详尽咨询服务，售中送货上门，售后建档回访、上门调试、解决各类问题。

（3）全免费义务服务。保修期内维修、服务、材料免费，保修期外也免收维修费。

此外，还开展了"全球化的网上服务"，即在互联网上设立"海尔彩电快乐网站"和电子信箱，国外的用户如发电子邮件向海尔提出服务需求，海尔在世界各地的服务网点保证在24小时内服务到位。

2. 海尔售后服务的一二三四模式

（1）一个结果：服务圆满。

（2）二个理念：带走用户的烦恼，留下海尔的真诚。

（3）三个控制：服务投诉率、服务遗漏率、服务不满率。

（4）四个不满：一个不漏地记录用户反映的问题；一个不漏地处理用户反映的问题；一个不漏地复查处理结果；一个不漏地将处理结果；一个不漏地将处理结果反映设计、生产、经营部门。

正是因为有以上的几大模式，所以海尔不断创出新路子。

（资料来源：宋金格，《服务文化：塑造强势品牌的关键》，有修改。）

思考讨论：海尔的这些服务体现了客户关系管理的哪些真谛？

3）人员价值。人员价值是指企业员工的经营思想、知识水平、业务能力、工作效率与质量、经营作风以及应变能力等所产生的价值。只有企业所有的部门和员工协调一致并成功设计和实施具有竞争性的价值让渡系统，营销部门才会变得卓有成效。因此，企业的全体员工是否就经营观念、质量意识、行为取向等方面形成共同信念和准则，是否具有良好的文化素质、市场及专业知识，以及能否在共同的价值观念基础上建立崇高的目标，作为规范企业内部员工一切行为的最终准则，决定着企业为客户提供的产品或服务的质量，从而决定客户的购买总价值。由此可见，人员价值对企业进而对客户的影响作用是巨大的。

凯马特是美国一家著名的大型折扣连锁店。虽然它的卖场很大，店里陈列的商品品种繁多、价格便宜，但客户如想找店员询问有关问题却不是一件容易的事，因为为了节约人工成本，这里的店员很少，客户在这里虽然满足了购买便宜商品的欲望，但是无法感觉到店员对他们付出的一点点关心，于是在客户心中就产生了被冷落的感觉。也就是说，客户在这里得不到多少人员价值，这使得客户对凯马特的感知价值不高，对凯马特的感觉总不是那么满意。

4）形象价值。形象价值是指企业及其产品在社会公众中形成的总体形象所产生的价值。形象价值是企业各种内在要素质量的反映。任何一个内在要素质量的不佳都会使企业的整体形象遭受损害，进而影响社会公众对企业的评价，因而塑造企业形象价值是一项综合性的系统工程，涉及的内容非常广泛。显然，形象价值与产品价值、服务价值、人员价值密切相关，在很大程度上是上述三方面价值综合作用的反映和结果，包括产品、服务、技术、品牌等产生的价值，以及企业的价值观念、管理哲学等产生的价值，还包括企业"老板"及其员工的经营行为、道德行为、态度作风等产生的价值。

所以，形象价值是企业知名度的竞争，是产品附加值的部分，是服务高标准的竞争，说到底是企业"含金量"和形象力的竞争，它使企业营销从感性走向理性化的轨道。

此外，如果企业形象在客户的心目中较好，客户就会谅解企业的个别失误，而如果企业原有的形象不佳，那么任何细微的失误也会造成很坏的影响。因此，企业形象被称为客户感知的"过滤器"。

美国纽约梅瑞公司把客户介绍给竞争对手的一反常态的做法，既获得了广大客户的普遍好感，又向竞争对手表示了友好和亲善，因此不仅树立了良好的企业形象，还改善了经营环境，因此该公司生意日趋兴隆。竞争对手可说是无所不在，但竞争中不要损人利己、相互拆台、造谣、诽谤、中伤，否则最终只能导致两败俱伤。相反，如果能与对手建立良好的竞争关系，则会塑造一个全新的企业形象而提升客户的感知价值。

5）货币成本。货币成本是客户在购买、消费产品或服务时必须支付的金额，是构成客户总成本的主要的和基本的因素，是影响客户感知的重要因素，对稳定和巩固客户关系有着举足轻重的作用。

客户在购买产品或服务时，无论是有意还是无意，总会将价格与其消费所得相比较，总是希望以较小的货币成本获取更多的实际利益，以保证自己在较低的支出水平上获得最大的满足。

即使一个企业的产品或服务再好，形象再好，如果需要客户付出超过其期望价格很多才能得到，客户也不会乐意。在产品或服务不变的情况下，低价格永远是有吸引力的。因此，如果客户能够以较低的货币成本买到较好的产品或服务，那么客户感知价值就高；反之，则客户的感知价值就低。

6）时间成本。时间成本是客户为想得到所期望的商品或服务而必须处于等待状态的时期和代价。时间成本包括客户等待服务的时间、等待交易的时间、等待预约的时间等方面。

时间成本是客户满意的减函数，在客户价值和其他成本一定的情况下，时间成本越低，客户购买的总成本越小，从而客户感知价值越大；反之客户感知价值越低。激烈的市场竞争使人们更清楚地认识到时间的宝贵，对于一些客户来说，时间可能与质量同样重要。

因此，为降低客户购买的时间成本，企业经营者在经营网点的广泛度和密集度等方面均需做出周密的安排，同时努力提高工作效率，在保证商品服务质量的前提下尽可能减少客户为购买商品或服务所花费的时间支出，从而降低客户购买成本，增强企业产品的市场竞争力。

如今，对客户反应时间的长短已经成为有些行业（如快餐业、快递业和报业）成功的关键因素。

7) 精神成本。精神成本是客户在购买产品或服务时必须耗费精神的多少。在相同情况下，精神成本越少，客户总成本就越低，客户的感知价值就越大；相反，精神成本越高，客户总成本就越高，客户的感知价值就越低。

因此，企业如何采取有力的营销措施，从企业经营的各个方面和各个环节为客户提供便利，使客户以最小的成本耗费取得最大的实际价值是每个企业需要深入探究的问题。

8) 体力成本。体力成本是客户在购买、消费产品或服务时必须耗费体力的多少。在相同情况下，体力成本越少，客户总成本就越低，从而客户的感知价值就越高；相反，体力成本越高，客户总成本就越高，客户的感知价值就越低。

在紧张的生活节奏与激烈的市场竞争中，客户对购买产品或服务的方便性要求也在提高，因为客户在购买过程的各个环节均需付出一定的体力。

如果企业能够通过多种渠道减少客户为购买产品或服务而花费的体力，便可以降低客户购买的总成本，进而提升客户的感知价值。

总之，客户总是希望获得更多的价值，同时又希望付出更低的成本，只有这样客户才会得到较高的感知价值。

（二）第二步，提高客户感知价值

提高客户感知价值主要从两个方面出发：一是提高客户总价值；二是降低客户总成本。实现这两个目标，可以通过创新、价值、质量、服务、速度、品牌等战略途径，这些都是创造客户感知价值的重要因素。不同的企业可以根据不同的情况选择使用各战略途径，以降低客户认知价格或提升客户认知利益，从而为客户创造价值。

1. 创新

只有企业致力于为客户提供更有价值的产品或服务，满足不断变化的客户要求与偏好，从而提升客户认知利益，企业才能获得持续、稳定和健康的发展。客户需求的动态变化要求企业必须进行持续的客户价值创造，使客户感受到企业致力于以更好的方式、更好的产品、更好的服务为他们创造价值，吸引客户不断地重复购买。所以，企业应关注如何顺应客户的需求趋势，不断地根据客户的意见与建议，站在客户的立场上去研究和设计产品，并且利用高科技成果不断创新，不断地开发出客户真正需要的产品，这样就能够不断提高客户的感知价值，从而提高客户满意度。

如本田公司称"我们的客户之所以这样满意，理由之一是我们不满意！"又如，英特尔公司从Intel86、Intel286、Intel386、Intel486、Intel586到赛扬、奔腾系列，无一不是创造了市场奇迹，在不断提升产品价值的同时，提升了客户的感知价值，进而实现客户的满意。

同时，创新也可以构筑竞争者进入的壁垒，有效地阻止竞争对手的进攻。

2. 为客户提供定制化的产品或服务

定制化也称一对一营销，企业建立一种定制化的内部系统并根据客户的不同需求提供不同形式规格的产品以满足他们的特定需求。定制化是一种新的营销形式，企业为客户提供定制化的产品，以满足客户的需要从而吸引客户、保持客户最终达到忠诚的目的。定制化有以下四种基本形式：

（1）合作定制化。企业首先与客户进行沟通和交流以了解他们的需求，确定什么样的产品能满足他们的需要，然后由企业与客户联合设计，最后交与企业进行定制化的生产。

（2）适应定制化。企业为客户提供标准产品，但这种标准产品由标准化的部件和标准化的零件组成，客户可以根据自己的需要对企业产品重新组装，以符合他们的特定要求。

（3）形式定制化。企业为不同的客户提供不同形式的产品。如企业把产品销售给不同的销售渠道商时，根据他们的要求提供不同的包装、尺寸和其他特征。

（4）透明定制化。企业为每一位客户都提供独特的产品而没有告诉客户产品是特定为客户定制的。当客户不愿意重复他们的需要时，透明定制化效果极佳，也是非常有用的。网上书店亚马逊根据客户过去的购书记录通过电子邮件为客户提供定制化的书目推荐就是一个很好的例子。

不同的客户有不同的需要，对产品的具体要求不同，利益关心点也不同，这是传统营销所无法解决的。定制化让客户感到企业关心他们，企业专门为他们开发并符合他们需求的产品。定制化比传统营销方法更容易获得客户的满意和忠诚，企业与客户建立起的关系也更长久。

拓展阅读：

为适应各地消费群体的不同需求，海尔为北京市场提供了最新技术的昂贵的高档冰箱；为广西市场开发了有单列装水果用的保鲜室的"果蔬王"冰箱；海尔冰箱从"大王子"到"小王子"再到"双开门"，为的就是适应上海居民住房很小的现状，后来又为上海家庭生产了瘦长体小、外观漂亮的"小小王子"冰箱。由于满足了不同客户群的需求，客户对海尔的美誉度和满意度得到了大幅度提升，海尔也得到了丰厚的回报。

四川的客户反映，海尔的洗衣机洗地瓜时，经常阻塞出水道。为满足了四川农民轻松洗地瓜的要求，海尔又为四川市场开发了"地瓜洗衣机"，能洗土豆、地瓜。尽管"地瓜洗衣机"的销量不大，但却真正体现了产品开发以客户为导向的理念，因而提高了客户的感知价值和满意度。

（资料来源：陈修齐，《论"海尔"的个性化营销》，有删减。）

思考分析：海尔是如何实现客户满意的？

3. 提供质量优异的产品

通用电器公司总裁韦尔奇说："质量是通用维护客户忠诚最好的保证，是通用对付竞争者的最有力的武器，是通用保持最长和营利的唯一途径。"

众多世界知名品牌的发展历史告诉我们，提高质量是创造客户忠诚的最安全的途径。提高产品质量要以对客户质量属性的评价为基础，着力改进关键的质量属性。质量改进和提高应该是持续不断的过程，因为客户的价值需求是动态的，而这正是创新行为的驱动力，如此才能有新产品或新服务的推出。

产品质量的提高还可以减少由于质量问题而导致的事后处理成本。企业应具有高标准的质量理念，否则只会使企业不断地面临质量难题，并导致某些客户流失。质量改进必须结合客户的需要，要让客户真正感知到企业重视为客户提供可靠的、无缺陷的产品或服务。

美国的哈雷摩托车公司就坚持"质量第一"的信念,其对产品质量的要求是苛刻的,在工业化批量生产、追求规模效应的今天,哈雷摩托车公司仍然坚持手工工艺和限量生产,从而使每一辆哈雷摩托车的品质都很过硬,给每一位车迷都留下坚固、耐用、物有所值的满足感。

4. 塑造品牌

树立企业品牌信誉也是企业提高客户感知价值的好方法。面对日益多样化的产品,客户的品牌偏好也逐步增强,现在许多的客户都习惯于购买品牌产品。品牌已不仅是不同企业产品和服务的一个简单标志,而是企业素质、个性、能力、形象、企业文化、产品质量与特色的综合体。良好的品牌信誉可以提高产品的价值,一方面是具有良好的质量、服务、形象保证,另一方面也是客户身份的标志。许多的客户已经逐渐由产品消费转为品牌消费,这就要求企业在打造产品质量的同时还要努力提高品牌的知名度和美誉度。

如宝洁公司不断进行新产品的开发,以此来满足不同客户的需求,即使是同一品种的产品,如洗发水,宝洁也造就出不同的品牌,如海飞丝、飘柔、潘婷、沙宣等,以此来满足差异化的客户需求,创造差异化的产品价值。

客户对品牌的选择又取决于品牌在客户心目中的形象,良好的品牌形象赋予企业的产品或服务更高的价值,提升了客户的感知价值,进而提升客户的满意度。任何一个有损品牌形象的失误,哪怕是微小的失误,都有可能严重削弱客户的满意度,因此企业要坚持树立良好的品牌形象。

美国哈雷摩托车公司建立的哈雷文化——奔放洒脱、彰显个性、张扬自我、崇尚自由,创造了一个将人性与产品融为一体的精神象征,树立了品牌文化的魅力。学者冯国江分析,哈雷文化从一个侧面记录了美国整整一个世纪从工业到科技、文化雄踞世界的历史。因此,骑哈雷摩托就是对美国精神和美国文化的接纳和认同。对美国人来说,骑哈雷摩托车比遵守法律更能表达爱国精神,正是这样,哈雷摩托车让无数的车迷陶醉、倾倒。

拓展阅读:

哈根达斯为客户创造品牌价值

1989年格兰德·梅特在欧洲知名的富人街区开设了几个优雅的冰淇淋大厅,并塑造了一种高贵、优质、洁净而自然的气氛,使走进这些咖啡馆似的哈根达斯大厅的人都在这个环境里流连忘返。

当哈根达斯进入超市和便利店时,它用具有品牌特征的玻璃门冷冻柜展示不同口味的产品,这些柜子把哈根达斯和其他品牌的产品区分开了,其他品牌的产品一般放在柜子下面或随便放在零售商的冷冻架上,显得无足轻重。哈根达斯这种品牌创建是成功的,在为客户创造品牌价值的基础上,哈根达斯走上了顺利发展的道路。

(资料来源:张会莉,《无法抗拒的"哈根达斯"》,有删减。)

思考分析:哈斯达根是如何创造品牌价值的?你还有哪些创造品牌的好办法?

5. 提升服务价值

对一个企业而言,保证质量和价格优势是根本,但随着购买力水平的提高,客户对服务的要求也越来越高,服务的质量对购买次数的影响越来越大,能否给客户提供优质的服务已经成为提高客户的感知价值和客户满意度的重要因素。有研究资料表明,客户由于对服务不满意而离开企业,比由于价格或产品质量因素而离开的可能性大5倍。这就要求企业站在客户的角度,想客户所想,在服务内容、服务质量、物流配送等方面提高水平。

为客户提供优质服务的基础是企业注重与客户进行信息和情感上的沟通,及时关注客户的感受和满足客户的需求,实现与客户的"双赢"。

如美国总统里根访问上海时下榻锦江饭店,饭店打听到里根夫人喜爱鲜艳的服饰,于是特意定作了一套大红缎子的晨装,里根夫人穿上很合身,她感到很惊喜,对锦江饭店的细致服务自然非常满意;斐济总统身材高大,来华访问期间一直没有穿到合脚的拖鞋,到达上海时也下榻锦江饭店,出乎他预料的是,锦江饭店为他专门定作了特大号的拖鞋,不用说,总统非常满意,而且对锦江饭店留下了深刻的印象。

拓展阅读:

超 越 客 户 期 望

日本东京的一家贸易公司有一位小姐专门负责为客商购买车票的事务,一次她为德国一家大公司的商务经理购买往返东京与大阪的火车票。

不久,这位德国经理发现:每次去大阪,座位总在右窗口,从大阪返回东京,座位总在左窗口。经理问这位小姐,这是怎么回事。这位小姐笑答道:"我想,大家都喜欢日本富士山的壮丽景色,所以我特意安排了座位。您去大阪时,富士山在您的右边,就买了右窗口的票。您返回东京时,富士山在您的左边,我就买了左窗口的票。"

听了这席话,德国经理大受感动,他想,在这样一个微不足道的小事上,这家公司的职员能够想得这么周到,那么跟他们做生意还有什么不放心的呢?于是决定将与这家日本公司的贸易额由400万马克提高到1200万马克。

(资料来源:斐然,《细致入微方显企业制胜魅力》,有删减。)

启示:此案例告诉我们,以客户的管理常常可以从细微处入手,在细微之处彰显企业的独特魅力。

(三)第三步,掌握客户期望

我们清楚,如果客户期望过高,一旦企业提供给客户的产品或服务的感知价值没有达到客户期望,客户就会感到失望,导致客户的不满。但是,如果客户期望过低,可能就没有兴趣消费企业的产品或服务了。

这样看来,客户期望过高、过低都不好。企业要提高客户满意度,就必须采取相应的措施来引导客户消费前对企业的期望,让客户对企业有一个合理的期望值,这样才能吸引客户,又不至于让客户因为期望落空而失望,产生不满。那么,如何掌控客户的期望呢?

1. 不要过度承诺

在一定的感知水平下,如果企业的承诺过度,客户的期望就会越高,从而会造成客户感知与客户期望的差距,因此降低客户的满意水平。可见,企业在宣传中应实事求是,要根据企业自身的产品或服务的实际情况进行恰当的宣传,不能夸大其词,更不作过度的企业难以做到的承诺来欺诈客户。如某品牌的厨房设备承诺保修十年,但当客户要求其兑现其承诺时,企业却难以做到。

2. 留有余地的宣传

如果企业在宣传时恰到好处并且留有余地，或者干脆丑话说在前头，使客户的预期保持在一个合理的状态，那么客户感知就很可能轻松地超过客户期望，客户就会感到"物超所值"而"喜出望外"，自然对企业十分满意。

如日本美津浓公司销售的运动服里就有纸条写着：此运动服乃用最优染料、最优技术制造，遗憾的是还做不到完全不褪色，会稍微褪色的。这种诚实的态度既赢得了客户的信赖，又使客户因为期望值不高很容易达到满意。假如运动服的褪色不明显，客户还会很满意。因此，这家公司每年的销售额都达4亿日元。

留有余地的许诺如果得以实现，将在客户中建立可靠的信誉。正如IBM所说："所做的超过所说的且做得很好，是构成稳固事业的基础。"

企业如果善于掌握客户期望，然后根据具体情况来超越客户期望，就能够使客户产生惊喜，这对于提高客户满意将起到事半功倍的作用。

拓展阅读：

哈根达斯——冰淇淋中的劳斯莱斯

如今的"小资"被称为有车、有房、有款、有型的"四有新人"，穿Levi's，喝在星巴克，唱在"钱柜"，当然还有就是吃哈根达斯冰点了。

哈根达斯被称做是"冰淇淋中的劳斯莱斯"，以高品质著称，其产品畅销世界44个国家，年销售额逾10亿美元。在国内，哈根达斯不仅是高品质，而且是高价位，其"卓尔不群"的营销方式使其成为一种"奢侈消费食品"，被列为"小资"消费方式的榜首。不久前，哈根达斯所属的通用磨坊集团全球CEO斯蒂芬·森格再次强调：哈根达斯目前仍不会由中国制造，也不会在中国建加盟店。

就一种食品而言，其原材料的普遍性决定了基本价值，而附加值不会超过其本身价值太多。但是哈根达斯在中国的价格与其他国家相比可以说是昂贵的。为什么哈根达斯在中国更像个"贵族"呢？它的附加值来源有二：其一，哈根达斯的确是一个历史悠久的著名品牌，以纯正的原料和优雅的消费氛围赢得全球消费者的喜爱；其二，哈根达斯在中国的定位是奢侈食品并以此为核心展开对目标人群的营销轰炸，并以原材料全部空运为由保持其高价位的"合理性"。而后者即是哈根达斯能在中国保持其"尊贵"地位的重要手段——"距离营销"。它的效果是：哈根达斯在美国的普通超市和自动售货机就有销售，很少大张旗鼓地建立店面，而在中国哈根达斯甜品店已达40家，有1000多个零售点。

永远不低下高贵的头。哈根达斯的理论是："由于哈根达斯冰淇淋对于原料鲜奶和奶油的品质要求非常高，目前中国的奶源质量虽然在进步，但是还没有达到我们的要求。"事实真的是这样吗？中国的牛奶哪里差呢？其实原因不在于此，事实上如果哈根达斯在中国的加盟店铺天盖地，就会失去原定的目标消费者，像下面所做的一切"距离营销"就会全部作废了。

哈根达斯进入上海市场之前就认真分析了上海消费者的心态。当时上海人认为：出入高档办公场所的公司白领和金发碧眼的外国人是时尚的代言人。于是，哈根达斯就邀请这些人参加特别活动，吸引电视台、报纸的视线，争相报道，一举把"哈根达斯"定义为时尚生活的代名词。一批在哈根达斯有过"高贵、时尚生活"的人成了其口碑宣传者，很快更多的人蜂拥而至，让消费者觉得物有所值。这种分析消费者心态、口碑宣传的手法被业内认为是哈根达斯的专长，而且极为有效，每进入一个新的城市，它就如法炮制，从未失手。

留住消费者和赢得消费者同样重要，哈根达斯为此下足了工夫。哈根达斯的高档消费定位使得其目标消费群体小而精，为此，哈根达斯几乎从不大张旗鼓地做电视广告，原因是电视的覆盖面太广、太散，对于哈根达斯来说没必要。哈根达斯的大部分广告都是平面广告，而且是在某些特定媒体上刊登大篇幅的广告。如此既节省了广告费，又增加了广告效果，以此锁定那些金字塔尖的消费者。与此同时，哈根达斯还有选择地切入了其他零售渠道，以扩大自己的零售面，例如在上海，它慎重地选择了五六百家超市，进入家庭冰淇淋市场。

哈根达斯为了留住消费者，采取了会员制，每位客户消费累计500元，就可以填写一张表格，成为他们的会员。到目前为止，哈根达斯的数据库里已经有了几万名核心会员的资料。哈根达斯细心呵护每一位重点会员，其结果是在中国市场上这些消费者对其品牌忠诚度之高、之久，很少有其他品牌能及。

其具体策略包括：定期寄送直邮广告，自办"酷"杂志来推销新产品；不定期举办核心消费群体的时尚派对，听取他们对产品的意见；针对不同的消费季节、会员的消费额和特定的产品发放折扣券。

申奥成功之后，哈根达斯邀请了申奥形象大使刘璇出席其举行的公益活动。同时，在上海的瑞安广场和中信泰富等高档写字楼给来来往往的行人派发卡片，卡片里就有一张印制精美的哈根达斯冰淇淋的书签，因为这种小东西往往可以让消费者带回家中，得以较长久地保存，消费者在不知不觉中就有了这种产品品牌的概念。

哈根达斯最经典的动作之一，就是给自己贴上爱情标签，由此吸引恋人们的眼球。

哈根达斯的广告语针对的目标也十分明确："爱她就请她吃哈根达斯"，将甜蜜的味道与爱情结合在一起十分和谐，给情侣消费一个新的理由。相对其他冰淇淋而言，哈根达斯是奢侈的，但是相对于情侣们的其他消费方式它又是廉价的，再加上耗费大量的人力、物力的选址与环境打造，使精心设计的"哈根达斯一刻"带来的浪漫感觉一点都不廉价。

在某年的情人节，哈根达斯把店里、店外布置得柔情蜜意，不但特别推出由情人分享的冰淇淋产品，而且还给来消费的情侣们免费拍合影照，让他们从此对哈根达斯"情有独钟"。

中国巨大的企业购买市场也吸引了哈根达斯。针对中秋节礼品市场，哈根达斯专门开发了价高质优的冰淇淋月饼，向所在城市的各大公司推销，很多公司把这款月饼作为送给普通员工的节日礼物，着实让哈根达斯猛赚了一把。

哈根达斯的销售员还专门带上新鲜的冰淇淋样品跑遍各大公司，让那些主管当场品尝。这种近距离背销的新鲜手法也吸引了一些大客户。有一年，上海对外服务公司——与所有外企有关系的一个公司向哈根达斯订了两万多份产品作为礼物。其实这部分销售额还是小收益，哈根达斯最大的收获是由此接触了这些目标群体，又一次将其触角伸向了目标消费者。

在定位目标市场上，哈根达斯的中国之路延续了该品牌创立之初的市场策略。在很多竞争者以为中国国内的市场正陷于价格战的时候，哈根达斯凭着高超的市场敏感度和营销手段开辟了一个崭新的高端市场，确实值得我们学习。

（资料来源：赵国相，《哈根达斯——冰淇淋中的劳斯莱斯》，有修改。）

问题：一种新的商业经营模式，一种新兴的营销方式，一种创新的经营理念又一次为美国人所领先。我们是否应该深思，我们的企业差距在哪里？我们如何发现无处不在的商机？

五、体验训练

请选择本地区一家连锁超市，制作调查问卷，分析该超市的客户满意度。

任务五　培养客户忠诚

一、任务描述

客户忠诚不仅能给企业带来增值，而且对企业更具成本效益。客户忠诚受客户满意、情感联系、信任度、习惯以及与企业的交易历史等因素的影响。本任务旨在通过学习客户忠诚的相关知识，掌握使客户忠诚的方法。

二、任务导入

泰国东方饭店

一位朋友因公务经常出差泰国，并下榻在东方饭店，第一次入住时良好的饭店环境和服务就给他留下了深刻的印象，当他第二次入住时几个细节更使他对饭店的好感迅速升级。

那天早上，在他走出房门准备去餐厅的时候，楼层服务生恭敬地问道："于先生是要用早餐吗？"于先生很奇怪，反问："你怎么知道我姓于？"服务生说："我们饭店规定，晚上要背熟所有客人的姓名。"这令于先生大吃一惊，因为他频繁往返于世界各地，入住过无数高级酒店，但这种情况还是第一次碰到。

于先生高兴地乘电梯下到餐厅所在的楼层，刚刚走出电梯门，餐厅的服务生就说："于先生，里面请。"于先生更加疑惑，因为服务生并没有看到他的房卡，就问："你知道我姓于？"服务生答："上面的电话刚刚下来，说您已经下楼了。"如此高的效率让于先生再次大吃一惊。

于先生刚走进餐厅，服务小姐微笑着问："于先生还要老位子吗？"于先生的惊讶再次升级，心想："尽管我不是第一次在这里吃饭，但最近的一次也有一年多了，难道这里的服务小姐记忆力那么好？"看到于先生惊讶的目光，服务小姐主动解释说："我刚刚查过电脑记录，您在去年的6月8日在靠近第二个窗口的位子上用过早餐。"于先生听后兴奋地说："老位子！老位子！"小姐接着问："老菜单？一个三明治，一杯咖啡，一个鸡蛋？"现在于先生已经不再惊讶了，"老菜单，就要老菜单！"于先生已经兴奋到了极点。

上餐时餐厅赠送了于先生一碟小菜，由于这种小菜于先生是第一次看到，就问："这是什么？"服务生后退两步说："这是我们特有的某某小菜。"服务生为什么要先后退两步呢，他是怕自己说话时口水不小心落在客人的食品上，这种细致的服务不要说在一般的酒店，就是美国最好的饭店里于先生都没有见过。这一次早餐给于先生留下了终生难忘的印象。

后来，由于业务调整的原因，于先生有三年的时间没有再到泰国去，在于先生生日的时候突然收到了一封东方饭店发来的生日贺卡,里面还附了一封短信,内容是:亲爱的于先生,您已经有三年没有来过我们这里了,我们全体人员都非常想念您,希望能再次见到您。今天是您的生日,祝您生日愉快。于先生当时激动得热泪盈眶,发誓如果再去泰国,绝对不会到任何其他的饭店,一定要住在东方饭店,而且要说服所有的朋友也像他一样选择。于先生看了一下信封,上面贴着一枚6元的邮票。6元就这样买到了一颗心,这就是客户关系管理的魔力。

东方饭店非常重视培养忠实的客户,并且建立了一套完善的客户关系管理体系,使客户入住后可以得到无微不至的人性化服务,迄今为止,世界各国的约20万人曾经入住过那里,用他们的话说,只要每年有十分之一的老顾客光顾饭店就会永远客满。这就是东方饭店营销成功的秘诀。

(资料来源:袁昀,《泰国东方饭店的客户服务》,有修改。)

问题:请你思考东方饭店在培养客户忠诚上有哪些方面值得我们借鉴?

三、知识支撑

在前面的分析中,我们已经发现客户满意对于一个企业是多么重要,但是客户满意不等于客户忠诚,即使客户对企业很满意,他仍然有很多的理由离开企业。现实的市场环境中,激烈的竞争使每一位客户都有广泛的选择空间,无论是否满意,他们都有权选择任何产品。虽然客户满意是促成客户忠诚的重要因素,但是客户对企业表示满意并不意味着一定要对其保持忠诚。所以在赢得客户满意之后,企业最重要的就是将这种满意转化为客户忠诚。

(一)客户忠诚的内涵

客户忠诚的内涵主要可以从以下两个方面来加以理解。

1. 态度取向

态度取向代表了客户对企业产品积极取向的程度,也反映了客户将产品推荐给其他客户的意愿。客户忠诚是指企业的营销行为或品牌个性与消费者的生活方式或价值观念相吻合,消费者对企业或品牌产生情感,甚至引以为豪,并将它作为自己的精神寄托,进而表现出持续购买的欲望。

2. 行为重复

行为重复是指消费者在实际购买行为上能持续购买某一企业产品的可能性,以客户购买产品的比例、购买的顺序、购买的可能性等指标来衡量。这种持续的购买行为可能出自对企业产品的好感,也可能出自于购买冲动、企业的促销活动、客户的购买习惯、转移成本过高或因企业的市场垄断地位客户买不到其他的产品,以及不方便购买其他的产品等与感情无关的因素。

(二)客户忠诚的类型

通过客户忠诚的内涵我们可以将客户忠诚分为以下几种类型。

1. 垄断带来的忠诚

垄断带来的忠诚源于产品或服务的垄断。一些企业在行业中处于垄断的地位,在这种情况下,无论满意与否,客户别无选择,只能够长期使用这些企业的产品或服务。一个典型的例子就是城市居民们用的自来水,一旦我们的家里安装上了自来水管道就必须使用自来水公司提供的服务,即使我们可能对他们的服务很不满意也不可能放弃使用。类似的例子如电力公司等。

2. 亲缘忠诚

企业自身的雇员甚至包括雇员的亲属会义无反顾地使用该企业的产品或服务,这是一种很牢固的客户忠诚,但是很多的情况下,这些客户对该产品或服务并非感到满意,甚至还会产生抱怨。他们选择该产品或服务仅仅是因为他们属于这个企业,或是他们的亲属属于这个企业。客户的这种忠诚我们称为亲缘忠诚。

3. 利益忠诚

利益忠诚来源于企业给予他们的额外利益,如价格刺激、促销政策激励等。有些客户属于价格敏感型,较低的价格对于他们有很大的诱惑力,因此在同类产品中,他们对于价格低的产品保持着一种忠诚。另外,一些企业,尤其是一些新进入市场的企业在推广产品时会突出一些优惠政策,这些政策对很多的客户有着巨大的诱惑力,因此在此期间这些客户往往对这种产品保持着一种忠诚。但这类客户的忠诚是极其不稳定的,一种倾向是客户通过初期的使用慢慢对这种产品真正产生了兴趣,或是对该企业真正感到了满意,所以这种忠诚就变得更加稳定和持久;另一种倾向则是一旦产品的价格上涨或是企业的优惠政策取消后,这些客户就离开了该企业,这种忠诚也就消失了。

4. 惰性忠诚

有些客户出于方便的考虑或是因为惰性会长期地保持一种忠诚,这种情形在一些服务行业中尤为突出。如很多人会长期而固定地在某家超市购物,原因仅仅是因为这家超市离得近;一些采购人员会选择固定的供货商,原因是他们已经熟悉该供货商的订货程序,诸如此类的例子很多。我们将这种由于方便需求或是惰性而形成的忠诚称为惰性忠诚。

5. 信赖忠诚

当客户对企业的产品或服务感到满意,并逐步建立一种信赖关系后,他们往往会形成一种忠诚。这种忠诚不同于前面的几种,它是高可靠度、高持久性的。这一类型的忠诚客户可以看作是企业的追随者和义务推销员,他们不仅仅是个人对企业的产品或服务情有独钟,还会主动将他们感受到的满意告诉自己的亲朋好友,并向人们推荐使用企业的产品或服务。这类客户才是企业最为宝贵的资源,这种客户忠诚也才正是企业最为渴求的。事实上,客户关系管理所要研究并帮助企业最终获得的正是这种信赖程度。

6. 潜在忠诚

潜在忠诚是指客户虽然拥有但是还没有表现出来的忠诚。通常的情况是,客户可能很希望继续购买企业的产品,或是享受企业的服务,但是企业的一些特殊规定或是一些额外的客观因素限制了客户的这种需求。因此,对这类客户企业可以通过了解他们的特殊需要对自己进行适当的调整,将这种潜在忠诚转变为其他类型的忠诚,尤其是信赖忠诚。

以上各类忠诚,其持久性和客户依赖性是不同的,如图3-11所示。

可以看到,在各类忠诚之后,信赖忠诚的客户依赖性和持久性是最高的,因而这是企业最终追求的目标,也是客户关系管理的最终目标。在这里,我们可以简单地这样认为,客户忠诚在狭义上就是信赖忠诚,它实际上是这样的一种结果:当企业为客户提供便利,

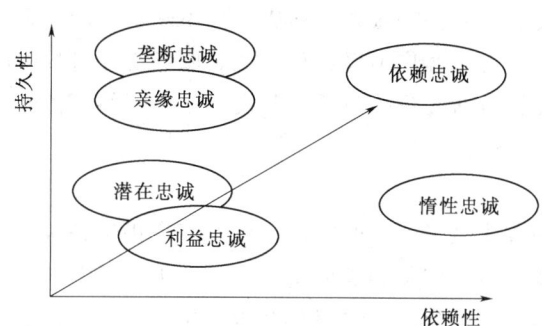

图 3-11 各种忠诚的持久性和客户依赖性

并由此而导致客户能在信赖的基础上保持和增加从该企业的购买行为；当客户在没有诱因也能成为企业的拥护者时，客户忠诚就产生了。正是这样，当企业察觉到客户的各种忠诚之后应当想办法努力将其向着依赖忠诚的方向发展。

（三）客户忠诚的意义

在任何情况下，企业所面临的挑战都在于要给客户一个留下来的理由，这意味着必须要克服价格刺激的诱惑、要增加价格吸引之外的新的价值形式，除了与吸引新的客户有关的一次性成本之外，还有一些额外的因素构成了从长期客户获得利润的潜在来源。

忠诚客户不仅能给企业带来增值，而且对企业更具成本效益。忠诚客户产生的利润增值包括自身购买的基本利润、重复购买的增长利润、运营成本降低的利润、推荐他人购买的推荐利润以及溢价利润，随着与忠诚客户关系时间的延续，忠诚客户给企业带来的利润呈递增趋势。忠诚客户会经常性地重复购买产品并产生关联消费，而且对企业产品或服务的价格保持较低的敏感度。由此可见，客户忠诚价值的最主要和最终的体现是在企业利润的增加方面。

1. 重复购买

忠诚的客户会经常、反复购买某一企业的产品或服务，他们甚至会保持相对稳定的购买频度。而且，在购买某一企业的产品或服务时，选择具有多样性。只要是同一企业的产品或服务，他们都乐于购买。忠诚客户较其他的客户更关心该企业的新产品或新服务。忠诚的客户会排斥该企业的竞争对手，只要他们对该企业的忠诚没有改变，他们将不会注意那些可能更胜一筹的企业，甚至对其不屑一顾。

2. 口头效应和溢价

客户忠诚会提升企业在消费者心目中的形象，多数在接受别人推荐后作出首次服务购买决策的人又会随即推荐给别人。同时有研究证明，在消费者购买决策信息来源中，口碑传播的可信度最大，远胜过公共信息和商业信息对消费者购买决策的影响。因此，忠诚客户主动的推荐和口碑传播会使企业的知名度和美誉度迅速提升。

忠诚客户在与企业关系维系的过程中常常能获得诸如独特的产品与情感需求的满足等较高的价值，因此，他们不像新客户那样对价格敏感，大多数忠诚客户往往因满足需求而愿意支付一定程度的溢价。他们不仅不会计较较高的价格，而且企业对新客户所必须支付的营销成本和服务成本在老客户这里都可以省去。所以，忠诚客户所支付的价格实际上要比新客户的高，因此，企业将会从忠诚客户那里获得比新客户高的利润。

3. 服务成本减小

忠诚客户可以节约企业的营销成本和服务成本。企业赢得一个新客户不仅要付出广告宣传成本、人力成本、时间成本和精力成本等，而且在相当长的一段时间内，这些付出的成本很难在客户的基本贡献中得到补偿。忠诚客户会持续的重复购买产品并将产品向他人进行推荐，给企业带来不断增长的收入，使企业维持忠诚客户的成本呈不断下降趋势，客户的终生价值随着时间的推移而增长。此外，忠诚客户不仅有利于减少服务交互过程中的不确定因素，提高服务效率，还有利于增强针对新客户的新项目开发、服务供给等工作的针对性，从而大大降低新客户开发成本。

4. 有更大的利润空间

虽然必须通过价格手段或者其他激励的方式来吸引新的客户，忠诚客户仍然是企业更大的潜在利润来源，因为他们更愿意支付全价。他们不会等甩卖的时候才去购买，他们也不会在有折扣的时候囤积产品。他们帮助企业扩大化产品和服务全价出售的百分比，这样就提高了企业的营利能力。

经济学家弗雷德丽·雷开尔德和厄尔·萨舍指出，客户忠诚度每增加5%就可以使企业的营利能力翻一倍。这主要是因为80%的销售来源于忠诚的客户。许多的学者认为，忠诚的客户会随着他们的满意度和舒适度的提高而增加他们与这家企业来往的业务量。有些企业甚至声称他们20%的客户创造了120%的利润。这20%的忠诚客户把自己的绝大部分业务都给了这家企业。客户忠诚度的取得依靠的是提供高质量的服务和确保客户完全满意。只有在企业的每个成员都为内部和外部的服务质量以及对客户负起责任的时候，这样的结果才会出现。

20%的客户创造了80%的利润，那么企业是否应该放弃其余80%的客户呢？答案是否定的。直观地讲，尽管表面上看来这些客户并没有创造什么利润，但对于分摊其余的成本、维持企业的大规模生产仍有着重要的作用。从这个意义上讲，他们对企业的贡献同样是积极的。此外，纵使对于80%的无利可图的客户或微利的客户，企业也必须区别对待。对于企业来讲，不仅要考虑当前的客户对企业的利润创造力，还要考虑其潜在客户的盈利性，经过培养，某些当前无利可图的客户完全可能成为企业未来的利润源泉。

（四）衡量客户的忠诚方式

企业在对于客户忠诚的管理中应当设计一系列定量指标来考核工作目标。由于企业的具体经营情况有很大的不同，因此，不同的企业在设计客户忠诚度的量化考核标准时可以从自身各个方面加以考虑，根据实际情况选择合适的因素，并给以不同的权值来得出一个综合评价得分。一些企业通用的和相对重要的考核标准有以下几种。

1. 客户重复购买率

考核期间内，客户对某一种商品重复购买的次数越多，说明对此产品或服务的忠诚度越高，客户保持效果越好；反之则越低。此项指标还适用于同一品牌的多种产品，即如果客户重复购买企业同一品牌的不同产品，也表明保持度较高。由于产品的用途、性能和结构等因素也会影响客户对产品的重复购买次数，因此在确定这一指标的合理界限时，需根据不同产品的性能区别对待，不可一概而论。

2. 客户需求满足率

客户需求满足率是指一定时间内客户购买某商品的数量占其对该类产品或服务全部需求的比例，这个比例越高，表明客户的忠诚效果越好。

3. 客户对本企业商品或品牌的关注程度

客户通过购买或非购买的形式对企业的商品或品牌予以关注的次数、渠道和信息越多，表明忠诚度和保持度越高。

4. 客户对竞争产品或品牌的关注程度

如果客户对竞争商品或品牌的关注程度提高，多数是由于客户对竞争产品的偏好有所增加的缘故，表明忠诚度有可能下降。

5. 客户购买挑选的时间

消费心理研究者认为客户购买商品都要经过挑选这一过程，但由于依赖程度的差异，对不同产品客户购买时的挑选时间不尽相同。因此，从购买挑选时间的长短上也可以鉴别其对某一品牌的忠诚度。一般来说，客户挑选的时间越短，说明其对这一品牌的忠诚度越高，反之则说明其对这一品牌的忠诚度就越低。

6. 客户对价格的敏感程度

客户对企业产品价格都非常重视，但这并不意味着客户对各种产品价格的敏感程度相同。事实表明，对于客户喜爱和信赖的产品，客户对其价格变动的承受能力强，即敏感度低；而对于客户所不喜爱和不信赖的产品，客户对其价格变动的承受能力弱，即敏感度高。所以，可以根据这一标准来衡量对某一品牌的忠诚度。

7. 客户对产品质量问题的承受能力

任何产品都难免会出现质量问题，当客户对于某品牌产品的忠诚度高时，对出现的质量问题会以宽容和同情的态度对待，会与企业合作解决问题，并且不会因此而拒绝再次购买这一产品；反之，若客户忠诚度不高，则会对出现的问题非常反感，有可能会从此不买该产品。

（五）影响客户忠诚的因素

长期以来，人们普遍认为客户满意与客户忠诚之间的关系是简单的、近似的线性关系，即客户忠诚度随着其满意度的提升而增长。然而，许多的企业采取大量的措施提高客户的满意度，希望借此提高客户忠诚度。但是实践和研究发现，客户满意度并不等于客户忠诚度，许多的行业存在高满意度、低忠诚度的现象。如在汽车行业中，有85%～95%的客户感到满意，可只有30%～40%的客户会继续购买同一品牌的产品，这种高满意度、低忠诚度的现象就是所谓的客户满意陷阱。那么客户的满意度和客户的忠诚度有什么关系呢？

满意度衡量的是客户的期望和感受，而忠诚度反映的是客户未来的购买行动和购买承诺。客户满意度调查反映了客户对过去购买经历的意见和想法，只能反映过去的行为，不能作为未来行为的可靠预测。忠诚度调查却可以预测客户最想买什么产品、什么时候买、这些购买可以产生多少销售收入。

客户的满意度和他们的实际购买行为之间不一定有直接的联系，满意的客户不一定能保证他们始终会对企业忠实并产生重复购买的行为。对交易过程的每个环节都十分满意的客户也会因为一个更好的价格更换供应商，而有时尽管客户对企业的产品或服务不是绝对的满意，企业却能一直锁定这个客户。

不可否认，客户满意度是导致重复购买最重要的因素，当满意度达到某一高度会引起忠诚度的大幅提高。客户忠诚度的获得必须有一个最低的客户满意水平,在这个满意度水平线下,忠诚度将明显下降。但是,客户满意度绝对不是客户忠诚的充分条件。

客户满意与客户忠诚之间究竟有何联系?美国学者琼斯和萨瑟的研究结果表明,两者的关系受行业竞争状况的影响,影响竞争状况的因素主要有以下四类:

(1) 限制竞争的法律,如法律规定、电信业务为指定公司专营。

(2) 高昂的改购代价,如患者在治疗过程中转院,或企业在广告协议未完成时更换广告公司。

(3) 专有技术,企业采用专有技术提供某些独特的利益客户要获得这些利益,就必须购买该企业的产品或服务。

(4) 有效的常客奖励计划,如航空公司推出经常旅行者计划,给予常客奖励,刺激他们更多购买机票。

哈佛大学商学院的研究人员发现,当客户在满意度量表中标注最低分值时,基本与产品质量无关,而很大的原因在于客户经历了粗野无理或缺乏起码的礼貌对待。相反,当产品存在严重的缺陷,但客户服务人员表现出极其友善和礼貌的服务态度时,那么客户对满意程度的评价将会大大高于其应得的分值。情感的因素会降低满意度与忠诚度之间的相关性。研究者们还发现,只有最高的满意等级才能产生忠诚。如医疗保健业和汽车产业中,"一般满意"的客户的忠诚比率为23%,"比较满意"的客户的忠诚比率为31%,当客户感到"完全满意"时,忠诚比率达到75%。如施乐公司对办公用品使用者的满意度调查显示"完全满意"的客户在购买后18个月再次购买的概率是"比较满意"者的6倍。

同时,研究还表明在竞争强度较高的产业里,满意度与忠诚度的相关性较小。当客户面对许多的选择时,只有最高等级的满意度才能加强忠诚度。而在垄断的行业里,满意度不起什么作用,客户不得不保持很高的忠诚度。下面就不同竞争条件下的客户满意度对客户忠诚的影响进行说明。

1. 高度竞争条件下客户满意度对客户忠诚度的影响

在一般的客户满意度调查中,常用1~5分的尺度来衡量客户满意程度。1~5分依次表示非常不满、不满、一般、满意和非常满意(完全满意)。通过对施乐公司的实证研究,在高度竞争条件下发现了"质量不敏感区"(Zone of Indifference)的存在(图3-12),基本满意和满意(客户满意度低于4分)的客户的忠诚度都是很低的,只有非常满意(客户满意度高于4分)才表现出极高的重复购买率和口碑传播意愿,非常满意客户的忠诚是满意客户的6倍。

在图3-12中,曲线的中间部分变化较平缓,它所反映的是在此范围内客户满意程

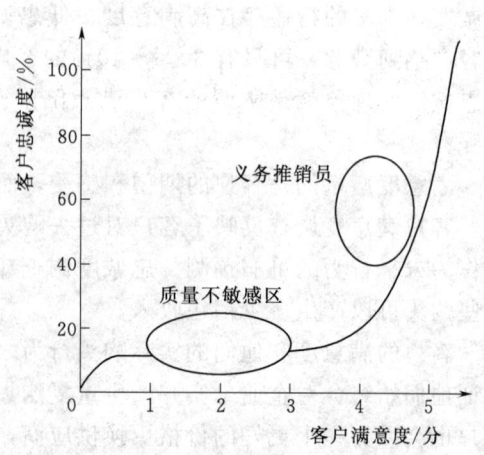

图3-12 高度竞争条件下客户满意度和客户忠诚度关系

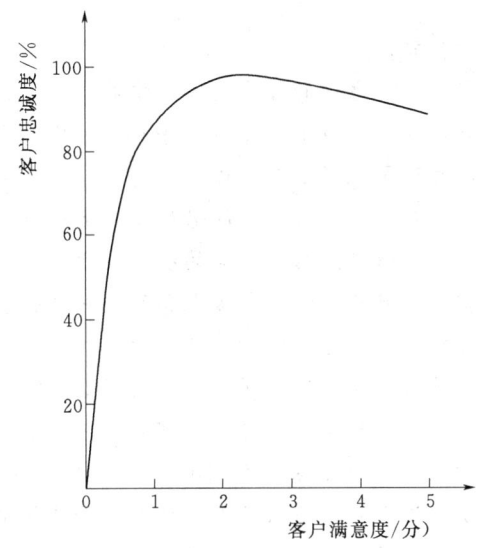

图 3-13 低度竞争条件下客户满意度和客户忠诚度关系

度的变化并不会引起忠诚度较大的变化,究其原因是市场处于高度竞争条件下,不同企业的产品和服务在满足客户需求方面虽然有所不同,但由于缺乏对客户的独特的吸引力,致使客户难以对某一产品和服务产生特别的好感而萌发重复购买的热情。这就是在客户满意情况下,客户忠诚度变化不大的原因。图 3-12 中曲线右边部分反映出非常满意时客户忠诚度迅速提高的变化趋势。

2. 低度竞争条件下客户满意度对客户忠诚度的影响

在低度竞争条件下,客户满意程度对客户忠诚度的影响较小(图 3-13)。因为市场上没有可替代品,不满的客户很难跳槽,他们不得不继续购买企业的产品或服务。但客户心里并不喜欢这家企业的产品或服务,他们在等待机会,一旦能有更好的选择,他们将很快跳槽。这种表面上的忠诚是虚假的忠诚,有一定的欺骗性。因此,处于低度竞争情况下的企业应居安思危,努力提高客户满意度,否则一旦竞争加剧,客户大量跳槽,企业就会陷入困境。

3. 转移成本存在的情况下,客户满意度对客户忠诚度的影响

近年来,有关客户关系管理的文献研究表明,转移成本对客户忠诚的影响作用已经引起人们的广泛关注。转移成本是指客户因转向购买其他产品或服务而发生的成本。客户和企业之间的关系持续可能不是因为忠诚的感觉,而是因为在转换现有企业和发展新关系的过程中需要付出时间、财力和精力成本或者是因为缺乏可供选择的企业。

随着转移成本的提高,客户对满意度的敏感性降低。由于转移成本使客户在转换现有企业过程中感知较高的成本,因此其在客户维系中发挥重要作用。由于转移成本的存在,客户满意与客户忠诚通常会呈现不同的转换关系特征。因此,我们所观测的客户忠诚或许是因为客户满意,或许是由于较高的转移成本,使客户难以转换现有企业;同样,我们所观测的客户非忠诚可能因为客户不满意,或者是因为客户拥有较低的市场转移成本,客户能够比较容易地做出转换行为的决策。

转移成本对客户满意与客户忠诚关系的调节作用受市场结构影响。

(1)在完全垄断市场结构中,由于市场上没有可替代品,转移成本对客户满意和客户忠诚的影响很小。

(2)在寡头垄断市场结构和垄断竞争市场结构中,市场中有可替代品,但是如果替代品很少时,转移成本就会变得十分重要。

(3)在完全竞争结构中,市场中会有很多可供选择的企业,较低的转移成本使客户轻松做出转换决策,因此,客户不满意可以随时转换企业,或者即使满意也不一定会忠诚。

拓展阅读：

忠诚客户靠培养

企业的忠诚客户不是靠几次出色的营销就能获得的，忠诚的客户是需要培养的。

日本一家化妆品公司设在百万人口的大都市里，这座城市中的学校，每年都送出许多即将步入黄金时代的少女。这些刚毕业的女学生，无论是就业还是深造，都将开始一个崭新的生活，她们脱掉学生制服，开始学习修饰和装扮自己。这家公司的老板了解了这个情况后，于是每一年都为女学生们举办一次服装表演会，聘请知名度较高的明星或模特儿现身说法，教她们一些美容的技巧。在招待她们欣赏、学习的同时，老板也利用这一机会宣传自己的产品，表演会结束后他还不失时机地向女学生们赠送一份精美的礼物。

这些应邀参加的少女，除了可以欣赏到精彩的服装表演之外，还可以学到不少美容的知识，又能个个中奖，人人有份，满载而归，真是皆大欢喜，因此许多人都对这家化妆品公司颇有好感。这些女学生事先都收到公司寄来的请柬，这请柬也设计得相当精巧有趣，令人一看就很向往，哪有不去的道理？因而大部分学生都会寄回报名单，公司根据这些报名单作准备。据说每年参加的人数，约占全市女性应届毕业生的90%以上。

在她们所得的纪念品中，附有一张申请表，上面写着：如果您愿意成为本公司产品的使用者，请填好申请表，亲自交回本公司的服务台，就可以享受到许多优惠。其中包括各种表演会和联欢会，以及购买产品时的优惠价等。大部分女学生都会响应这个活动，纷纷填表交回，该公司就把这些申请表一一加以登记装订，以便事后联系或提供服务。事实上，她们交回申请表时，或多或少都会买些化妆品回去。如此一来，对该公司而言，真是一举多得。不仅吸收了新客户，也提高了客户忠诚度。

（资料来源：http：//apps.baidu.com/share/2011-8-25，有修改。）

思考：

（1）如何看待化妆品公司实施的这种客户关系管理策略？

（2）培养忠诚客户对公司营销有何意义？

（3）本案例值得总结的经验有哪些？

四、客户忠诚的实现决策

（一）第一步，认识到客户忠诚的重要性

企业如果想真正做到"尊重客户，以客户为中心"，就必须首先从思想上认识到客户的重要性，这是赢得客户忠诚的基础与前提。要让企业的每一个人不仅仅是知道、懂得，而且要从思想上意识到：客户是我们的"衣食父母"，客户是每个月为我开工资的人，能够满足客户的需求是企业的荣耀，并由此真正能够将"以客户为中心"贯彻到自己的行动中去。

（二）第二步，赢得企业员工的忠诚

企业员工是客户忠诚计划的主体，是实施者。企业赢得客户的前提是首先必须赢得自己的员工，不能设想一个人心涣散的员工群体能赢得客户的信赖。员工的忠诚主要包括两个方面：一是员工在工作中尽职尽责；二是员工对企业忠诚，不会轻易流失、跳槽。

（三）第三步，赢得企业高层人员的支持

建立客户忠诚计划是一个从上而下的过程，需要企业领导各方面的支持。无论是资金

任务五 培养客户忠诚

的投入，还是人员的配备上，如果没有企业高层领导的支持就很难进行下去。在建立客户忠诚计划的过程中，需要企业的高层管理人员精心组织实施，进行各方面的协调统一。除此以外，他们本身应当成为这一过程中非常重要的一个组成部分和决定因素，他们不是局外人。所以说，赢得了高级管理人员的支持，就打通了通向客户忠诚的道路。

企业的高层管理人员可以采取以下方式接近客户，为普通员工做出表率：与具体接触客户的员工交流；出席为赢得客户忠诚而举行的会议，并明确表达自己的观点；参加有关与客户交流的活动。

（四）第四步，赢得客户的信赖

客户的满意、愉悦和信赖是形成客户忠诚的最主要因素和关键，所以企业在这方面要积极努力，采取各种措施。

企业要不时地提高客户的购买兴趣。保持客户对企业的兴趣很重要，它可以使客户对企业始终保持关注。提高客户兴趣的方法有很多，有奖销售，明星助阵的广告牌，改变产品的颜色、形状，增加产品的附加功能，这些都是提高客户兴趣的好方法。但是，这些都是短暂且不牢固的，只能起到一时的作用。最为有效的措施还是通过自己优质的产品和服务来吸引客户。要无微不至地考虑客户的需求，并竭尽全力满足他们，这样做的结果不仅仅是让客户感到一种满足，更重要的是能够让客户对企业充满感激。一般来说，满意的客户乐意将自己的感受告诉他所熟知的人。所以企业应当牢记：客户的口碑，尤其是老客户的口碑，是最容易吸引新客户的。

拓展阅读：

新客户忠诚度的强化服务

黄女士决定买一辆车，而且想买一辆好车，最初，她定下的目标是一辆日产车，因为她听朋友说日产车质量较好。

在跑了大半个北京城、看了很多售车点并进行反复的比较后，她却走进了她家附近一个新开的上海通用汽车特约销售点。接待她的是一个姓段的客户服务员。一声亲切的"你好"，接着是规范地请坐、递茶，让黄女士感觉相当热情。仔细听完黄女士的想法和要求后，段先生陪她参观并仔细地介绍了不同型号别克轿车的性能，有时还上车进行示范，请黄女士体验。对于黄女士提出的各种各样的问题，段先生都耐心、形象、深入浅出地给予回答，并根据黄女士的情况与她商讨最佳购车方案。

黄女士特别注意到，在去停车场的看车、试车的路上，天上正下着雨，段先生熟练地撑起雨伞为黄女士挡雨，却把自己淋在雨里。在这一看车、试车的过程中，黄女士不仅加深了对别克轿车的了解，还知道了别克轿车的服务理念及单层次直接销售的好处，她很快就改变了想法，决定买一辆"别克"。

约定提车的那一天，正好是中秋节。黄女士按时前来，但她又提出了新的问题：她自己开车从来没有上过马路，况且又是新车，不知如何是好。段先生想了想，说："我给您开回去。"由于是中秋节，又已经接近下班时间，大家都赶着回家，路上特别堵。短短的一段路，竟走了近两个小时，到黄女士家时已经是晚上六点半了。在车上，黄女士问："这也是你们别克销售服务中规定的吗？"段先生说："我们的销售服务没有规定必须这么做，但是我们的宗旨是要客户满意。"黄女士在聊天当中得知段先生还要赶往女朋友家吃饭，所以到家后塞给他一点钱，让他赶紧打车走。段先生怎么也不肯收，嘴里说着"没事，没事"，一会儿就不见踪影了。

一段时间后，黄女士发现汽车的油耗远大于段先生的介绍，每百公里超过了15升。他又找到了段先生询问原因，段先生再一次仔细讲解了别克车的驾驶要领，并告诉她省油的"窍门"，还亲自坐在黄女士旁边，耐心地指导她如何操作。兜一圈儿下来，油量表指示，百公里油耗才11升。

这样，黄女士和其他别克车主一样，与段先生成了熟悉的朋友。她经常会接到段先生打来询问车辆的状况和提供咨询的电话，上海通用汽车按时寄来季刊《别克车主》。黄女士逢人便说：别克车好，销售服务更好！

（资料来源：http://www.doc88.com/p-580717973665.html，有修改。）

阅读提示：

段先生用自己的行动把黄女士这个原本打算买一辆日产车的新客户变成了忠实于别克汽车的老客户。

首先，接待新客户方面，段先生做到了让客户感觉温馨、亲切，为接下来与客户建立客户关系管理奠定了基础。

其次，切实为客户着想，哪怕是牺牲自己的时间也要帮助客户解决难题，使客户满意。

再次，客户遇到任何麻烦，都能耐心细致地给客户讲解。

最后，要与客户保持沟通，询问产品的使用管理情况。

（五）第五步，保持与客户的接触，发现客户的需求

企业应当制订详细的计划，有意识地多和客户接触。企业与客户的接触应该被企业升华为一种心与心的交流。通过接触，客户可以更好地了解企业，企业也能够更好地了解他们，从而实现双方的互动。通过相互交流建立起一种朋友式的"双赢"关系。另外，企业可以通过接触展示自己的企业文化，为自己做宣传，表明自己对客户的尊重。通过这种接触，企业也可以了解客户当前的需求，以便于制订更有针对性的销售策略，更好地为客户服务。与客户接触，企业要采取主动。

拓展阅读：

摩托罗拉和迪斯尼的客户俱乐部

摩托罗拉在它的网站上很早就开设了"摩托罗拉俱乐部"，只要是摩托罗拉的用户都可以随时加入，一旦加入，不仅意味着在售后服务和购买配件时可以得到更周到的服务和更优惠的价格，而且还是享受优质的客户关怀的开始。陆续的各种活动和抽奖以及年终赠送的礼品都会使客户有意外的惊喜，虽然这些奖品和礼品并不昂贵，但足以体现摩托罗拉的细心以及对客户的重视和关怀。不仅如此，俱乐部的会员卡还可以作为消费的折扣卡，让每个客户享受到最真挚的服务，从而得到客户的普遍赞扬。正是这样，摩托罗拉赢得了众多客户的忠诚。

同样，迪尼斯也把客户俱乐部当做创造和维护良好的客户关系的战略武器，600万迪斯尼乐园优惠卡的持有者能够得到一份特别的杂志，在购买门票和商品时可以打折，与迪斯尼的合作伙伴如德尔塔航空公司和全国汽车租赁公司交易时，也可以享受特定优惠。迪斯尼还经常与俱乐部会员交流，鼓励他们及其家人经常到迪斯尼乐园游玩。总之，客户俱

乐部使迪斯尼获得了大批忠诚和稳定的客户。

（资料来源：吴晓燕、张辉，《"MOTO"作秀总难免——摩托罗手机市场营销案例》，有修改。）

启示：获得忠诚的客户的形式多样，同样，不同的方式和方法可以了解到各种客户的不同需求。

（六）第六步，重视客户的意见，建立起有效的反馈机制

建立有效的反馈机制非常重要，企业面临的不是与客户的一次性交易，而是长期性的合作。一次交易的结束正是下一次新的合作的开始。事实上，客户非常希望能够把自己的感受告诉企业，而友善、耐心地倾听能够极大地拉近企业和客户之间的距离。反馈机制就是建立在企业和客户之间的一个桥梁，通过这一桥梁，客户与企业双方能够更好地沟通感情，建立起相互间的朋友关系。

大凡成功的企业都有一个秘诀：善于倾听客户的意见，并善于发现这些意见中有用的市场信息和客户需求，及时将其转化为新的商机。

建立客户反馈机制的方法很多，企业应当对客户公开自己的电话号码，并在企业内部设立独立的机构处理客户的反馈意见。另外，还应形成制度，定期派人主动接触客户，获取他们的反馈信息。

（七）第七步，妥善处理好客户的抱怨

在倾听了客户的意见，并对他们的满意度进行调查之后，就应当及时妥善地处理客户的抱怨，这也是赢得客户信任和忠诚的极有效的方法。客户的抱怨并不是麻烦，企业也决不能因此而感到沮丧和失望。相反，成功的企业会把客户的抱怨看做是自身发展的新机会，也是赢得客户的重要机遇。

（八）第八步，开发适应客户需求的新产品

做到以上几点以后，企业已经掌握了很多来自客户的信息。对于这些信息，企业要仔细进行分析，找出其中最有价值的部分，并根据这些信息进一步改进自己的产品或服务。通过这些信息，企业还可以发现和开拓新的市场空间，开发出适应客户的需求，反映市场趋势的新产品。

以上这些步骤是一个循环前进的过程，前一轮工作结束正是新一轮工作的开始。企业应当将这些步骤看做是一个有机的整体，不断地满足客户的需求，赢得客户的信任，在这个循环的过程中逐步提高自己的客户忠诚度。

拓展阅读：

<h3 style="text-align:center">与不同类型的客户进行有效沟通</h3>

漫听型——导入对方感兴趣的话题。

浅听型——简明扼要地阐述自己的观点。

技术型——提供事实和依据。

积极型——多进行互动反馈。

支配型——快速步入正题。

分析型——说话方法和态度要更加正式。

表达型——给他充分的时间表达自己。

和蔼型——建立亲密的个人关系。

五、课后训练

(一) 客户体验

客户体验1：

情景：上海豫园附近的一个餐馆，他们不知道自己的"潜在客户"在哪里，也没有名单。大部分人做生意就是这样，在大街门口开了一个店，整天坐在那等，希望有人一不小心就"撞"进你的大门。

你的做法是什么？

(1) 客户信息管理体验的目的。通过本次课堂练习，获得收集客户信息的感官体验，实践收集客户信息的渠道，深刻领会收集客户信息在客户关系管理中的重要意义。

(2) 练习要求。学生分组模拟情景，分别扮演餐馆服务员和客人，先由各小组讨论如何让客户留下信息，再由各小组派一名代表说明自己小组的做法，然后进行情景模拟演示，展示获得客人信息的渠道。

(3) 教师点评。

客户体验2：小米公司的微博客服

溪水喧哗@小米公司：小米之前承诺一周之内发货，而且是按照付款的顺序发货。我是23日中午抢购到的小米，下午3点之前付的款，居然29日下午都没有出单，而且打了一个下午的客服电话4001005678都没有人接听。我在微博上一看，很多人和我情况一样。经过如下一番讨论之后，昨晚8：20收到小米深圳发货的短信通知，今天8：00到10：00陆续收到小米的取货通知，11：00之前拿到手机了。不知道是不是还有人的手机没有发货，我也能理解小米商家有他们自己的难处，但既然是通过这种营销手段占领市场，那么就要有处理后续问题的能力。我拿到了小米，不能算胜利，也无所谓欢喜。只是觉得，作为老百姓，保障自己的权益很难。

小米公司回复溪水喧哗：您好，可能是400客服热线较忙，抱歉给您带来不便，谢谢理解！

溪水喧哗回复小米公司：我打了一个下午，都不是忙音，而是没人接。而且当初承诺一周之内发货的，我在微博上看到，相信你也看到了，很多人都抱怨没有及时发货。求解释。

小米公司回复溪水喧哗：谢谢您的反馈。我们会提交有关人员查询400热线的情况，抱歉刚收到您的订单：1121023094478925，已为您催促，我们会加急发货，谢谢您的理解。

溪水喧哗回复小米公司：这不是我的订单号，我的订单号是：112102309447892501，不知道你们这次是出了什么问题，严重影响了我对小米原先的信任和好感。

小米公司回复溪水喧哗：您好，是同一订单，后面加上01是发货单号，是一样的。刚刚已为您催促，400热线现在确实较忙，所以可能一直占线，抱歉给您带来不便！

(资料来源：http://blog.sina.com.cn/s/blog_511f90101d1ph.html，有修改。)

讨论题：

(1) 小米公司的微博客服有什么特点？

(2) 结合小米公司的微博客服，谈一谈微博客服的优势和不足？

客户体验3：京东和腾讯"闪婚"

2014年5月，京东集团对外宣布，京东在微信平台的"购物"一级入口启动上线，并陆续向全国微信用户开通。腾讯的进入，一方面为京东做了强大的背书，另一方面也成为京东与阿里竞争的最大变数。

与腾讯的结盟，京东获得一份厚重的背书，对其以较高估值成功上市功不可没。在这场交易中，华兴资本的角色是京东的财务顾问。

京东上市一周后的一天，全程参与京东和腾讯谈判的华兴资本董事王力行，"力所能及"还原了"闪婚"的内幕。经中间人牵线，双方2013年年底开始试探性接触，2014年春节后，数十人的团队进驻北京四环保福寺桥南的一家四星级酒店落实战略合作细节。在阿里即将赴美大规模融资，京东第一轮询价未获理想估值的情况下，双方高层对合作必要性的共识度极高。在要不要合作这件事情上，双方没有浪费时间。谈判中耗时最长的，不是价格，而是双方业务的合作细节。尽管时间紧迫，而且微信为京东导流的效果也不确定，但双方签订的并非意向性"敞口协议"，可以说把能确定的都确定了下来，如京东的入口放在微信哪个页面，其形状、大小如何，支付流程怎样等。"最后基本上京东得到了它想要的。"

由于腾讯三块电商的规模不小，而且涉及6000名员工，关于业务平稳过渡、人员安排等细节的商谈，也耗费了大量时间。

（资料来源：王鑫，《客户服务实务》，有删减。）

讨论题：

(1) 京东为什么要寻求与腾讯合作？

(2) 从客户信息管理角度看，京东和腾讯"闪婚"对双方的意义是什么？

训练要求：

(1) 学生先分组讨论，轮流发言，每位小组成员都要进行讨论记录，讨论结束进行小结，再由各小组派一名代表进行总结发言。

(2) 课后每位同学根据讨论情况和自己的理解，完成一篇案例讨论总结报告，上交给老师。

(3) 根据本项目各阶段学习情况，在小组内完成职业核心能力的自评和互评。

（二）技能训练

(1) 客户将其对一个产品或服务的可感知的效果与他的期望值进行比较后，所形成的愉悦或失望的感觉状态称为_____。

(2) 客户信息收集的渠道主要有_____渠道和_____渠道。

(3) 客户信息类型包括_____类信息、_____类信息、_____类信息。

(4) 客户档案的内容包括_____和_____。

(5) 客户忠诚有不同的类型，并非所有的忠诚都是好的，企业要关注真正有价值的忠诚客户。_____是来源于一种内心的体验和感情，是一种牢固的忠诚。

（6）客户细分一般参照_____、_____、_____等因素进行。

（7）通过_____可以让企业的目标客户放松，从而增强沟通的效果。

（三）能力测评

职业核心能力	评价指标	是否提高	
沟通交流能力	能够有效地和他人沟通	是	否
	在沟通中能够灵活应变	是	否
解决问题能力	能够有效使用现有资源	是	否
	能够客观分析事物的现状	是	否
	能够及时发现问题并提出解决方案	是	否
团队合作能力	能够尊重他人的观点	是	否
	能够与他人共同完成任务	是	否
设计创新能力	能够提出新颖有价值的观点	是	否
	思维方式多变、灵活	是	否
	在解决问题时，有创新的思维和意识	是	否
自我学习能力	能够合理安排自己的时间	是	否
	能够约束自己学习	是	否
	能够对所学知识灵活运用	是	否
信息处理能力	能够有效掌握现有信息	是	否
	对信息有处理、挖掘意识	是	否
	能够有效利用现有信息资源	是	否

学生签字：　　　　　　　　　教师签字：　　　　　　　　　年　　月　　日

（四）拓展训练

假如你是一位营业员，需要记录客户的个人资料。客户资料一般分为两部分：一部分为基本资料，另一部分为特别资料。请你列出客户的基本资料和特别资料。

1. 基本资料：

_____

_____。

2. 特别资料：

_____

_____。

项目四

客 户 服 务

本项目描述

本项目的任务是用正确的服务意识、服务语言为客户提供全面的综合服务项目，在客户对产品和服务不满提出投诉时，用正确的步骤和技巧处理客户投诉，同时留下好的印象。

知识目标

(1) 了解客户服务在客户关系管理中具有的重要意义。
(2) 掌握客户服务的内涵及范畴。
(3) 了解客户投诉的意义。
(4) 懂得客户投诉的原因及心理诉求。

技能目标

(1) 能运用客户服务方法和技巧为客户解决问题。
(2) 能运用投诉处理的步骤和技巧解决顾客投诉。

素质目标

(1) 培养学生树立优质、细致、专业的服务意识
(2) 培养学生建立积极进取、不轻言败的良好心态。

任务一 客 户 服 务

一、任务描述

客户服务在客户关系管理中有重要意义，企业管理者需要明确客户服务的工作内容和范畴，掌握做好客户服务工作的方法、技巧以及注意事项。

二、任务导入

美国工兵的客户服务

客户服务在争取和维持客户方面具有积极作用，而中国客户服务的运用范围还比较窄，且不够深入，值得向国外的先进经验学习。

在美国不仅商业活动中重视客户服务，在公共项目的施工中也注重客户服务。例如美国陆军第八师在修建水利工程时，客户服务人员给工地附近的居民逐一地打电话，在电话中通过录音系统做好和周边居民的沟通和服务。

"你好吗？夫人。请原谅打扰您。"

"我们在炸掉这座水坝让河改道的过程中，不可避免地会产生一点尘土和噪声，敬请谅解。"

"我们准备在我们施工区的外围栽种一些花草树木，您不反对吧？很高兴为您服务。"

"如果您能顺便填写这份市民满意度调查，我们会非常感激。我们非常希望成为您在做决定时的帮手，祝您快乐。"

这段录音是美国工兵第八师在修建水坝之前，给施工区辐射周边居民每家打的一个电话。他们专门设有一个客户服务部门，而且是经过专业培训的客户服务部门，专门负责给客户打电话。

在中国，居民周边的工程建设随处可见，早晨起来出门，发现在修路，挺好的路刨了一条沟，有些指示牌写着"前方施工请绕行"。现在好像比原来改进了一些，字也比原来多了一点："前方施工请您绕行，由于施工给您带来不便，请您谅解。"多了的这句话就是客户服务的语言。这就开始有了一点点客户服务意识。我们经常在新闻里听到某某施工工地彻夜施工扰民，人们睡不着觉，到处投诉。采访施工单位，施工单位觉得他们所做的一切是理所应当的，周边的居民应理解我们才对，而不是我们去理解居民。

这就是中国的客户服务和世界先进客户服务水平的巨大差异。

任务分析：请问工程施工需要进行客户服务吗？客户服务应该怎样进行，服务意识怎样体现？

结论：工程施工也需要做"客户服务"。服务语言是服务意识的表现。客户服务是一种无形的产品。

三、知识支撑

（一）客户服务在客户关系管理中的重要意义

客户服务是一次营销的最后过程，也是再营销的开始，它是一个长期的过程。要树立这样一个观念，客户到我们这开户完毕后并不等于营销工作完成了，而是下一次营销的开始，正所谓："良好的开端等于成功的一半。"

客户服务过程中能够进一步了解客户和竞争对手更多的信息。客服人员更像一个深入客户那里的考察者，客服人员一定要珍惜这个机会，以便能通过服务为公司带回更多的信息。你要清楚你能够垂手而得的信息可能就是营销过程急需而无法得到的。

客户服务能与客户进一步增进感情、为持续营销打下基础。一个好的客户服务人员，总能够给客户留下一个好的印象，能够与不同类型的客户建立良好的关系，甚至成为朋友，实际上，你已经为下一次的合作增加了成功系数。当然这需要有扎实的技术功底、良好的职业道德和服务技巧。

客户服务是一种广告，是为公司赢得声誉的关键环节。市场的规律已经证明，企业的声誉积累很大程度上来源于客户服务。

客户服务的过程也是我们积累经验、提高技巧、增长才干的过程。

（二）客户服务的概念

客户服务是一种无形的产品，而不是普通意义上的产品。服务产品是无形的，服务是虚的，看不见摸不着。而普通意义上的产品是有形的，看得见摸得着。在卖服务产品的时候，只能通过语言描绘。告诉你购买这个服务产品以后，你能得到什么样的服务，但是没有办法让你看得见摸得着。所以现在，就在研究如何把无形产品变为有形产品。怎么才能变成有形产品呢？就是把一种无形的东西通过客户服务人员，通过服务的环境，通过各种方便服务的方式，来把它变成有形的产品。

具体来说，客户服务是根据客户本人的需求使他获得满足，而最终使客户感觉到他受到重视，把这种好感铭刻在他的心里，成为企业的忠实的客户。

例如很多企业在做的"客户定制"就是客户服务的一种形式。客户不要求千篇一律的产品，客户要求有个性的产品，所以很多公司提出可以为您提供量身定制，根据您的需求来定制您的产品。因为客户每个人的个性性格不一样，而真正的客户服务是依据客户不同的个性的提供令客户满足的服务，这才是最佳的客户服务。

卖服务卡的，像月卡、季卡、年度卡、贵宾卡等，这是一种服务，而这种服务原本是无形的。你有了这张卡之后，消费可以打八折，这是一种承诺。但是有的企业会把这种承诺制作成一张很精美的卡片送给你，这张卡本身没有意义，那为什么要花钱做张卡？只要答应你，做个登记，以后你来的时候八折优惠不就可以了吗？这张卡就是把无形的服务变成有形服务的一种载体，让你感觉到这个东西是有形的。

实践练习：下面一些例子，哪些是客户服务？哪些不是？
(1) 在零售商店里边很快就得到店员的热情的问候。　　　　是（　）否（　）
(2) 复印机坏了，修理人员能在打电话后的一个小时就赶来修理。
　　　　　　　　　　　　　　　　　　　　　　　　是（　）否（　）
(3) 买了一件衣服，回来以后又不喜欢了，当你去换的时候，店员没有"白眼"。
　　　　　　　　　　　　　　　　　　　　　　　　是（　）否（　）
(4) 呼机没有收到信号，打电话投诉时，得到真诚的道歉和及时的解决。
　　　　　　　　　　　　　　　　　　　　　　　　是（　）否（　）
(5) 在超市里，为寻找一件小商品而发愁的时候，有人能够及时地为你指引。
　　　　　　　　　　　　　　　　　　　　　　　　是（　）否（　）
(6) 乘火车出行的时候，列车员主动帮你提很重的行李上车。
　　　　　　　　　　　　　　　　　　　　　　　　是（　）否（　）
(7) 买车票的时候，售票员耐心提供咨询。　　　　是（　）否（　）
(8) 在银行填错取款单时，营业员能主动帮你更正。是（　）否（　）

（三）企业客户服务范畴

客户服务远不止是传统的客户服务部门，也不仅仅是针对传统概念的客户。企业的客户是指公司的所有服务对象，甚至于包括老板、股东、雇员、经销商，还有企业附近的居民。

客户服务的定义：为了能够使企业与客户之间形成一种难忘的互动（愉悦亲密、自己经历的互动）企业所能做的一切工作。

每一位客户从进入你这家公司，就开始享受你的服务，到最终他带来新的客户，在这整个过程中，全公司所能做的一切工作都叫做客户服务工作。

拓展阅读：

海底捞成功的章法

一个企业获得长足的发展，一定会有自己独特的经营之道，海底捞无疑是近年来中国

企业中的佼佼者,海底捞董事长张勇先生在总结创业20多年来的心得体会时,得出四条宝贵的经验:

经验1:服务就是差异化

张勇先生从在街边摆桌子,卖麻辣烫开始,到1994年3月,海底捞第一家火锅城在四川简阳正式开业,创业团队就是家人和同学四人。刚开始火锅没有口味特色上的优势,所以想要生存下去只能态度好点,客人要什么速度快点,有什么不满意多赔笑脸。因为服务态度好、上菜速度快,客人都愿意来吃,做得不好客人也乐意教做。张勇先生发现优质的服务能够弥补味道上的不足,从此更加卖力,帮客人带孩子、拎包、擦鞋……无论客人有什么需要,都二话不说去帮忙。这样做了几年之后,海底捞在简阳已经是家喻户晓。

火锅相对于其他餐饮,品质的差别不大,因此服务就特别容易成为竞争中的差异性手段。

1999年,张勇先生决定将"海底捞"的牌子做到外地去,海底捞走出简阳的第一站,选在了西安,因为西安那边有人愿意和海底捞合作。

但事与愿违,海底捞刚到西安头几个月就接连亏损,眼看就要把之前辛苦积攒下来的老本赔个精光,危急关头,张勇先生果断要求合伙人撤资,委托派过去的得力助手杨小丽全权负责,重拾海底捞的核心理念——服务高于一切!短短两个月内,西安海底捞店居然奇迹般地扭亏为盈。

张勇先生这个人想法也比较开明,没有"餐饮服务"的定见——什么能做,什么不能做。只要顾客有需求,我们就做。

比如,早几年被网友们热评的"火锅外卖",起因是张勇先生在开会时提了一句:现在网络营销很火,我们也可以尝试一下嘛!实际上这一形式自2003年就开始了:受到"非典"的影响,餐饮行业陷入低谷,海底捞也未能幸免,营业额直线下降,往日宾客满座的火锅店变得冷冷清清。

身为西安店的经理,杨小丽开始寻思对策:客人不愿进店就餐,那可以给客人送上门去,她马上就在报纸上发布了一条关于海底捞火锅外卖的消息。送火锅上门,这很新鲜,海底捞的订餐电话立刻响个不停。

为了送货方便,将传统的煤气罐更换为轻便的电磁炉,前一天送餐,第二天再去取回电磁炉。记得这事当时还被"焦点访谈"栏目作为餐饮业在"非典"时期的重大创新进行了专题报道。

经验2:服务好员工

海底捞的服务员很多都是经老乡、朋友、亲戚甚至是家人介绍过来的,这种招聘方式在现代企业用人制度中是匪夷所思,不甚合理的。

餐饮业属于劳动密集型行业,来就餐的顾客是人,管理的员工是人,所以一定要贯彻以人为本。张勇先生始终认为,只有当员工对企业产生认同感和归属感,才会真正快乐地工作,用心去做事,然后再透过他们去传递海底捞的价值理念。因为可以和亲朋好友一起工作,自然就很开心,这种快乐的情绪对身边的人都是很具感染力的。

海底捞还为员工提供很好的生活福利待遇:租住的房子全部是正式住宅小区的两、三居室,且都会配备空调;考虑到路程太远会影响员工休息,规定从小区步行到工作地点不能超过20分钟；还有专人负责保洁、为员工拆洗床单；公寓还配备了上网电脑；如果员工是夫妻，则考虑给单独房间……光是员工的住宿费用，一个门店一年就要花掉50万元人民币。

为了激励员工的工作积极性，公司每个月会给大堂经理、店长以上干部、优秀员工的父母寄几百元钱，这些农村的老人大多没有养老保险，这笔钱就相当于给他们发保险了，他们因此也会一再叮嘱自己的孩子在海底捞好好干。

此外，海底捞出资千万在四川简阳建了一所寄宿学校，让员工的孩子免费上学。公司还设立了专项基金，每年会拨100万元用于治疗员工和直系亲属的重大疾病。虽然这样的福利和员工激励制度让海底捞的利润率缩水很多，但却换来员工对企业的信任和忠诚。

加入海底捞的员工，流动率在头三个月以内会比较高，因为生意太好了，确实太累了，三个月到一年之间有所降低，等过了一年就比较稳定了，能做到店经理就非常稳定了。海底捞员工的薪酬水平在行业内属于中端偏上，但有很完善的晋升机制，层层提拔，这是最吸引他们的。

绝大多数管理人员包括店长、经理都是从内部提拔上来的。海底捞会让刚进来的员工知道，只要好好干，一定会提拔，这是海底捞的承诺。

在张勇先生看来，每个人都有理想，虽然他们中的大多数人来自农村、学历也不高，但他们一样渴望得到一份有前途的工作，希望和城市居民一样舒适体面地生活，他们也愿意为追逐梦想而努力，用双手改变命运。

张勇先生要让他们相信：通过海底捞这个平台，是能够帮助他们去实现这个梦想的。只要个人肯努力，学历、背景这些都不是问题，他们身边榜样的今天，就是他们的未来。

海底捞对每个店长的考核，只有两项指标：一是顾客的满意度；二是员工的工作积极性。而对于服务员，不可能承诺让所有的顾客都满意，只要做到让大多数顾客满意，那就足够了。我们会邀请一些神秘嘉宾去店里用餐，以此对服务员进行考核。

张勇先生看到有的餐厅训练服务员，微笑要露出八颗牙齿，嘴里夹着根筷子训练，说这不是笑啊，简直比哭还难受，他们脸上僵硬的笑容，并不是发自内心的。海底捞从来不做这类规定，激情＋满足感＝快乐，这两条都满足了，员工自然就会快乐，并把这种情绪带到工作之中。

经验3：良好的企业文化和晋升制度

海底捞的员工有很多级别，有合格、优秀、标兵、劳模等，还有一个晋升的机制，只要干得好，就可以慢慢获得晋升。海底捞的很多店长、小区经理都是来自企业底层，很少有空降的。

企业给机会给一个民工，发展做到店长，甚至做到小区经理，还给配了车。通过在企业的努力改变了命运，为下层的员工做榜样。而且就会将心比心，把下层员工带起来。因此，下面的员工也很努力，因为他看到了自己的未来。

海底捞提拔干部，张勇先生有一个重要的原则是看这个人是不是与人为善。这个标准，与张勇先生的一段亲身经历有关。

这件事发生在他的家乡四川。因为开店，他常年在外。有一年回家，他向妈妈问起"傻子"的情况。他想给"傻子"送一万元过去。他妈说"傻子"早死了。"傻子"父母因近亲结婚，先天弱智。父亲借口外出打工，将母子二人弃之不顾，母子两个相依为命，生活非常艰难。"傻子"母亲最终走投无路，服老鼠药自杀。

"傻子"母亲身前所在的机械厂的负责人，完全可以给"傻子"母子做一下安排，维持他们的生计，但是他没有，直接导致了两条生命的消失。所以张勇先生坚持要求一个中层干部要能与人为善，这一点很重要。

海底捞没有设置专门的人力资源部。因为张勇先生认为人力资源部并不能真正了解每个人的能力，行事原则是不得罪人，没有真正的效力，对企业文化建设不利。好的领导应该能根据具体情况去处理问题，并且具有变革的勇气和能力。

同时，管理不能只顾人情不顾原则，慈不掌兵，但是也要少用极端方式。海底捞大多数是降职、训斥，犯了错误的员工以后还是有机会。开除人是非常少用的方式，作为老总的张勇先生，从未开除过员工。

经验4：用服务连接人和信息

提到海底捞，每个人都觉得服务很好，能得到这么一个评价非常不容易。借用科技公司是用技术把人和信息连接起来，做成一个平台的模式，海底捞是用服务把人和信息连接起来。

张勇先生这样说：你可以模拟这样一个场景，一个火锅店的服务员小黄在这里工作十年，然后你老去这个火锅店，你们就会形成一种很好的朋友关系，有一天你加班的时候某个亲戚要来，你可以把钥匙给这个服务员，然后告诉你的亲戚自己在加班，钥匙由海底捞的小黄给你带上去，这样一来，我们和社区的联系就会比较紧密。

还有一个场景，比如说，一对夫妻来火锅店，先生是山东人，太太是四川人，我们推菜的时候肯定是推四川菜，因为老公的胃口会被老婆改造。如果他喝酒，喝酱香型还是醇香型，这些在他消费的过程中都能体现出来，这些数据对未来的一些更精准的服务会有很大的帮助。张勇先生公司从小到大、人员扩张，给出的建议或者经验是：尽力而为。

张勇先生说：我在尽力做的时候，市场也给我机会，还让我活得好好的，我觉得海底捞到今天主要还是幸运，硬要说有什么建议，就好好做，别去东想西想的。因为有十个人去做同一件事情的时候，总有九个人中途会花心思去做别的事情，如果你认认真真把这一件事情做好，最后留下来的就是你。

（资料来源：张勇，海底捞成功的章法 http://36kr.com/p/5062224.html，有修改）

四、客户服务的方法和技巧

（一）如何做好客户服务

（1）站在客户角度考虑问题，了解客户需求。必须了解客户需要什么，站在客户角度去考虑客户的真正需求是什么。赢得客户并长期留住客户，秘诀在于让他们感到满意。制定服务时，追求的是个性化。当客户感到企业的存在就是为他们服务、满足他们的特殊要求时，企业就获得了竞争的优势，这种优势称为服务个性。企业的客户服务水平越高，就会有更多的客户光顾，也会产生更多的忠实客户，企业会相应获取更多的利润。迎接服务竞争挑战，创造企业客户服务个性。所有的公司、企业、非盈利组织，都在努力地为客户提供最佳的服务，那么各种客户、顾客，包括我们自己的客户，都被更多、更好的服务所包围。

（2）专业服务团队服务于客户。服务团队能够提供更优质、更细致、更专业的客户服务，相比1个人的服务，服务团队有着更明显的优势。

借助 CRM 系统的客户资料搜集，为服务团队提供及时、准确的客户信息，可以让服务团队在第一时间，结合市场动态，针对客户制定或更改服务方式，从而提升整体服务能力，建立全方位沟通体系，实现一对一的营销策略。

(3) 教育客户，帮助客户树立正确消费理念，从而使客户真正获得产品的最大价值。

(二) 客户服务的技巧

1. 对客户表示热情、尊重和关注

"顾客是上帝"，对于服务工作来说更是如此，你只有做到充分尊重客户和客户的每一项需求，并以热情的工作态度去关注你的客户，客户才有可能对你的服务感到满意，你才能在竞争中占到有利的位置。

2. 始终以客户为中心

对客服来讲，你在为客户提供服务的过程中，是否始终都以你的客户为中心，是否始终关注他的心情、需求，这也是非常重要的。始终以客户为中心不应只是纸上谈兵，还应是一种具体的实际行动和带给客户的一种感受。

3. 帮助客户解决问题

客户能找到你，接受你的服务，他最根本的目的就是为了要你帮助他妥善地解决问题。

4. 迅速响应客户的需求

金牌服务的一个重要环节就是能迅速地响应客户的需求，在客户对你表达了他的需求后，应在第一时间就立刻对他的需求做出迅速反应。

5. 持续提供优质服务

对人来说，做一件好事很容易，难的是做一辈子的好事。对企业来说也是如此，你可以为你的客户提供一次优质的服务，甚至一年的优质服务，难的是能为你的客户去提供长期的、始终如一的高品质服务。

6. 设身处地地为客户着想

设身处地地为客户着想是做到始终以客户为中心的前提，作为一名客服，能经常地换位思考是非常重要的，设身处地地为客户着想就意味着你能站在客户的角度去思考问题、理解客户的观点、知道客户最需要的和最不想要的是什么，只有这样，才能为客户提供金牌服务。

7. 提供个性化的服务

客户服务需要与时俱进，随着社会的不断进步，人民生活水平的不断提高，客户对供电服务在可靠、规范和便捷上将会有更高的要求，供电企业应善于根据客户的需求，对客户服务进行适当的定制化，以满足人性化的需求。

每个电力客户都希望能获得与众不同的"优待"，如果你能让你的客户得到与众不同的服务和格外的尊重，这会使你的工作能更顺利地开展。

个性化的服务包括对客户的一些特殊要求，你也依然能加以特殊地对待、及时地去满足。

如果能同时做到以上讲的7点，那么所呈现出来的服务就是一种货真价实的金牌服务。

(三) 客户服务应该具备的心态和素质

1. 客户服务应该具备的心态

从事客户服务工作十年多来，最深切的体会是健康而正确的心态在服务工作中的重要性。心态决定行为，决定了服务的质量。心态对行业起着作用，行为对提高服务效果有着直接的影响。

拓展阅读：

电力客服工作中心态的重要性

在下面的案例中，可以看出良好的心态在客户服务工作中的重要性。

面对客户的投诉抱怨，甚至辱骂指责，客服人员通常有两种反应：一种是理性面对，心平气和地平复客户情绪；另一种是与客户一样失控，这两种反应导致的结果是完全不同的。

一用户拨打客服热线强烈投诉突然停电对其造成的损失，并且口沫横飞专挑最毒最脏的字眼辱骂你，甚至骂你全家老小。完全被愤怒控制而口不择言，压根就是认为你该骂欠骂而无须择言。这时候两种完全不同的心态决定了两个结果。

其一，你能保持良好的心态，理性地认识到他不是针对你个人，并且能站在他的角度考虑问题。

用户投诉是为了发泄心中的不满，寻找理解和解决问题的方法。你的职责就是平息他的怒气，帮他解决问题。如果你能保持良好的心态，从他的角度考虑，发生的事情确实对用户造成极大的不便，他有权利发怒。那么你就会对这个暴跳如雷的人深表同情，心平气和地听他骂完并试图安抚他，以柔和的口气表示歉意"先生，真是很抱歉！我很理解您的心情。请您千万不要再生气！我们将尽量改善！"用户在你的劝慰下才能逐渐平静下来，接受你的解释或建议，相信你能帮他解决问题。甚至通过你的安抚和解释能一次性解决问题，用户满意地结束通话，不需要你继续跟进处理。

其二，你的心态不好，被用户一骂也火冒三丈，你被骂得心理极不平衡，可能无法自控地和对方争执，心里为自己的不平和委屈抱怨："凭什么我得这样被你骂，又不是我的错！"你的怨气和用户的骂声成正比，这样的心态使你根本无法冷静下来分析整件事情，只是暴躁而粗劣地回应，没有耐心听完用户的抱怨，更不能全神贯注地思考解决投诉最有效的方法，只想尽快推诿搪塞，结束这通该死的电话！这样的态度只会引起用户更大的怒火从而激化投诉，甚至极有可能转为针对你个人服务的不满。这样做不但不能解决投诉，还会衍生投诉，最终吃亏的还是服务人员自己。

良好的心态能提高我们的工作效率，保持饱满的精神状态，取得优秀的绩效考核，能让我们积极向上，充满自信。每个人都有无限的潜能，不是你能力差，也不是来自上司的压力限制了你的发展，而是你的心态决定了你的成败，不要让我们对工作的态度限制了自己。

（资料来源：https://wenku.baidu.com/view/3c1b0b07b52acfc789ebc9e1.html，有修改。）

2. 客户服务应该具备的素质

（1）心理素质要求。

1）"处变不惊"的应变力：经常会碰到一些突发事件和顾客的突发提问，工作人员要遇事不惊，冷静思考，客观有效地解答客户的疑问。

2）对挫折、打击的承受能力，积极进取、永不言败的良好心态：客服工作人员在工作中经常会遇到失败和挫折，心理层面要求抗压力强，要有打不垮、击不倒和保持永远积极进取的精神。

3）情绪的自我掌控及调节能力：客服工作人员经常会碰到顾客的抱怨甚至是责骂，作为"医生"首先不能被"病人"传染，要掌控和调节好自己的情绪，才能有效地给"病人"对症下药。

4）满负荷情感付出的支持能力：面对顾客，要有发自内心的亲和力和道歉内疚感。

（2）品格素质要求。忍耐与宽容是优秀客户服务人员的一种美德，忍耐与宽容是中华民族的传统美德，这是一种做人的胸襟。

1）追求诚信：不轻易承诺，说了就要做到，也要求我们的工作人员面对顾客的问题和要求要合理准确地判断。

2）勇于承担责任：首先表现在为客户服务是我们应该承担的责任，也是我们的义务。

3）拥有博爱之心：真诚对待每一个人，真诚的付出才有真诚的回报。

4）树立强烈的集体荣誉感：时刻记住，不是一个人在独自战斗，而是有整个客服团队在后面支持你。你是团队的一分子，团队的成绩有你的付出。集体荣誉感能增强团队的凝聚力和战斗力。

（3）技能素质要求。

1）良好的语言表达能力是与客户和顾客沟通的基础。

2）丰富的行业知识及经验和熟练的专业技能是开展工作的必备基础。

3）得体的表达技巧是展示个人魅力的必要条件。

4）思维敏捷，具备对客户心理活动的洞察力，及时了解客户的需求。

5）具备良好的人际关系沟通能力。

6）良好的倾听能力，倾听有时候是一门艺术。

（4）综合素质要求。

1）"客户至上"的服务观念：思想要领先。

2）工作的独立处理能力：你是否能独当一面。

3）各种问题的分析解决能力。

拓展阅读：

客房服务员良好的服务意识

某天晚上，李斯正在一饭店的客房服务组值班。傍晚时，李斯接到一通住在饭店内，一位到城里来出差的女房客电话。她因为不想到餐厅用膳，所以打电话来点餐。李斯登记下来，然后交代处理。过了几分钟，这位女房客又打内线电话进来了。这次是要取消订餐。一般说来，客户取消订餐是很常见的事情，但是这一次，李斯总觉得有什么事情不太对劲。

这个饭店多年来一直致力于文化的改革，主要目的就是为了鼓励员工在面对问题时，能够独当一面，以客为尊。

由于受过这种专业的训练，所以在接到这通电话后，李斯考虑的不仅是商业上的观点，她甚至担心背后是不是还另有隐情。所以她立即联络服务生领班来代她的班，然后亲自去拜访这位女房客。敲开门后，她简短地介绍自己，以及来这里的目的，然后聆听房客的回答。结果才发现，原来这位房客在点餐后打电话回家，得知她母亲患了重病住在医院，恐怕熬不过今晚。在与机场联系过后，沮丧地得知，她已赶不及最后一班飞机回家了。

由于李斯的机警，及时从房客来电取消订餐，听出那份苦恼的语气。她立刻掌控全局，除了马上拨电话到机场，以饭店集团的名义负担班机延滞费而延下班机之外，同时还招来服务生，帮这位女房客整理行李，请门房招来出租车，直奔机场。由于李斯的机警，让客户顺利赶赴母亲身旁，临终前见她最后一面。

分析：一个优秀的服务人员需要始终保持随时服务的意识（比如故事的女主人公时刻准备服务的意识）。

站在客户的角度想问题，积极主动帮助客户（女主人公甚至动用公司的名义来拖延飞机）。

要明白，客户有困难的时候，是我们抓住客户的心的机会（想想看，面对如此周到服务，故事中的女房客下次会选择什么酒店）。

合适的人来做合适的事情（女主人公具备服务意识和素质，非常合适）。

大事成于微，保持警惕的细心，关注客户的细节（如果女主人公粗心一点会怎么样呢）。

公司应该有相应的文化和导向（饭店一直致力于文化的改革，建立以客户为导向的公司文化）。

（资料来源：https://wenku.baidu.com/view/a455c1325a8102d276a22f31.html，有修改。）

（四）客户服务注意事项

(1) 做到写到，学会总结。要养成写工作日记的习惯，并且要记一些细节，会为你以后的服务带来很多方便，同时，要学会总结，总结才有提高。

(2) 干脆利索，去繁就简。没有谁喜欢啰唆的人，做客户服务也是一样。

(3) 敬业守信，说到做到。这一点很重要，我想大家应该明白敬业和守信是何等重要。

拓展阅读：

宝骏 E100 以用户体验构建绿色出行生态

上汽通用五菱一直以来以顾客的需要为出发点，开发设计、生产产品，其公司出品的五菱系列七座乘用车，以用途广泛、质量保证、价格合理，在全国甚至是全世界创造了销售的奇迹，2016 年销售收入跨越千亿元大关。

同年，上汽通用五菱开始布局新能源领域，是上汽通用五菱继乘用车升级后的又一次重大转型。从 2016 年 9 月开始，在柳州市的大街小巷，便时常可以看到一辆辆色彩各异的可爱"Q萌"小车穿梭，它们小巧玲珑，惹人喜爱，成为市区里一道亮丽风景。这款吸人眼球的小车就是上汽通用五菱2016年9月发布的首款新能源汽车宝骏E100——一款采用纯电能驱动，设计时速达到每小时100公里，续航里程超过160公里，能满足城市代步需求的小车。

在这次新产品的设计和生产中，上汽通用五菱还是一贯秉承以用户需求为出发点，提供良好客户体验为保障，开拓新的汽车市场板块。主要做法包括两点。

一、以"用户思维"造车

抓住十八届五中全会提出的"创新、协调、绿色、开放、共享"五大发展新理念，在竞争激烈的汽车市场，设计生产创新、绿色、环保、节能，代表着战略性新兴产业发展方向的新能源汽车。

为此早在2012年就建立了新能源实验室，成立了新能源技术开发专项团队。2015年8月，上汽通用五菱新能源基地建设正式启动。

怎样融入创新、协调、绿色、开放、共享发展新理念，精准定位首款新能源汽车宝骏E100，实现"造老百姓最喜爱的车"这个目标，成为上汽通用五菱掌舵人最关注的问题。

五菱人认为创新不仅仅是发明创造，更是一个从用户真实需求出发，精准定义产品和空间，开放集成外部资源，快速响应市场和持续改进的一个螺旋式上升的过程。以"用户思维"造车，构建适合未来的城市绿色出行生态的宝骏E100首款新能源汽车，完美体现了上汽通用五菱这一指导思想。

以往传统汽车开发模式，是固有的工程思维方式，属于工程师式的开发，对用户的辨识和了解还不够深入，开发出来的产品用户不一定喜欢，企业存在销售风险。虽然产品在开发过程中也会做一定的市场调研，但信息来源片面，缺乏真实用户的使用场景体验。宝骏E100新能源汽车开发，通过体验车将企业与用户紧密地联系起来，通过用户的使用，获得大量的真实数据，工程师可以通过大数据分析，了解用户的使用场景和习惯，并精准地找到产品的用户群。同时，通过与用户建设交互平台，实现工程师与用户的直接互动，让用户能参与到产品的设计中，有助于企业快速准确地找到产品改进目标。

为了验证客户对宝骏E100的使用感受，上汽通用五菱在柳州推出"用户体验"活动，以"秒抢"的形式，让柳州市民"尝鲜"首款新能源汽车宝骏E100。目前正在使用的市场买不到，街上看得到，市民"抢"得到。好不好，如何进一步改进，老百姓说了算。

第一阶段的"用户体验"活动，宝骏E100官方微信公众号吸引了5万多名市民关注，其中有3万多人报名参与"秒抢"。目前累计发放车辆643辆。企业通过用户反馈，收集了大量真实、有效的数据，为产品迭代更新提供了重要支撑。

宝骏E100第二阶段的体验活动即将进行，并加入南宁市作为试点，对象为根据第一阶段的用户反馈确定的高意向目标人群，初步锁定政府机关公务员、教师和医生等企事业单位员工等，从高意向目标人群中进一步挖掘更明确的用户使用场景、需求和"痛点"，让互联网"用户思维"贯穿首款新能源汽车宝骏E100造车全过程。

上汽通用五菱还成立了宝骏新能源城市生活体验中心，作为目前柳州线下唯一固定用户接触点，不仅能够为企业收集大量的用户反馈信息支撑产品改进，并通过接触大量用户，使企业更精确地掌握用户需求。

新能源城市生活体验中心，不仅开拓了用户的眼界，也向公众传递了新型出行概念和环保生活理念。

二、让"用户体验"说话

国家政策导向和人们环保意识提升，让新能源汽车站在产业发展的潮头。

智能制造，精准定位，解决用户的"痛点"，是企业得以发展的关键。互联网创业圈流传着一句看似玩笑却又道出真谛的话："不以解决用户'痛点'为目的的创业都是耍流氓。"宝骏E100的"用户体验"活动正是能将用户需求不断输入到企业的大数据平台，为企业的研发、制造、生产提供建议，实现传统产业生态到智能化制造生态的升级，进而实现产品快速的响应和迭代。

2017年，来自广西各地的媒体记者走进宝骏E100生产车间，亲眼见证生产过程，经过冲压、焊接、涂装、总装，一辆辆宝骏E100走下生产线，融入市区车流中，成为市民出行新的交通工具。

周女士是柳州城市管理执法部门工作人员，也是宝骏E100柳州市第一阶段"用户体验"活动的参与者。她通过"秒抢"的形式为自己抢到了一辆宝骏E100，这几个月以来，宝骏E100成为她的代步工具。她直言"太棒了"，自从开上宝骏E100，"回头率"高了许多，非常适合上下班用。有时，她还会开上宝骏E100去郊游，引来众人艳羡的目光。

宝骏E100另一位体验用户潘先生是柳州市委党校的老师。他算了一笔账：宝骏E100一千瓦时电能走10公里，行驶100公里需10千瓦时电，成本6元左右，比用一般小车节约几十元，一个月下来，花销减少了许多，而且自己还能亲自参与设计。按自己的意愿造一辆自己喜欢的个性化的车，这是前所未有的体验。

最后定型的宝骏E100会是一款什么样的新能源汽车？预计2017年首款新能源汽车将推向社会。因为宝骏E100在"用户体验"中不断改进，用户参与造车，造个性化的车，实行个性化定制，宝骏E100没有最终定型，构建绿色出行生态，宝骏E100永远在路上。

（资料来源：上汽通用五菱打造新能源车示范样板纪实 http：//gxrb.gxrb.com.cn/html/2017-01/25/content_1357162.htm，有修改。）

任务二　客户投诉管理

一、任务描述

处理客户投诉是客户关系管理的重要内容，是客户服务的一个方面。企业管理者和员工应该能正确认识顾客投诉对企业发展的积极意义，分析顾客投诉的原因和投诉时的心理诉求，运用积极正确的方法和技巧处理好客户投诉，并做好全面的客户投诉管理工作，以维持良好的客户关系。

二、任务导入

这两个公式是什么意思？

100－1＝0

100－0＝100

"100－1＝0"定律最初来源于一项监狱的职责纪律：不管以前干得多好，如果在众多犯人里逃掉一个，便是永远的失职。在我们看来，这个纪律似乎过于严格了。但从防止罪犯重新危害社会来说，百无一失是极为必要的。后来，这个规定被管理学家们引入到了企业管理和商品营销中（包括服务行业），很快就得到了广泛的应用和流传。

这顾客的购物标准很简单：谁对我好，谁的服务能让我满意，我就买谁的东西。100个顾客中有99个顾客对服务满意，但只要有1个顾客对其持否定态度，企业的美誉就立即归零。

国际标准BS8600（投诉管理体系：设计和实施指南）对投诉的定义：顾客对任何的不满意的表示，不论正确与否。顾客投诉的方式包括当面口头投诉、书面投诉、电话投诉、网络投诉。

三、知识支撑

（一）正确认识顾客投诉

1. 顾客投诉的积极意义

（1）提高企业美誉度。据统计，平均每位非常满意的顾客，会把为什么满意告诉至少12个人，而这些人中，会有10个人左右，在产生同样的需求时，会光顾满意顾客赞扬的公司。而一个非常不满意的顾客，会把他的不满意告诉20个人以上，这些人中，在产生同样需求的时候，几乎不会光顾被批评的服务恶劣的公司。

（2）提高顾客忠诚度。

拓展阅读：

有关顾客投诉的认识

会抱怨的顾客只占有意见顾客的5%～6%；有意见而不抱怨的顾客80%不会再来，可是抱怨的事处理得好，有98%左右的顾客之后还会来。

服务品质高的公司，每年增长率为20%，市场占有率增长为6%。

每开发一个新客户，成本是保留一个老顾客成本的5倍，而流失一位老顾客的损失，只有争取十位新顾客才能弥补。

有90%～95%的顾客表示，如果所遇问题在现场即能解决，他们不会发脾气，绝大多数顾客表示，公司这样会得到他们的谅解。

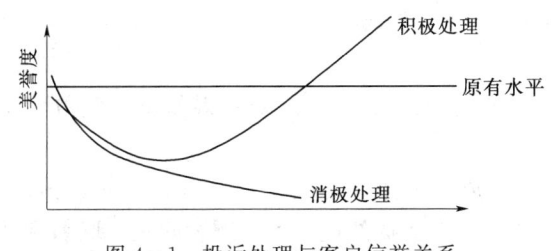

图4-1 投诉处理与客户信誉关系

投诉者比不投诉者更有意愿与公司保持关系（图4-1）。

（3）顾客抱怨是企业的"治病良药"。企业在顾客的投诉中，可以综合了解顾客的需求特点，了解自身商品与服务的不足，这是非常珍贵的一手信息资料，对于改进产品和服务有重要参考价值。

2. 顾客投诉的有效性的辨别

投诉分两种：一种是善意投诉，也就是确实因为产品、服务、使用、价格等方面的实际原因而引起的顾客投诉；另一种是恶意投诉，也就是出于敲诈钱财、破坏声誉、打击销售等为目的的所谓"投诉"。

对于恶意的投诉，则义正词严，令其立即放弃恶意投诉。如果恶意投诉情节恶劣，或对本企业造成不良影响，或对本企业销售造成损失，则直接拿起法律武器，通过法律渠道来解决。

（二）顾客投诉分析

1. 客户投诉原因

顾客投诉是一个潜在抱怨转化为显现抱怨，进而升级为投诉的过程。顾客不满意是投诉的起因，既包括购买过程的不满意也包括消费和使用产品的结果不满意，一般包含以下方面：产品质量（他的期望没有得到满足）；产品价格（对他作出了某种承诺而没有兑现）；服务态度（对他冷漠、粗鲁或不礼貌）；售后服务（没有迅速准确处理他们的问题）。

2. 客户投诉心理分析

（1）求发泄。当客户遭到不良对待和利益损失时，内心的不满和愤怒便会发泄出来，表现为抱怨、指责甚至是愤怒喧哗。这其实是客户表达真实感受的一个过程，需要让别人听取自己的意见。

（2）求尊重。投诉的客人都希望得到认真地对待；得到相应的尊重；希望企业商家能对问题立即采取行动；甚至让侵犯了顾客权益的人得到应有的惩罚。因此，积极诚恳解决问题的态度，快速的响应和反馈是顾客希望看到的。

（3）求补偿。客户投诉的最终期望还包括消除问题，不让它再次发生；得到相应的赔偿或者补偿。

四、企业客户关系中的投诉管理

（一）顾客投诉管理

（1）建立有效处理投诉的机制：企业内部协调，统一执行对顾客的政策；对员工进行宣传和培训；授权一线员工处理投诉事件；表彰和奖励受理顾客抱怨最佳的员工；及时准确向管理高层传达顾客的抱怨。

（2）企业给投诉的顾客提供便利：提供多种投诉渠道；降低投诉成本；简化投诉流程。

（3）企业对投诉处理做出统一承诺：让所有员工都认识到满足顾客要求的重要性；让所有员工都对顾客投诉承担责任；高层管理者应树立榜样，推动投诉管理向正确方向前进。

（4）建立投诉管理流程，投诉管理流程如图4-2所示。

（5）投诉处理的管理职责。

1）一线处理员工：主动征求顾客的意见；受理顾客投诉，并对投诉作出答复或将信息移交给投诉处理部门。

2）投诉受理部门：负责设置和管理投诉渠道，确保顾客投诉方便可行、畅通无阻；负责受理、记录、调查核实，及时答复顾客的投诉；负责处理和解决顾客问题，联系和协调相关部门制订投诉处理方案；负责将重大和疑难投诉问题移交相关管理部门进行升级处理。

3）技术支持部门：负责处理和解决顾客投诉的技术问题，或提供技术支持；负责配合受理部门进行调查研究，确定分析事故原因，提出解决方案；负责投诉处理后的纠正和预防措施的实施。

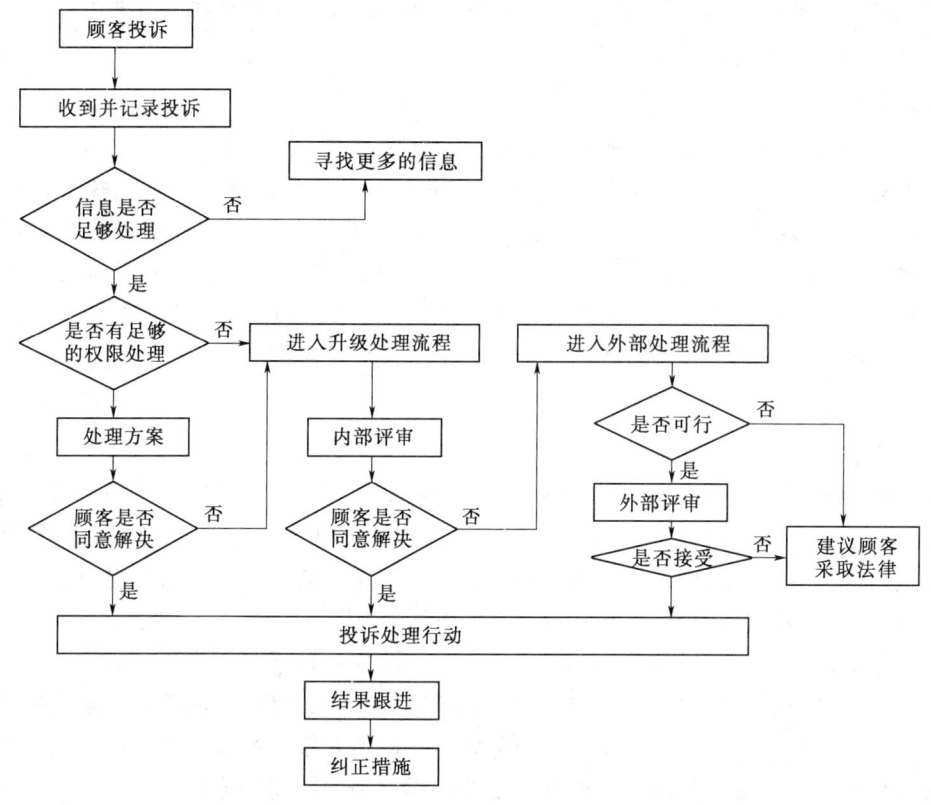

图4-2 投诉管理流程

（二）客户投诉处理方法和技巧

1. 投诉处理步骤

（1）让顾客发泄（聆听、认同、恭维、语调、道歉）。凡是顾客出现投诉情况，多数态度不友善，有些甚至骂骂咧咧怒气冲天，不管顾客态度多么不好，作为企业都应该热情周到，以礼相待，待如贵宾，如请到办公室或贵宾座、倒茶、敬烟等，如此一则体现了企业处理投诉的态度，二则体现了"顾客是上帝"的原则，三则可以舒缓顾客的愤怒情绪，减少双方的对立态度。

（2）记录投诉内容。倾听面对顾客的投诉，作为企业要以谦卑的态度认真倾听，并翔实记录《顾客投诉登记表》。对顾客要和颜悦色，无论顾客说的对与错、多或少，甚至言辞激烈，都不要责难、诘问，顾客言谈间更不要插话，要让顾客把想说的一口气说出，顾客把想说的说出来了，顾客内心的火气也就消了一半，这样就便于下一步解决具体问题。倾听时，注意千万不能跟顾客争吵，也不能打断顾客的口述，更要尊重顾客。

（3）提出解决方案。分析根据顾客的口述分析顾客投诉属于哪一方面，比如是质量问题、服务问题、使用问题、价格问题等，更要从顾客口述中分析顾客投诉的要求，同时分析顾客的要求是否合理，以及具体问题属于哪个部门，解决投诉前是否有必要跟归口部门沟通或者跟有关上层请示。

（4）对顾客跟踪调查。跟踪、回访、对客户投诉信息及处理过程进行整理分析、归类汇总。

拓展阅读：

先处理情感，后处理事件

美国有一家汽车修理厂，他们有一条服务理念很有意思，称为"先修理人，后修理车"。什么叫"先修理人，后修理车"呢？一个人的车坏了，他的心情会非常不好，你应该先关注这个人的心情，然后再关注汽车的维修，"先修理人，后修理车"讲的就是这个道理。可是这个道理很多服务代表都忽略了，往往是只修理车，而不顾人的感受。因此正确处理客户投诉的原则，首要的就是"先处理情感，后处理事件"。

2. 投诉处理技巧

在解决客户投诉的过程中，不论解决的方法是什么，需要明确的是：解决一宗投诉，不是为了消除麻烦，而是采取行动去留住每一位有价值的顾客，以增加他对公司的信心。

（1）首问服务法。顾客投诉的受理人员从顾客投诉开始到结束均是一个人的服务方法。优点：避免推诿，缩短处理时间。要求做到：快速、简洁、无差错。实施要点：授权（部分授权、充分授权）；投诉流程整合；提升全员意识。

（2）服务承诺法。承诺法是缓解矛盾进一步升级的一种策略。优点：争取相对宽裕的时间，给顾客冷静思考的空间。要求：向用户承诺要真实、可行、明确，不能兑现的承诺不要承诺。实施要点：向顾客阐明公司服务宗旨，向顾客解释投诉不能立即处理原因，向顾客表明处理投诉的能力和决心，向顾客说明投诉处理的时间和流程。

（3）替换法。由于产品或者服务存在问题，为顾客替换同类型或者不同类型产品和服务的方法。优点：能够赢得用户的心。实施要点：核实投诉真实性，对于属顾客原因造成需要耐心解释，替换或者更换前应该先征得用户同意。

（4）补偿关照法。顾客受到了无法挽回的损失或者伤害，或者此顾客影响力较大，为了减少声誉的损害而采取的一种方法。优点：减少负面影响；避免群体事件。实施要点：评估顾客损失或伤害，分级授权或者全部授权处理人，在提出补偿前先倾听顾客的需求，采取灵活的方法。补偿关照法的表现形式：①打折，如外表被挂花的冰箱打七折；②免除费用，如免除座机费；③赠送，如赠送礼物；④经济补偿，如医疗事故；⑤额外成本，如答应当日到货却未到，免费派专人送去；⑥精神补偿，如电话道歉/上门道歉。

（5）变通法。在双方寻找共赢共利的合作对策的一种方法。优点：减少公司损失。适用对象：非公司责任的顾客投诉。实施要点：了解顾客需求，明确我们的需求，寻找双方的共赢点。

（6）外部评审法。指在内部投诉处理过程行不通是采取的一种依靠外部力量的解决方法。优点：获得主动，得到信任。实施要点：采用多种方法和技巧力争内部解决；在进入外部评审前应做好准备工作。外部评审机构：行业主管部门、行业协会、消费者协会、仲裁委员会。

拓展阅读：

同理心倾听语句：

（1）我非常理解您现在的感受。

(2) 我能想象你当时是多么的麻烦。
(3) 我知道您为什么这么生气。
(4) 很抱歉，我们让您感到失望。
(5) 您说得对，谁都不愿意遇到这样的事。

处理顾客抱怨的禁语：
(1) 这问题连小孩子都会。
(2) 你要知道，一分钱，一分货。
(3) 绝对不可能有这种事发生。
(4) 请你去问厂商，这不关我的事。
(5) 嗯……我不大清楚。
(6) 我绝对没有说过那种话。
(7) 我不知道怎么处理。
(8) 公司的规定就是这样。
(9) 你不识字吗？
(10) 改天通知你。

实践练习：

在银行的大厅里，一位顾客对大堂经理情绪激动地大声叫嚷："我在这个窗口办理取款都快半个小时了，现在还是取不了！"（由于银行网络故障导致系统不能操作）

思考：你作为大堂经理应该如何处置？

五、课后练习

(一) 客户体验

客户体验1：

某顾客致电某服务中心，因无人接听处在电脑服务当中，等得不耐烦的时候，终于等到服务员接听。

服务员："您好！我是77号，竭诚为您服务，我有什么可以帮助您？"
顾客答："你能不能让我少等会儿？"
服务员："哦，今天电话特别多，一下忙不过来，您有什么事？"
顾客答："你们为什么不配多点人？"
服务员："那是我们领导的事，我也想人多点呀！"
顾客答："那你们领导真蠢，总是让我们花大把时间等，难道顾客的时间就不值钱吗？"
可见，光是礼貌和客气，客户还是不满意……

请根据上述案例回答下列问题：
(1) 服务人员在服务过程中，有哪些不妥之处？
(2) 服务人员如此礼貌与客气，顾客为什么还是不满意呢？
(3) 两两同学模拟服务员和顾客，根据以上场景，演练正确的对客服务过程。

客户体验2：

天气非常寒冷并且下着大雨，某商店门外的停车场除了转弯的地方有点空地，其余的地方都停满了车子。购物的人被迫停了下来，仅仅是因为购物车被塞在那里动弹不得。商店里非常拥挤，你很难找到数码相机被摆放在何处，而且你也不可能知道为什么一台价值1500元而另一台则价值3000元。两款销量很好的数码相机已经在柜台上看不到现货，需要花费办事员10分钟的时间将商品从商店的仓库中拿到柜台。在结账的地方，有的队伍停在那里像瘫痪一样，但另一个队伍则效率很高。最后，当客户到了收银员那里后，收银员告诉他，他的能节省10元的优惠券到明天才会生效，由此又引发购物人的不满。

请回答：
1. 请根据案例诊断商店哪些方面会导致客户不满？
2. 请结合案例分析，商店应采用哪些方法改善对客服务？

（二）技能训练
1. 投诉处理步骤包括（　　）。
   A. 让客户发泄　　B. 记录投诉内容　　C. 提出解决方案　　D. 对顾客跟踪调查
2. 客户投诉时的心理需求包括（　　）。
   A. 求发泄　　B. 求尊重　　C. 求道歉　　D. 求补偿
3. 企业的客户包括（　　）。
   A. 顾客　　B. 内部员工　　C. 周边居民　　D. 股东

（三）能力测试

心 理 承 受 能 力 测 试

心理承受能力是一种很重要的个性心理品质。人不可能总是一帆风顺，免不了会遇到一些困难、麻烦、危险、挫折，甚至失败。心理承受能力差的人，在遇到上述问题时就会心绪不宁、思维混乱，导致极端行为。具有良好心理承受能力的人就能够轻松地应付外部环境的冲击。你是属于哪一种呢？测测就知道了。

1. 当你与父母发生不愉快时，你是否曾想离家出走？（　　）
   A. 是　　　　　　　　　　　B. 否
2. 如果现在就去睡觉，你担心自己会睡不着吗？（　　）
   A. 是　　　　　　　　　　　B. 否
3. 晚睡两小时会使你第二天明显的精神不振吗？（　　）
   A. 是　　　　　　　　　　　B. 否
4. 看完惊险片后，在很长一段时间内，你一直觉得心有余悸吗？（　　）
   A. 是　　　　　　　　　　　B. 否
5. 当考试成绩不理想时，你会感到非常沮丧吗？（　　）
   A. 是　　　　　　　　　　　B. 否
6. 当你与某个同学闹意见后，你一直无法消除相处时的尴尬吗？（　　）
   A. 是　　　　　　　　　　　B. 否
7. 你常常觉得生活很累吗？（　　）
   A. 是　　　　　　　　　　　B. 否
8. 当你在课堂上回答不出问题时，你在课后还会久久地感到烦恼吗？（　　）
   A. 是　　　　　　　　　　　B. 否

9. 每到一个新地方,你是否常常会出现问题,如睡不好等。(　　)
   A. 是　　　　　　　　B. 否

10. 你明显偏食吗?(　　)
    A. 是　　　　　　　　B. 否

11. 你认为自己是个弱者吗?(　　)
    A. 是　　　　　　　　B. 否

12. 你觉得自己有些神经衰弱吗?(　　)
    A. 是　　　　　　　　B. 否

13. 看到苍蝇、蟑螂等讨厌的东西,你感到害怕吗?(　　)
    A. 是　　　　　　　　B. 否

14. 你常常因为想心事而躺在床上久久不能入睡吗?(　　)
    A. 是　　　　　　　　B. 否

15. 在人多的场合或在陌生人面前说话,你是否感到窘迫?(　　)
    A. 是　　　　　　　　B. 否

16. 你受到的挫折与其他人相比,是否认为根本算不了什么?(　　)
    A. 是　　　　　　　　B. 否

17. 你是否喜欢冒险和刺激?(　　)
    A. 是　　　　　　　　B. 否

18. 你生活在使你感到快乐和温暖的班级里吗?(　　)
    A. 是　　　　　　　　B. 否

19. 你相信自己能够战胜任何挫折吗?(　　)
    A. 是　　　　　　　　B. 否

20. 你是否常常与同学们交流看法?(　　)
    A. 是　　　　　　　　B. 否

21. 你认为你的老师喜欢你吗?(　　)
    A. 是　　　　　　　　B. 否

22. 心情不愉快时,你的饭量与平时差不多吗?(　　)
    A. 是　　　　　　　　B. 否

23. 你是否每周至少进行一次喜欢的体育活动,如登山、打球等。(　　)
    A. 是　　　　　　　　B. 否

24. 即使在困难时,你还是相信困难终将过去吗?(　　)
    A. 是　　　　　　　　B. 否

25. 大部分时间你对未来充满信心吗?(　　)
    A. 是　　　　　　　　B. 否

26. 你有一个关心、爱护你的家吗?(　　)
    A. 是　　　　　　　　B. 否

27. 你是否有一些无话不谈的知心朋友?(　　)
    A. 是　　　　　　　　B. 否

28. 你认为自己健壮吗？（   ）
    A. 是   B. 否
29. 生病时你依旧乐观吗？（   ）
    A. 是   B. 否
30. 你是否认为家人需要你？（   ）
    A. 是   B. 否

项目五

客户关系恢复

本项目描述

在客户关系的管理和维持过程中,难免由于各种因素而导致客户关系的紧张,甚至濒临破裂,本章的主要任务是处理客户的投诉,分析客户流失的原因,并采取措施挽回客户,特别是有价值的客户。

知识目标

(1) 了解流失客户的分类,掌握客户流失的原因。
(2) 懂得客户流失的意义。

技能目标

(1) 能针对不同类型的流失客户采取相应的挽回策略。
(2) 能进行挽回流失客户管理。

素质目标

(1) 培养学生执着、专注的敬业精神。
(2) 培养学生面对困难的抗挫能力。

任务一 对客户流失的认识

一、任务描述

由于各种原因,部分企业客户会不可避免的流失,应能正确理性地看待客户的流失,对不同原因的流失客户采取不同的态度和应对策略。

二、任务导入

挽回即将流失的客户

1. 史密斯女士是位60岁左右的单身女性,她每周都在附近的杰克超市花50美元购买一些日常的生活用品。近来她对杰克超市的服务越来越不满意:超市拒绝提供给她一些并不过分的购物方便,付账时收银员总是与别人聊天,用信用卡付账时居然还要查她的身份证。当她为考验超市的服务态度,购买了很多东西时,收银员却连"欢迎光临,感谢惠顾"都不说。史密斯女士感到超市根本不在乎她的存在,终于决定离开杰克超市。

请问:史密斯女士的离去会给超市带来多少损失呢?

每周50美元的销售额。

一个长期居住此地的顾客的销售额:50美元×52周(每年)×10年(约数)。

她对生活圈子中10~20人的口碑宣传。

对其中至少一半人的消费产生的影响。

这些人对于周围至少5个人的再影响。

受影响的人中会有四分之一不再来进行消费。

这四分之一的顾客10年的销售额。

2. 美国第一银行的流失客户处理

1982年，美国第一银行总裁库雷召集了300名员工开会，说他收到许多不满客户的来信，指示从现在开始，要致力于取悦、维系客户。

为了实现这个目标，银行开始针对流失的客户询问一些问题，包括为何离开？有什么要求？

银行将收集到信息整理后，制订了一个行动方案，并经常检查流程，更好地满足客户的需求。

8年后，银行的客户流失率在行业中最低，大约每年只有5%，是其他银行的一半！

在没有多做额外工作的情况下，银行的产业排名由第38名上升到第4名，利润则增加了16倍！

启示：衡量一个企业是否兴旺发达，只要回过头看看其身后的顾客队伍有多长就一清二楚了。在买方市场条件下，顾客是决定企业能否发展壮大的关键因素。

当今企业对保持现有客户的重视度越来越高，但因企业自身以及客户的原因也不可避免存在客户流失的现象，而且这一现象也越来越普遍，已经成为束缚企业发展的瓶颈问题。因此，企业在注重如何获得新客户和如何保持现有客户的同时，有必要加强对流失客户的管理，设法与这类客户恢复正常的业务关系，以实现企业利润最大化。

三、知识支撑

（一）流失客户分类及流失原因

企业客户流失的原因可能有很多，从客户价值和客户满意的角度来看，主要有以下几种：

（1）主动放弃的客户。由于企业产品技术含量提高、升级换代、目标顾客群体发生改变，从而主动放弃部分原来的客户。

（2）被迫离开的客户。即客户情况有变化，不可能继续成为企业的客户，如客户公司改行或迁出本企业的服务区域等。

（3）被收买的客户。竞争对手所提供的产品和服务的质量并不具备任何优势，而主要通过引诱客户、向客户提供特殊的或者经正常业务途径无法获得的物质利益来实现将原本属于本企业的客户挖走。

（4）被吸引的客户。被竞争对手推出的功能和质量更高的产品或服务吸引过去的客户。

（5）主动离开的客户。由于对企业的产品和服务质量感到不满，并通过直接或间接的抱怨仍没有得到解决的客户，会转而投向竞争对手。

拓展阅读：

接听电话不及时导致客户流失

一位客户从他行汇款120万到某支行用于投标保证金，由于对方操作失误把该客户名字输错,导致 120 万进不了账,所以客户打电话给该行要求退回。由于现场管理员请假,柜台外围满了等待办理业务的客户,一旁的办公电话一直在响却无人接听。后来才知道该客户是该行的重要客户,就是由于无人接听他的电话,导致他失去了对银行的信心,把账户资金都转到了其他行。

现场管理员请假,该行没有做好相应的安排调度,导致岗位缺岗,疏忽了服务细节。该行部分员工缺乏责任感,怕管事,存在"多一事不如少一事"的心态。

思考:该银行客户流失的原因,应该做哪些调整?

(1) 明确岗位职责。服务无小事,要对接听电话制定专门的奖罚制度,规定部分岗位人员对接听电话负责,比如大堂经理对非现金区的电话负责。

(2) 重视服务细节。银行同业竞争越来越激烈,各行都在倡导提高服务水平,提高服务质量来争取客户,但是能真正做到的不多,能真正赢得客户青睐的也不多。服务质量的提升要靠细节,只有把服务做细了,才能赢得客户的芳心,所以,鼓励员工多站在客户的角度想问题,学会换位思考。

(3) 发挥团队合力。服务质量的提高,要靠团队的共同努力,只有所有员工团结一致,整个服务流程才会畅通。

(6) 其他原因离开的客户。例如,由于企业员工跳槽而带走的客户等。

(二) 如何看待客户流失

1. 带来负面影响

客户背后有客户,流失一位重复购买的客户,不仅使企业失去这位客户可能带来的利润,还可能损失与受其影响的客户的交易机会。此外,还可能会影响企业对新客户的开发。

拓展阅读:
东风标致车售后业务交流材料——客户流失分析

你知道:流失一个顾客的损失吗?

如果一个客户 30 岁,车辆使用寿命 10 年,那么每年他的维修保养花费:保养+维修约 2400 元,按照他每 10 年换 1 次车,每次换车价格是 10 万元计算,从 30 岁到 60 岁,这个客户在汽车方面的花费是:

维修保养:$2400 \times 10 \times 3 = 72000$ 元。

购车:$100000 \times 3 = 300000$ 元。

一个汽车服务的忠诚用户的终身价值是 37.2 万元。

2. 不可避免性

新陈代谢是自然界的规律,企业的客户也有一个新陈代谢的过程,特别是今天的市场,客户流动的代价和风险越来越小,不论新客户和老客户都可能流失。许多企业提出了"客户零流失"的目标,但是这个目标太不切实际。有些客户的流失是很正常的。他们对不同企业提供的服务或产品的差异根本就不在乎,转向其他企业不是因为对原企业不满意,而是因为想换"口味"。

3. 有被挽回的可能

研究显示,向流失客户销售每 4 人中会有 1 人可能成功,而向潜在客户和目标客户销售每 16 人才有 1 人成功。可见，争取流失客户的回归比争取新客户容易得多。因此，当客户关系出现倒退时，企业不应该轻易放弃流失客户，而应当重视他们，积极对待他们，尽力争取挽回他们，尽快恢复与他们的关系，促使他们重新购买企业的产品和服务，与企业继续建立稳固的合作关系。

如果深入了解、弄清客户流失的原因，企业就可以获得大量珍贵的信息，发现经营管理中存在的问题，就可以采取必要的措施，及时加以改进，从而避免其他客户的再流失。相反，如果没有找到客户流失的原因，或者需要很长时间才能找到流失的原因，企业就不能采取有效措施加以防范，那么这些原因就会不断地"得罪"现有客户而使他们最终流失。

拓展阅读：

亡羊补牢，为时未晚

美国显微扫描公司是为医院化验室生产自动化微生物化验设备的专业公司。20 世纪 90 年代初，公司发现有些小型化验室是完全跳槽者，为此，公司要求销售人员与每一个跳槽的客户交谈，了解他们跳槽的根本原因。调查结果表明，问题出在客户既怀疑公司医疗设备的可靠性，又对公司的售后服务不满意。显微扫描公司虚心听取了跳槽者的意见，重新研制了新型医疗设备，提高了化验的精确性，缩短了化验时间，并完善了售后服务。通过短短两年的努力，许多跳槽的客户又重新回到了公司，该公司不仅在市场上确立了领先地位，而且经济效益也明显提高了。

（三）对流失客户的态度

不同的客户与企业关系的紧密程度不同，对企业的价值也是有差异的。客户的维持和挽留，都需要企业服务一定的人力物力财力，为了保证良好经营效果，应该针对客户流失的不同原因，对不同价值的客户采取差别对待，才能实现企业经营效果优化。

（1）企业要想方设法重新争取的对象是那些"被吸引的客户"和"主动离开的客户"以及其他原因导致的流失客户。其中，"主动离开的客户"对企业造成的负面影响最大，而且这些客户回归的可能性很小，因此挽回这些客户需要投入大量的精力和物力，对企业来讲也最有挑战性。

（2）"主动放弃的客户""被迫离开的客户"和"被收买的客户"可以被排除在恢复之列。这是因为企业"主动放弃的客户"对于企业来讲在长期内并没有收益上的损失；而"被迫离开的客户"和"被收买的客户"主要与客户自身的客观原因以及竞争对手采取的不正当手段有关，即使要恢复也只能付出较高的代价。

（3）也可以从客户价值上去确定策略。

1）"关键客户"购买量大，经营稳定，社会影响力大，应高度重视极力挽回，哪怕付出较大的代价。

2）"普通客户"是客户群体的主力军，对维持企业稳定发展是重要基础，应该在合理范围内尽力挽回。

3）"小客户"可根据具体情况见机行事，如果不用付出太多的，则可以试着将其挽回。

（4）彻底放弃不值得挽回的流失客户，包括：①不再给企业带来利润的客户；②不按遵守法律合同约定的客户；③无理取闹，不真诚合作的客户，损害员工士气的客户；④要求苛刻，超出合理范围，影响企业的正常。

任务二　客　户　挽　回

一、任务描述

企业在注重如何获得新客户和如何保持现有客户的同时，有必要加强对流失客户的管理，设法与这类客户恢复正常的业务关系，以实现企业利润最大化。

二、任务导入

餐饮行业挽回留住老顾客的方法

每个行业都有自己的经营规律和特点，把握好行业特点，能了解客户的需求和体验，在遇到客户流失的情况下，便能采取正确有效的措施，挽回老客户，下面以餐饮行业为例。

（1）餐饮企业要建立良好的客户管理系统，注意收集老顾客消费信息。如果发现两个星期都没有来消费过一次的老顾客，管理者要打电话向老顾客问候，了解未来消费的原因，以便及时调整。

（2）餐饮企业要采用顾客能接受的信息采集方式，防止客户反感。在收集顾客信息上，最好不要直接问电话号码，很多顾客都不希望被打扰，可以留下老顾客的QQ号以方便联系，由专人负责老顾客QQ号管理，不定时地与老顾客聊聊QQ，以增加感情，如果该顾客一月内来消费不超过三次时，管理者可以通过QQ与他沟通未经常来消费的原因和意见。

（3）餐饮企业要主动营销，不要被动等顾客上门。餐厅如有创新菜品推出或营销活动，要在第一时内发信息知会老顾客，让老顾客有受到尊重的感觉，体现餐厅对他的关怀，即使已很久没有来过消费的老顾客，也要坚持，这样可以挽回顾客对餐厅好的印象。

（4）对暂时流失的客户，更要关注关怀。餐厅对于已不来消费的老顾客，每年重大节日、生日，要坚持发祝福短信，不能因为顾客不来消费了，就不理睬和不管理这部分顾客，只要坚持下去，就会让这部分流失的顾客重新回来消费的。

点评和建议：

（1）对于餐厅经营，最主要的是做回头客的生意，金杯银杯不如顾客的口碑，一个餐厅如果有了顾客良好的口碑，生意一定会好，在餐厅经营中，如果不注意对顾客的管理和服务，就会使餐厅的服务下降、创新能力降低，给竞争者带来机会。

（2）建议餐厅在经营中，要注意建设完善的顾客管理体系，将顾客满意度放在首位，只有这样才能及时发现老顾客已几天没有来消费了，可以及时跟进原因，了解情况，改善自己的不足之处，使餐厅在激烈竞争的环境下生存发展。

（3）管理者对顾客的重视，现场管理者与顾客的交流，培养感情。打感情牌，这样也是留住顾客的方法之一。

三、知识支撑

（1）了解客户流失的原因，以便及时改进，争取挽回他们。

（2）积极与之联系，让他们感受企业的关心，给他们投诉、抱怨的机会，争取挽回。

(3) 如果没有挽回的可能，就要设法阻止流失客户散布负面评价，防止负面影响扩大化。

四、怎样挽回流失客户

（一）挽回流失客户的策略

(1) 分析流失客户的价值，决定是否实施恢复客户关系管理。企业要解决的问题是是否值得争取已流失的客户，也就是指企业必须在挽回流失客户的收益及付出的成本之间进行比较分析，一味地去挽回流失客户，就会存在"得不偿失"的风险。对企业有价值的客户的流失等于是拉响了企业危险的警报，但假如流失的是劣质客户，那么就不需要花费资源去调查他们流失的根本原因，而是应当反思当初客户吸引策略上是否存在问题。

确定流失客户的价值，识别哪些客户属于对企业有价值的客户，需要发掘并分析以前的和现有的客户的全部资料，并进行系统的、差异性的客户价值分析，才能做出判断。客户价值细分可借助于以销售收入为导向的 ABC 分析法，对客户进行高价值到低价值的区间分隔（例如，大客户、重要客户、普通客户、小客户等），以便根据"20％的客户为项目带来 80％的利润"的原理重点锁定高价值客户。价值细分过程也可借助于客户边际贡献法和客户终身预期利润法等来进行。

(2) 对于应挽回的客户应仔细倾听顾客的诉说，了解流失原因。企业要积极与流失客户联系，访问流失客户，诚恳地表示歉意，送上鲜花或小礼品缓解他们的不满。要了解流失的原因，弄清楚问题究竟出在哪里，并虚心听取他们的意见、看法和要求，让他们感受企业的关心，给他们反映问题的机会。

(3) 对症下药，满足顾客的要求，就改进的地方与顾客进行沟通，再次表达你的诚意。对待顾客要有耐心、坦诚。与流失顾客保持联系，给回归顾客一个台阶下。挽回顾客成功之后，继续保持生意往来。

（二）恢复客户关系管理的优化

(1) 提高市场的反应速度。包括善于倾听客户的意见和建议；建立强力督办系统，迅速解决市场问题，保证客户利益；建立投诉和建议制度；建立预测系统，为客户提供有价值的信息等。市场反应速度的提高可以帮助企业更了解客户的需求和意见，从而可以在第一时间了解到客户的心声，同时能够缩短改进周期和降低改进费用。

(2) 优化客户细分过程，建立客户价值档案。企业应该应用合理的模型计算流失客户的价值，以及企业付出的挽回成本，以便对流失客户对企业的价值贡献和公司维持流失客户的忠诚所付出的成本加以权衡，采取最合适的方式来挽回有价值的客户，使成本最低，从而保证企业的利益最大化。

(3) 与客户建立密切的关联。一方面向客户描绘企业发展的远景，以使老客户认识到自己只有跟随企业才能够获得长期的利益，这样才能使客户与企业同甘苦共患难，不会被短期利益所迷惑，而投奔竞争对手；另一方面加强与客户的沟通能力。出现误会或者客户对企业出现不满的时候，应该及时与客户沟通。沟通人员要将企业的信息及时反馈给客户，还要轮回式地询问客户对企业产品、服务及其他方面的意见和建议，并收集上来，融入到企业各项工作的改进之中，有效调整企业的营销策略以满足客户的需求，挽回因对企业产品或服务不满而流失的客户。

拓展阅读：

中国移动客户的流失与挽回

现在中国电信行业主要被中国移动、中国联通和中国电信三家公司垄断。中国移动虽没有大量的客户流失现象，但客户流失问题却一直困扰着中国移动，三家公司在全国各个地区之间的客户争夺竞争激烈。从中国移动方面来说，总不断有客户转向中国联通和中国电信，给中国移动造成大量的损失……

中国移动通信集团公司（简称中国移动）于2000年4月20日成立，注册资本为518亿元人民币，资产规模超过7000亿元。中国移动是中国唯一专注于移动通信运营的运营商，拥有全球第一的网络和客户规模，连续7年被美国《财富》杂志评为世界500强，最新排名第180位，是北京2008年奥运会合作伙伴。

虽然中国移动的流失率不高，但移动公司却是相当重视客户的流失，以下是中国移动对待客户流失的观点：流失在所难免，确保流失率控制在较低水平；通过内部信息系统，定期分析客户流失情况；仔细分析客户流失原因；认为许多客户是可以挽回的，并采取相应的挽回措施。

（一）中国移动分析的客户流失原因

1. 竞争对手夺走客户

任何一个行业，客户毕竟是有限的，特别是优秀的客户，更是弥足珍稀的，所以往往优秀的客户自然会成为各大厂家争夺的对象。

在重组之前，中国联通致力于争夺高端客户而推出一机双卡CDMA业务，抢夺中国移动高端客户资源，造成部分客户流失。

在重组后，中国电信接手C网，大张旗鼓地推出了天翼等移动互联网品牌，吹响了全业务经营的号角。中国联通则拥有G网以及宽带业务，同样来势汹汹。

2. 店大欺客

由于中国移动在国内的相对垄断地位，在一段时间内对客户的服务态度傲慢无理存在许多强买强卖乱收费现象，如硬性规定办理些套餐并收取费用；依仗其优势向客户收取更高的通话费用等，这也致使许多小客户转投中国联通。

3. 细节的疏忽

客户与厂家是利益关系纽带牵在一起的，但情感也是一条很重要的纽带，一些细节部分的疏忽，往往也会导致客户的流失。

中国移动公司的问题是内部管理问题，没有将公司的服务细节以及规范贯彻到基层，从而导致服务的疏忽以及对用户的不负责。如营业厅引导员服务不规范等。

4. 诚信问题

客户最担心和没有诚信的企业合作，一旦有诚信问题出现，客户往往会选择离开。

中国移动经常在客户不知情的情况下给客户开通各种名目的套餐内容或收取各种各样的费用。另外，中国移动的计费方式含糊不清，不完全透明。

（二）挽回的措施

1. 调查原因，缓解不满

如对全球通VIP客户，中国移动的客服人员有定期电话访问任务，当发现客户离网即派专人前往"慰留",问明原因,并尽力解决客户问题,以缓解不满,尽量挽留。

2. 对症下药,争取挽回

针对资费不优惠,做出调整资费,如应对"天翼"下调套餐费;针对服务态度不佳,开展提升服务质量如"暗访"加强营业厅服务监管;针对业务落后,开发了新业务如新推飞信、网聊套餐等。

挽回的具体措施如下:

(1) 树立"客户至上"服务意识,加强服务质量的管理。中国移动坚持深化员工的职业道德建设:在员工中广泛开展"假如我是客户""可爱的移动人"等讨论,向员工传达服务理念加强员工培训,提升服务意识和质量;改变传统的培训方式,强化移动新业务知识和服务技能的培训,吸引员工积极参加多媒体在线培训、分层级阶梯培训、案例演示情景模拟等多样化培训。

(2) 改善之前对待客户投诉意见的态度,改善客户对中国移动的印象,提升品牌形象。改善目前对待客户投诉意见的态度,提高员工的服务态度(包括电话接线员、营业厅服务员),用积极重视的态度真正落实措施来改善客户对移动的印象,提升品牌形象。

(3) 提供个性化套餐和服务。通过对现有个人用户消费行为的分析设计提供有针对性的个性化套餐和服务,以吸引挽回客户,如适合学生的"动感地带"套餐,适合经常出差商务人士的"全球通"。

(4) 扩大服务的广度,促进客户发展及客户维系。通过各种合作伙伴的捆绑扩大服务的广度,促进客户发展及客户维系。如机场移动贵宾休息室服务、提供火车站的易登车贵宾厅、免费代为办理银行国际金卡、联盟商家会员优惠。

(5) 建立客户流失信息支撑系统。中国移动建立了强大的客户流失支撑系统,这有助于管理水平的提高、管理成本的降低。中国移动的经营分析系统拥有世界最大的数据仓库,多项技术处于世界领先。如中国移动的两级结构的经营分析系统,在国际上是首创,将很多指标数据统一到一起,总部不但看到省里的汇总报表,还可以看到部分详细的数据。

3. 对不同级别客户采取不同的态度

(1) 对于 VIP 客户。由于 VIP 客户的流失会导致较大的损失,因此,中国移动会通过拜访客户、电话回访等尽力挽回。

(2) 对于低价值的小客户。由于这部分客户价值低,挽回的成本会高于获得的收益,因此,中国移动采取顺其自然的态度彻底放弃不值得挽留的客户。

中国移动对于客户流失,也并不是都挽回的,对于不值得挽回的客户,中国移动选择彻底放弃:①低价值客户,挽回成本超过所能获得的收益的客户;②声望太差的客户,恶意欠费的客户等。

五、课后练习

(一) 客户体验

沉默客户的挽留

背景

客户:蔡小姐。

时间:2017 年 3 月。

人物：电话客户经理张云，客户蔡琳。

事件：该客户为沉默客户，有转网意向。从不参加预存优惠活动。目前营销方案只办理了388元的套餐和套餐赠送的一卡多号香港万众号码。

起因

2017年3月7日早10点35分，联系蔡小姐，向其进行日常关怀工作。电话接通后先向客户进行自我介绍。客户语气冷淡地回了声："什么事？"于是我向客户介绍最近商旅套餐用户在全国（除港澳台）范围内接听电话免费的新资讯。客户突然说："我的话费为何那么贵啊，我都没有怎么打电话，每月都有六七百元的电话，我真不想用这个号码了。"

听到客户的话，我大吃一惊，马上向客户解释："您别急，我现在为您查询一下近几个月的话费使用情况，好吗？"在客户同意后，我从系统查询到客户使用的388元套餐最近半年都没有用超过赠送分钟数，但每月的短信费用和上网费都有100多元。

过程

按上述实际情况向客户说明。客户说："是的，我现在打电话没有以前那么多了，经常要发短信，而且要上网，你看有什么优惠啊？"通过客户这句话，我发现客户还是希望继续使用此号码的，也许只是她觉得话费太贵。所以我连忙对客户说："针对您目前的使用情况，我向您介绍我公司的短信套餐业务，套餐费分10元、20元、50元、100元不等。"客户马上感兴趣地问："10元、20元包几条短信？"我耐心详细地一一说明，并在介绍完后补充说道："账单显示您每月都有一百多元的短信费用，建议可办理一个50元包1000条的短信套餐，您觉得呢？"客户此时稍作考虑说："是不错，那我有空先去服务厅了解一下吧。"（分析：按照以往工作经验，通常沉默客户说去服务厅了解一下，都是不会去办理的。）我向客户笑称"没关系"。

紧接着我又向客户推介："我公司最近有个上网版商旅套餐，套餐内还包含有每月150M的上网流量。"客户听后颇有兴趣。于是我又详细地向客户介绍了该套餐的优惠。因考虑到客户很少去香港，且现在话费较以前有所减少，所以建议客户将388元套餐改为268元上网版的套餐。因为268元套餐包含国内主叫1050分钟，全国（不含港澳台）接听电话免费，还有额外的150M上网流量赠送，另加上50元的短信套餐，可以让客户节省较多的话费。并且向客户强调："如果您觉得套餐不合适，可以随时更改，下月生效。"发现客户仍有犹豫，我趁热打铁："您放心，作为您的客户经理，我会为您密切留意话费使用情况。"

结果

客户经过一番思量，终于同意办理业务。为客户核对密码无误后，为客户办理了268元上网版套餐、50元短信套餐，并取消一卡多号业务。业务均在4月生效。客户很满意地挂线了。

我记录下客户的号码，实时留意客户的话费使用情况，为后续工作做准备。预计在5月回访客户，加深了解客户的使用需求，争取和客户建立朋友关系。在适当时机向客户推介捆绑优惠，如预存话费购机、预存话费送优惠积分等。

练习要求：

学生自由组合，首先分析客户不满准备转网的原因，并分析客户经理张云换回客户的实施步骤，然后分别扮演客服与客户，重现挽回客户的过程。

(二)技能训练

1. 企业要想方设法重新争取的对象是那些（　　）以及其他原因导致的流失客户。
   A. 被吸引的客户　　　　　　　　B. 主动离开的客户
   C. 主动放弃的客户　　　　　　　D. 被收买的客户

2. 彻底放弃不值得挽回的流失客户，包括（　　）。
   A. 不再给企业带来利润的客户
   B. 不按遵守法律合同约定的客户
   C. 无理取闹，不真诚合作的客户，损害员工士气的客户
   D. 要求苛刻，超出合理范围，影响企业的正常

(三)能力测试

抗挫折能力测试

抗挫折能力是一个人在受到外部或内部困难冲击时的一种自我意识的防卫心理及行为。如果一个人的抗挫折能力很差，那么他在遇到困难时心理就很容易被摧垮，导致自暴自弃；反之，抗挫折能力强的人，就算遇到再大的困难也能应付自如。想知道你的抗挫折能力吗？请认真回答下面的测试问卷吧。

1. 在面临困难时，你通常采用何种应对方法？（　　）
   A. 放弃目标　　　　　B. 知难而进　　　　　C. 找人帮助

2. 对于每次遇到的挫折，你通常能解决到什么程度？（　　）
   A. 大部分自己无法解决　　B. 大部分靠自己解决　　C. 有一部分靠自己解决

3. 与周围的人相比，你对自己的能力素质的自信程度如何？（　　）
   A. 不太自信　　　　　B. 十分自信　　　　　C. 比较自信

4. 在过去的一年中，你认为自己遭受挫折的次数为（　　）。
   A. 6次以上　　　　　B. 2次或以下　　　　C. 3～6次

5. 如果有令你很担心的事发生时，你通常（　　）。
   A. 无法安心工作　　　B. 工作照样不误　　　C. 介于A、B之间

6. 碰到令人讨厌的竞争对手时，你通常（　　）。
   A. 无法应付　　　　　B. 应付自如　　　　　C. 介于A、B之间

7. 面临失败时，你通常的做法是（　　）。
   A. 破罐破摔　　　　　B. 把失败转化为成功　C. 介于A、B之间

8. 当工作进展太慢时，你会（　　）。
   A. 焦躁万分　　　　　B. 冷静地想办法　　　C. 介于A、B之间

9. 碰到难题时，你通常会（　　）。
   A. 失去信心　　　　　B. 为解决问题而费尽心思　C. 介于A、B之间

10. 在工作中感到疲劳时，你通常（　　）。
    A. 总是想着疲劳，脑子也变得不好使了
    B. 休息一段时间，就能把疲劳给淡忘掉
    C. 介于A、B之间

11. 当工作条件恶劣时，你通常（　　）。

A. 无法干好工作　　　　　B. 能克服困难，干好工作　C. 介于A、B之间

12. 当因工作而产生自卑感时，你会（　　）。

A. 不想再干工作　　　　　B. 继续振奋精神去干工作　C. 介于A、B之间

13. 当上级交给你很难完成的任务时，你会（　　）。

A. 竭力把任务顶回去　　　B. 千方百计去干好　　　　C. 介于A、B之间

14. 当困难落到自己头上时，你往往会（　　）。

A. 厌恶之极　　　　　　　B. 认为这是个锻炼的机会　C. 介于A、B之间

项目六

客户关系管理的营销策略

本项目描述

企业在进行客户关系管理时,应该能够采取适当的营销策略,包括认识客户生命周期,对不同周期阶段的客户采取不同的策略;能够对客户开展不同层级的关系营销,能进行数据库营销。

知识目标

(1) 了解客户不同生命周期的不同特点。

(2) 了解客户关系管理的关系营销。

(3) 了解客户关系管理的数据库营销。

技能目标

(1) 能够正确划分客户所属的生命周期,并采取恰当的营销策略。

(2) 能够运用一级、二级、三级关系营销的营销策略进行客户关系管理。

(3) 能够运用数据库营销策略。

素质目标

(1) 培养学生善于运用数据,提高分析问题与解决问题的能力。

(2) 培养学生以诚待人、以礼待人、平等待人的和谐人际关系。

任务一 客户关系生命周期管理

一、任务描述

在了解客户生命周期各阶段特征的基础上,运用相应的策略针对不同的阶段实施客户关系管理。

二、任务导入

哪家企业消耗的成本高

企业 A:有 100 名客户,每年流失 20 名,客户流失率为 20%,企业群体客户生命周期为 5 年,5 年流失 100 名客户,为保持客户不变,企业每年需开发 20 名新客户。

企业 B:有 100 名客户,每年流失 10 名,客户流失率为 10%,企业群体客户生命周期为 10 年,10 年流失 100 名客户,为保持客户不变,企业每年需开发 10 名新客户。

哪家企业消耗的成本高?

企业 A。因此维持好客户关系,与客户保持较长的生命周期,对企业经营有积极意义。

生命周期被广泛地用于解释一个主体从开始到结束的发展过程,如组织/产品/风投生命周期等,同样也适用于企业客户关系管理。一个完整的生命周期通常包括诞生、成长、成熟、衰退或死亡等阶段。

(一) 客户生命周期的含义

客户关系生命周期指企业和客户发生关系不同阶段,强调的是两者之间关系的发生、发展的过程以及各个过程给企业带来的不同利润。

客期是客户关系生命周期的简称,指客户关系水平随着时间变化的发展轨迹,它描述了客户关系从一种状态向另一种状态运动的总体特征。客户生命周期一般分为考察期、形成期、稳定期和退化期(图6-1)。

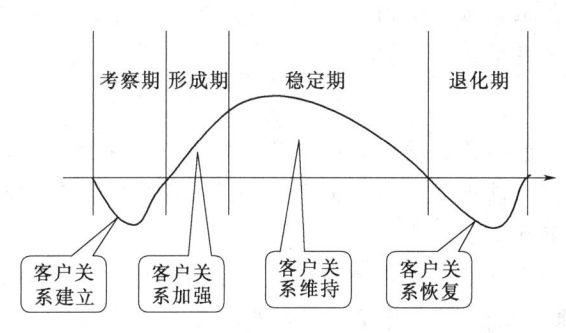

图6-1 客户生命周期

(二) 客户生命周期各阶段特征

1. 考察期

考察期是客户关系的探索和试验阶段。在这一阶段,双方考察和测试目标的相容性、对方的诚意、对方的绩效,考虑如果建立长期关系双方潜在的职责、权利和义务。双方相互了解不足、不确定性是考察期的基本特征,评估对方的潜在价值和降低不确定性是这一阶段的中心目标。在这一阶段客户会下一些尝试性的订单,企业与客户开始交流并建立联系。因客户对企业的业务进行了解企业要对其进行相应的解答,某一特定区域内的所有客户均是潜在客户,企业投入是对所有客户进行调研,以便确定出可开发的目标客户。此时企业有客户关系投入成本,但客户尚未对企业做出大的贡献。

2. 形成期

形成期是关系的快速发展阶段。双方关系能进入这一阶段,表明在考察期双方相互满意,并建立了一定的相互信任和交互依赖。在这一阶段,双方从关系中获得的回报日趋增多,交互依赖的范围和深度也日益增加,逐渐认识到对方有能力提供令自己满意的价值(或利益)和履行其在关系中担负的职责,因此愿意承诺一种长期关系。在这一阶段,随着双方了解和信任的不断加深,关系日趋成熟,双方的风险承受意愿增加,由此双方交易不断增加。当企业对目标客户开发成功后,客户已经与企业发生业务往来,且业务在逐步扩大,此时已进入客户成长期。企业的投入和开发期相比要小得多,主要是发展投入,目的是进一步融洽与客户的关系,提高客户的满意度、忠诚度,进一步扩大交易量。此时客户已经开始为企业做贡献,企业从客户交易获得的收入已经大于投入,开始盈利。

3. 稳定期

稳定期是关系发展的最高阶段。在这一阶段,双方或含蓄或明确地对持续长期关系作了保证。这一阶段有如下明显特征:

(1) 双方对对方提供的价值高度满意。

(2) 为能长期维持稳定的关系,双方都做了大量有形和无形投入。

(3) 大量的交易。因此,在这一时期双方的交互依赖水平达到整个关系发展过程中的最高点,双方关系处于一种相对稳定状态。此时企业的投入较少,客户为企业做出较大的

项目六 客户关系管理的营销策略

贡献,企业与客户交易量处于较高的盈利时期。

拓展阅读:

在世界著名的丰田零库存生产方式形成的过程中,为了让配件供应商达到丰田公司的要求,准时将完全合格的产品送到指定地点,丰田公司与供应商花费了3年时间学习如何协调管理。对于供应商来说如果丰田公司要转换供应商,那么必须花费时间寻找合格的供应商,同时必须花费大量的时间和精力对供应商进行培训,这无疑是极大的转换障碍,事实证明供应商与丰田公司的关系一直都非常稳定。

4. 退化期

退化期是关系发展过程中关系水平逆转的阶段。关系的退化并不总是发生在稳定期后的第四阶段,实际上,在任何一阶段关系都可能退化。引起关系退化的可能原因很多,如一方或双方经历了一些不满意、需求发生变化等。

退化期的主要特征有:交易量下降;一方或双方正在考虑结束关系甚至物色候选关系伙伴(供应商或客户);开始交流结束关系的意图等。当客户与企业的业务交易量逐渐下降或急剧下降,客户自身的总业务量并未下降时,说明客户已进入衰退期。

此时,企业有两种选择:一种是加大对客户的投入,重新恢复与客户的关系,进行客户关系的二次开发;另一种做法便是不再做过多的投入,渐渐放弃这些客户。企业两种不同做法自然就会有不同的投入产出效益(为了便于论述,本书以企业的第二种做法进行研究)。当企业的客户不再与企业发生业务关系,且企业与客户之间的债权债务关系已经理清时,意味客户生命周期的完全终止。此时企业有少许成本支出而无收益(表6-1)。

表6-1 各阶段的交易额、利润的基本情况

项目	考察期	形成期	稳定期	退化期
交易量	总体很小	快速增长	最大并持续稳定	回落
成本	最高	明显降低	继续降低至一个底限	回升,但一般低于考察期
交易额	很小	快速上升	稳定在高水平上	下降
利润	很小甚至负利润	快速上升	继续上升,最后稳定在一个高水平上	下降

(三)生命周期各阶段的客户关系策略

营销学大师科特勒认为"今天,营销人员不必把重心放在产品的生命周期上,而应放在目标客户的生命周期上"。言下之意就是企业应该关注客户关系生命周期,充分分析不同阶段客户关系的特点,依此采取相应的客户关系策略,满足不同阶段客户的需要,以维持优质的客户群体。

1. 考察期策略

吸引新客户是市场营销工作的重点。

为了获取新客户,营销人员应注重预期客户的管理。预期客户管理的侧重点是让自己的产品或服务引起预期客户的注意,激发他们的兴趣和购买欲,促使他们尽快做出购买决策,与之建立客户关系,从而使预期客户变成现实的客户,例如运用价格折扣、产品组合销售和购物积分等方法刺激顾客。

另外，企业还应向客户做好产品推荐，并做出适当承诺，满足客户期望值，确保客户满意，建立基本信任，驱动新客户尽快越过考察期，进入形成期。

考察期建立客户信任的机制如下：

（1）适当的投资。如为客户培训员工、提供新产品信息、帮助客户分析市场前景、提供交易系统连接等。

（2）积极的沟通。使客户明白公司作为客户的交易伙伴是有价值的，完全有能力满足客户的期望。

（3）良好的公司声誉对客户信任的建立起着推动作用。

2. 形成期策略

处于此阶段的客户还有很大的波动性，随着消费经验的积累和自身价值评估能力的提高，他们的眼光不仅局限于企业内部，往往会权衡可替代供应商和现有供应商带给自己的收益和成本，如果可替代供应商做得更好，他们会放弃现有关系，转向其他供应商。企业的任务是不断提供更高水平的客户服务，赢得客户满意，巩固和加强考察期建立的客户信任，培育客户忠诚。

快速提升客户价值的机制如下：

（1）尽快了解并满足客户个性化的需求。个性化增值是提升客户价值的最佳切入点，因为个性化不易被模仿，有利于保持竞争优势。

（2）通过有效地沟通使客户明白我们是最好的供应商，能够比竞争对手更好地满足客户的独特需求。

3. 稳定期策略

使客户关系长期处于稳定期是企业所希望的，要实现这一目标应采取以下措施：

（1）培育客户忠诚。培育客户忠诚的基础是持续提供超过客户期望的价值，使客户坚信目前的供应商是最有价值的，由此对公司、公司员工、公司产品或服务产生一种强烈的感情依附，进而发展为忠诚。忠诚是一种可靠的、高水平的客户关系，此时客户不仅有很高的经济转移成本，而且面临很高的心理和精神转移成本，更重要的是客户对双方长期关系的收益非常有信心。

（2）加强增值创新能力。企业应持续提供超期望价值，这是建立客户忠诚的基础。加强增值创新能力是持续提供超期望价值的源泉，因为随着客户价值的不断提升和技术的标准化、服务的同质化，原先的超期望价值逐渐退化为期望价值甚至基本价值。

增值创新能力的形成基于以下两点：

第一，竞争对手能做到的公共增值项目（如产品质量、交货速度、价格、售后服务、技术支持等），本公司必须始终做得最好。

第二，尽量增加个性化增值的份额。个性化增值不仅是维持增值创新能力的良好途径，而且无形中加大了客户退出关系的成本。同时，个性化增值为公司树立了一个良好形象：公司为一个专门客户投入大量的资金、时间和精力来开发独特的客户价值，公司对客户是真诚的、重视的，为客户利益是不惜代价的，因此有助于培育客户忠诚。

4. 退化期策略

即使企业采取了保持客户关系的种种措施，由于种种原因，企业仍无法完全阻止客户的流失。在这一时期，企业应采取客户关系的恢复策略，其目的是充分挖掘客户价值的潜力，尽可能降低客户流失给企业带来的不良影响，认真分析客户流失的原因，总结经验，改进企业的产品和服务。客户关系恢复策略对不同的客户要区别对待：对于有价值的客户，要想方设法恢复关系；对于价值小或负价值的客户，可以放弃。

拓展阅读：

越来越依赖富士康：正在成为苹果的隐患？

日媒称，夏普总裁兼首席执行官泰俊武向台湾大同大学的学生表示，苹果正在从液晶显示屏转向 OLED 显示屏。夏普表示，它正在日本建设一个新的 OLED 设施，为"关键客户"制造显示屏。

所谓的关键客户其实不言自明，夏普是苹果 iPhone 显示屏供应商，而夏普母公司是富士康。泰俊武没有指出什么时候新的 iPhone 将切换到 OLED 显示屏，但外界普遍都认为 iPhone 8 将采用 OLED 显示屏。即便 OLED 显示屏的订单可能还会有三星与 LG 等厂商来争抢，但从夏普对外透露的信息中得知，富士康旗下的夏普拿下苹果 OLED 显示屏订单的可能性是相当大的。

我们此前比较清楚的是，富士康离不开苹果，苹果目前对鸿海的营收贡献大致占了一半。苹果打个喷嚏，富士康就要感冒。苹果的订单减少或者压低价格，富士康的打击最大，因为与苹果建立供应合作关系的 18 家代工厂之中，富士康占了 7 家。富士康占据着 iPhone 产量的 70% 以上。

但从目前的形势看，富士康不仅负责苹果公司 iPhone 的绝大多数产品组装，还为未来的苹果供应 OLED 显示屏和玻璃机身，可以知道的是，在富士康极度依赖苹果获取利润之外，苹果对富士康的依赖也越来越大。

这让苹果感受到了越来越大的压力，其实苹果多年来也在一直致力于不断削弱富士康的影响力与权力。比如根据供应链的消息，苹果将会重新分配 iPhone 的订单比例，已将一部分代工任务交给了和硕，目前仍占 70% 以上份额的富士康或许会被继续削弱。但非常无奈的是，即便苹果在供应链单一零部件奉行双供应商的策略，但也无法阻挡富士康成为一家代工界的巨无霸，甚至，苹果真心想找一家代工厂来制衡但却发现富士康已经是一家无法替代的供应商。所以我们看到，在 OLED 之外，富士康也正在制造无线充电模块以供新 iPhone 使用，而这一功能也已被列入了新 iPhone 的升级计划中。

也有消息指出富士康正在跟英国半导体芯片设计公司 ARM 商讨合作计划，未来将正式涉足半导体开发与设计领域。尽管目前苹果芯片是独家给台积电代工，但如果富士康未来要做芯片，苹果未来可能将芯片生产与代工的活儿也交给富士康。可以知道的是，富士康涉足的产业链业务领域越多，苹果需要交给富士康的活儿就越多。如此一来，苹果对富士康的依赖性就越来越大。富士康已经成为苹果无法低估与随意下生杀大权的代工厂。

过去的许多年，富士康答应苹果的每一项要求，接收苹果的成本、品质与交货期限要求与命令，富士康为了跟上苹果的生产订单，招收成千上万的新员工，引进大量机器人，投资了许多代工厂，甚至为了配合苹果开拓印度市场的需要，也在印度开始投资工厂。即使苹果的营业利润率在 2012 年高峰期超过 35%，富士康也愿意接受 1.5% 的微薄利润，因为富士康非常清楚如日中天的苹果对于公司业绩的重要性。

但现在富士康却开始不那么听话了。2016年,苹果的营业利率跌到了27.8%,是近七年来的最低水平。在过去不久,苹果开始要求供应商报价降低20%,这遭到富士康、日月光半导体等一众供应商的反对,富士康集团旗下公司则认为,这样的价位难以接受,并表示,如果没有合理利润将不接受苹果订单。

富士康深知自己处于转型的十字路口,迫切需要降低对苹果的依赖,尤其是苹果处于下行的风口,高度依赖苹果会存在巨大的风险,因此富士康一直在积极协助来自非苹果的智能手机客户,增加他们的产品销量,包括增加华为和华硕的笔记本和智能手机订单,有数据显示,目前富士康约2/5的收入来自为少数几家公司代工服务器和网络设备,包括思科、Juniper、惠普、华为和戴尔等,并打算将电子白板作为另一个业务支柱增加来自更多非苹果的收入,与此同时,富士康之前收购夏普与接盘诺基亚品牌,进军服务器和存储市场扩张,自主开发机器人、极布局大陆线上金融业务等,都与它自身的转型焦虑相关。

库克曾经说过,对待全球供应商时,必须侵略性十足而且不合理,在苹果供应链背后,许多供应商因为苹果而辉煌,也因为苹果的供应链策略而倒下。比如很早之前中国台湾的触控屏幕制造商宸鸿长期为iPhone与iPad生产屏幕,而业绩股价扶摇而上成为触控屏幕领导者,但当后来苹果滋生不安全感推行多供应商策略,将订单分散到夏普、东芝、LG、三星等供应商时,使得宸鸿股价暴跌。

另外一个案例是,日本shicoh这家公司曾为苹果生产小型聚焦马达,但后来因为这家公司的财报不符合苹果标准,苹果继而终止关系而将订单交给其竞争对手Alpine继而导致该公司破产,在苹果的供应链上,这类案例还有很多。可以说,苹果对供应商的策略奉行了库克的作风:必须侵略性十足。

但这样一来有着极强的负面效应,也就是说,供应商也会意识到做苹果的生意有莫大的风险,苹果能决定哪家供应商生,哪家供应商死。所以它们都在想办法让自身利润多元化,比如台湾联发科、大立光、群创、闳晖等供应商也同样是华为的供应商,台积电与舜宇光学也开始为华为代工。苹果销量走低,供应商也开始变心,想着如何规避苹果带来的风险,这导致苹果对供应链的掌控力弱化。

富士康体现出来的侵略性与谋略相比苹果其实毫不逊色。可以说,富士康这么多年默默低调布局,不知不觉之间,苹果的供应链已经不完全在苹果的掌控之下,苹果没有自己的工厂,大部分生产iPhone的工厂都在富士康旗下;苹果没有自己的廉价劳动力以及大量的熟练技工,但富士康拥有超过100万劳工与成千上万的熟练技工,苹果几乎完全依赖于富士康的工厂与便宜劳工,苹果拥有技术与专利,但制造技术在富士康等供应商手里,富士康通过年复一年的为苹果代工,取得了大量熟练技术然后再为其他客户服务或者自身布局相关产业链业务,苹果正在逐步丧失发号施令的权利。富士康不再像以前那样,十分轻易地就接受苹果的条件。

而苹果如果失去富士康,将极大地影响到未来iPhone的生产进度与品控质量与订单、销量的稳定性,甚至iPhone的创新与技术更新、产品制造节奏都会被打乱,某种程度上,富士康正让自己变得越来越不可或缺,富士康目前具备竞争对手所难以达到的量级以及品质与速度,具备大规模制造苹果相关产品的能力,这已经成为它与苹果议价的资本。

但富士康的隐患同样存在,毕竟,如果失去苹果订单,富士康的危机与短板将会全方位放大,加之和硕逐步壮大,而纬创也开始正式成为iPhone的第三家代工厂,当富士康的替代者越来越多,富士康的焦虑会越来越大,毕竟这意味着苹果在削权。而随着iPhone的销量下滑,iPhone7如今的热度大不如前,用户忠诚度持续下降,富士康需要思考的显然也是如何规避苹果带来的一损俱损的负效应,否则各地的iPhone组装线与工厂一旦被闲置会给富士康带来沉重的成本危机。

苹果目前让富士康代工OLED等更多的零部件,越来越依赖富士康带来更高的效率与速度,这可能将导致权力天平失衡,富士康会向苹果回推力量,寻求更多的议价空间。对于富士康来说,在代工之外,富士康是否有能力创造新产品,发展新的核心合作伙伴、寻求新的商业模式与增长空间,将决定富士康是否能摆脱对苹果的过分依赖。

但回过来,苹果目前正处于一个下行的风口,在销量与影响力下行的时间段,各种供应链环节的矛盾会因利益纠葛产生,供应链环节的风向也会因此产生变化,强硬的苹果惯用的对供应商侵略性的管理方式或许不再适用。因此,目前苹果越来越依赖富士康,恐怕将导致苹果自身对供应商的议价能力与掌控力进一步被削弱,这或将成为正处于下行风口的苹果未来的一大隐患。

(资料来源:王新喜,越来越依赖富士康:正在成为苹果的隐患?http://it.sohu.com/20161104/n472258552.shtml,有修改。)

思考:根据以上内容,试给苹果和富士康的客户关系划分生命周期,说明每个周期阶段苹果和富士康相互关系的特点,以及在每个阶段分别采取了什么客户关系策略。

任务二 关 系 营 销

一、任务描述

关系营销的核心是建立和发展与公众的良好关系。客户关系营销需要运用相应的策略实施管理。

二、任务导入

古 代 关 系 营 销

在我国古代有一个关系营销的经典案例,对现代企业客户关系管理有有益启示。

在古代中国的一个村庄,村子里一共有6个米商,其中有一个叫明华的年轻米商。他整日开门迎客,但无奈生意非常冷清。

一天,明华意识到他必须要了解一下乡亲们,了解他们的需求和愿望,而不是单纯地将米卖给那些来到店里的乡亲。他认识到,他必须要让乡亲们感到买他的米物有所值,而且比其他几个米商的米都合算。于是,他决定对销售过程进行记录,记录下乡亲们的饮食习惯、订货周期和供货的最好时机。为了进行市场调查,明华首先开始了走访调查,逐户询问下列问题:

家庭中的人口总数。

每天大米的消费量是多少碗。

家中存粮缸的容量有多大。

针对所得到的资料，他向乡亲们承诺：

免费送货。

定期将乡亲们家中的米缸添满。

另一个关系营销案例，一个4口之家，每个人每天要吃2碗大米，这样，这个家庭一天的米的消费量是8碗。根据这个测算，明华发现，该家庭米缸的容量是60碗，这接近一袋米。

关系营销案例中通过建立这样极有价值的记录和推出的服务，明华与顾客建立起广泛而深入的关系。先是与他的老顾客，然后逐步扩展到其他的乡亲。他生意不断地扩大，以至于不得不雇用他人来帮助他工作：一个人帮助他记账，一个人帮助他记录销售数据，一个人帮助他进行柜台销售，还有两个人帮助他送货。至于明华，他主要的职责就是与乡亲们不断地接触，搞好与大米批发商的关系，因为当时米是非常紧缺的，只有为数不多的大米生产者。关系营销案例的最后，他的生意蒸蒸日上。

从这个关系营销案例我们还可以得到关系营销的3个战术要素：

与顾客和供应商直接接触（如种大米的农民）。

建立与顾客和供应商相关的数据库。

建立顾客导向的服务体系。

同时，通过关系营销案例我们还可以得到关系营销的3个战略要素：

将企业重新界定为服务企业，将服务作为竞争的核心要素（利用全效的服务而不仅仅是大米进行竞争）。

重新从流程管理，而不是职能管理角度来审视组织流程管理，以有效的管理为村民创造价值，而不是简单地卖大米。

建立良好的合作伙伴关系，通过完善的网络来管理整个服务过程，如与种大米的农民进行亲密的接触。

（资料来源：中国古代经典关系营销成功案例 http：//www.xuexila.com/success/chenggonganli/479508.html，有修改。）

三、知识支撑

（一）什么是关系营销

美国德克萨斯州A&M大学的伦纳德·L·贝瑞（Leonard L. Berry）教授于1983年在美国市场营销学会的一份报告中最早对关系营销做出了如下的定义："关系营销是吸引、维持和增强客户关系。"在1996年又给出更为全面的定义："关系营销是为了满足企业和相关利益者的目标而进行的识别、建立、维持、促进同消费者的关系并在必要时终止关系的过程，这只有通过交换和承诺才能实现。"工业市场营销专家巴巴拉·B·杰克逊（Jackson B. B, 1985）从工业营销的角度将关系营销描述为"关系营销关注于吸引、发展和保留客户关系"。摩根和亨特（Morgan and Hunt, 1994）从经济交换与社会交换的差异来认识关系营销，认为关系营销"旨在建立、发展和维持成功关系交换的营销活动"。顾曼森（Gummesson, 1990）则从企业竞争网络化的角度来定义关系营销，认为"关系营销就是市场被看做关系、互动与网络"。

简而言之，所谓关系营销，是把营销活动看成是一个企业与消费者、供应商、分销商、竞争者、政府机构及其他公众发生互动作用的过程，其核心是建立和发展与这些公众的良好关系。

（二）关系营销的内涵

1. 是对传统营销理念的有力拓展

传统的市场营销理论，以单个企业为分析单元，认为企业营销是一个利用内部可控因素来影响外部环境的过程。对内部可控因素的总结是 4Ps 组合，即产品、价格、分销、促销策略，营销活动的核心即在于制定并实施有效的市场营销组合策略。但是实践证明，传统的营销理念越来越难以直接有效地帮助企业获得经营优势，这是因为任何一个企业都不可能独立地提供营运过程中所有必要的资源，而必须通过银行获得资金、从社会招聘人员、与科研机构进行交易或合作、通过经销商分销产品、与广告公司联合进行促销和媒体沟通；不仅如此，企业还必须被更广义的相关成员所接受，包括同行企业、社区公众、媒体、政府、消费者组织、环境保护团体等，企业无法以己之力应付所有的环境压力。因此，企业与这些环境因素息息相关，构成了保障企业生存与发展的事业共同体，共同体中的伙伴建立起适当的关系，形成一张巨型的网络。对于大多数企业来说，企业的成功正是充分利用这种网络资源的结果。这样，对企业资源的认识，就从企业"边界"以内，扩展到了企业边界以外，即包括所有与企业生存和发展具有关联的组织、群体和个人，以及由这些"节点"及其相互间的互动关系所构成的整个网络。而这些关系是否稳定并能给对网络的成员带来利益的增长，即达到"多赢"的结果，则依赖于有效的关系管理，包括利益的共享、通过"感情投资"在伙伴间建立亲密的关系等（表 6-2）。

表 6-2 交易营销和关系营销的比较

交易营销	关系营销
关注一次性交易	关注保持客户
较少强调客户服务	高度重视客户服务
有限的客户承诺	高度的客户承诺
适度的客户联系	高度的客户联系
质量是生产部门所关心的	质量是所有部门所关心的

拓展阅读：

灿坤跨国集团关系营销失败案例

灿坤跨国集团成立于 1978 年，作为一家享誉全球的小家电专业制造商，其产品畅销世界 100 多个国家和地区，灿坤电熨斗、煎烤器两项产品的年产量位列全球第一，咖啡机的年产量也位居世界前列。灿坤集团拥有遍布全球的国际化研发和管理团队，其股票先后在中国大陆、中国台湾、美国三地上市的第一家中国公司，然而就是这样一家大名鼎鼎的跨国公司，近两年却在中国大陆遭遇了该公司发展历史上前所未有的滑铁卢之败。

2003 年 6 月，灿坤集团在厦门、上海、漳州的 5 家 3C（3C 是 computer 电脑产品、communication 通信产品和 consumer 传统家电产品的简称）零售连锁店同日开张，宣布灿坤正式进军大陆 3C 流通领域。在台湾运作的相当成功的 3C 零售连锁体系引进大陆对灿坤集团具有重要的战略意义，灿坤集团希望以此作为其实施"世界工厂＋世界通路"战略的起点。灿坤雄心勃勃地计划在此后六年时间里在大陆开设1000家3C连锁店，实现1000亿新台币的营业收入。2003年下半年，灿坤在华南和华东地区以每月4家的速度开设新的连锁店，2003年年底灿坤在大陆的连锁店数量达到了51家，但是，灿坤超常规的发展并没有持续多久，从2004年9月开始，灿坤3C店关店的速度超过了开店速度。2005年7月，灿坤宣布将其在大陆的所有门店的固定资产、存货以1.438亿元人民币的价格整体转让给永乐家电，这标志着灿坤在大陆的3C零售业务的最终失败。

分析：失败的原因

1. 未能把关系营销的理念贯彻始终

不彻底的关系营销使得灿坤的营销虽然具有关系营销的形式和外表，却没有把握关系营销的精神实质。灿坤虽然投入了大量资金建立与顾客的关系，却没有从这种关系中获得应有的回报。灿坤采用的会员制营销本来是关系营销的典型方式，灿坤却将其与价格比拼这样的交易营销手段结合起来，这使得灿坤无法将关系营销的理念贯彻到底。

2. 未充分利用最新的关系营销手段

当今最有效的关系营销手段就是数据库营销，关系营销的成败在很大程度上取决于能否建立、维护与利用好顾客数据库。在灿坤推行的会员制营销模式下，灿坤的绝大部分销售是通过持卡消费的会员实现的，这种销售方式使灿坤可以搜集到大量会员顾客消费行为的数据，但灿坤对这些数据的利用却仅仅局限在安排进货方面，从来没有利用这些数据开展有针对性的深度销售和交叉销售，白白放弃了扩大销售和提高利润率的大好机会。

3. 对品牌管理不够重视

在大陆拓展3C零售业务时，灿坤巨大的品牌价值没有得到很好的利用，其面临两大品牌管理问题，其一是全球品牌问题，其二是品牌延伸问题。前者是指将台湾地区3C零售的第一品牌灿坤介绍到大陆，后者是指将大陆消费者熟悉的小家电品牌灿坤延伸到零售服务领域。灿坤在主观上希望能采取全球品牌战略，将其在台湾地区的3C零售模式复制到大陆乃至整个世界，但是，由于大陆和台湾地区的交流还非常有限，广大的大陆消费者对灿坤在台湾地区的3C零售连锁业务并不了解，所以，大陆消费者更容易把灿坤3C连锁零售店同自己熟悉的灿坤小家电联系起来，这使品牌延伸成了灿坤无法回避的客观事实。

4. 忽视员工上岗前培训

灿坤在大力扩张门店的时候，忽视了内部营销的重要性，员工培训的严重滞后致使顾客服务质量一直无法提高，影响了关系营销的顺利开展。

5. 危机公关处理不当

灿坤不能有效利用公共关系的手段对顾客的疑问做出及时的反应，这使顾客逐步失去了对灿坤的信任，最终导致了灿坤关系营销的彻底失败。

思考分析：

买卖双方的关系被分为三个层次：经济层次的关系、社会层次的关系以及结构层次的关系。灿坤从一开始就把会员的注意力锁定在了对价格的关注上，这阻碍了灿坤与顾客发展更深层次的关系。灿坤可以在会员组织的基础上通过举办各种具有社交联谊性质的活动发展同会员在社会层次的关系，但灿坤没有采取有效地措施将顾客关系的层次向社会层次推进。未充分利用最新的关系营销手段。

网络营销可以支持关系营销的开展，灿坤开设零售店的地区都是我国互联网基础设施发展较好的地区，在这些地区开展网络营销有着很好的前景，但灿坤显然忽视了网络营销的巨大潜力。在保持顾客关系方面，电子邮件（包括电子杂志）是一种非常高效的工具，灿坤虽然在会员登记时收集了会员的电子邮件地址，但灿坤却从来没有使用电子邮件同会员进行联系，更没有发行任何类型的电子杂志，在需要提醒会员光顾门市时，灿坤宁愿使用昂贵而又低效率的电话营销手段也不使用高效而廉价的电子邮件营销手段。当然，灿坤更没有在互联网上开办灿坤用户的虚拟社区，白白放过了利用虚拟社区低成本地发展同会员社会层次关系的机会。

灿坤的小家电产品在大陆有着庞大的用户群，这为灿坤实施品牌延伸战略提供了条件。灿坤可以通过有效的营销传播从品牌的核心能力与品牌引发的核心联想方面在灿坤小家电和灿坤 3C 零售服务建立起概念上的联系。

灿坤 3C 经营的品种大部分属于消费者眼中的高科技产品，顾客在购买决策、安装调试、使用维护以及报废处置阶段都要有专业人士的优质服务，而在灿坤经营 3C 业务时，忽略了这点，导致投诉电话从未间断。

当不利于公司的突发事件发生时，企业应该及时采取措施去挽回影响，这对于关系导向的企业尤为关键，但灿坤在危机公关方面反应迟缓，吴灿坤甚至涉嫌操纵股票，导致公司形象一再受损，最后失去了顾客的信任。

总结：

在反思灿坤失败的原因时，我们不能因为灿坤 3C 零售业务在大陆的失败，就全盘否定灿坤在营销方面所做的一切。

业界有人批评灿坤在选择门市地址上违背了在繁华商业区选址的原则，其实门市选址只是一个相当次要的因素，将灿坤连锁店中有 75% 的无效店归结为选址问题是一种简单化地看问题方式。

也有人批评灿坤在广告方面的投入不足是灿坤门市客流量不够的原因，从关系营销的观点看，我们说，大量使用大众媒体做广告宣传本来就是交易营销的特色，关系营销则倾向于使用直复营销这样的比较个性化的传播方式，所以，灿坤广告投入低是无可指责的，而灿坤的问题在哪呢？

结论：在不做广告的同时也没有进行有效的个性化传播才是问题的关键。当然，灿坤 3C 零售业务在大陆的失败确实还存在其他方面的原因，等待我们继续去发掘。

2. 信息技术是关系营销发展的驱动力

现代信息技术的发展为各种营销伙伴关系的建立、维护和发展提供了低成本、高效率的沟通工具，它解决了关系营销所必需的基本技术条件。

正是在上述诸因素的作用下，关系营销自 20 世纪 80 年代后期以来得到了迅速的发展。如今，人们对关系营销的讨论和关系营销的实践，已从单纯的顾客关系扩展到了企业与供应商、中间商、竞争者、政府、社区等的关系。这样，关系营销的市场范围就从顾客市场扩展到了供应商市场、内部市场、竞争者市场、分销商市场、影响者市场、招聘市场等，从而大大地拓展了传统市场营销的涵义和范围。

(三) 关系营销的形态类别及特点

关系营销是在人与人之间的交往过程中实现的，而人与人之间的关系绚丽多彩，关系复杂。归纳起来大体有以下几种形态。

1. 亲缘关系营销形态

亲缘关系营销形态指依靠家庭血缘关系维系的市场营销，如父子、兄弟姐妹等亲缘为基础进行的营销活动。这种关系营销的各关系方盘根错节，根基深厚，关系稳定，时间长久，利益关系容易协调，但应用范围有一定的局限性。

2. 地缘关系营销形态

地缘关系营销形态指以公司（企业）营销人员所处地域空间为界维系的营销活动，如利用同省同县的老乡关系或同一地区企业关系进行的营销活动。这种关系营销在经济不发达，交通邮电落后，物流、商流、信息流不畅的地区作用较大。在我国社会主义初级阶段的市场经济发展中，这种关系营销形态仍不可忽视。

3. 业缘关系营销形态

业缘关系营销形态指以同一职业或同一行业之间的关系为基础进行的营销活动，如同事、同行、同学之间的关系，由于接受相同的文化熏陶，彼此具有相同的志趣，在感情上容易紧密结合为一个"整体"，可以在较长时间内相互帮助，相互协作。

4. 文化习俗关系营销形态

文化习俗关系营销形态指公司（企业）及其人员之间具有共同的文化、信仰、风俗习俗为基础进行的营销活动。由于公司（企业）之间和人员之间有共同的理念、信仰和习惯，在营销活动的相互接触交往中易于心领神会，对产品或服务的品牌、包装、性能等有相似需求，容易建立长期的伙伴营销关系。

5. 偶发性关系营销形态

偶发性关系营销形态指在特定的时间和空间条件下发生突然的机遇形成的一种关系营销，如营销人员在车上与同坐旅客闲谈中可能使某项产品成交。这种营销具有突发性、短暂性、不确定性特点，往往与前几种形态相联系，但这种偶发性机遇又会成为企业扩大市场占有率、开发新产品的契机，如能抓住机遇，可能成为一个公司（企业）兴衰成败的关键。

(四) 关系营销的市场范围

关系营销的市场模型概括了关系营销的市场活动范围。在"关系营销"概念里，一个企业必须处理好与下面六个子市场的关系。

1. 供应商市场

任何一个企业都不可能独自解决自己生产所需的所有资源。在现实的资源交换过程中资源的构成是多方面的，至少包含了人、财、物、技术、信息等方面。因此，我们将招聘市场归入供应商市场是合理的。与供应商的关系决定了企业所能获得的资源数量、质量及获得的速度。生产1辆汽车大约需要8000~10000个零配件，任何一个企业都不可能单独生产全部零部件，必须通过其他供应商进行专业分工协作生产；麦道飞机公司1993年生产的100座喷气式客机，有18种重要的零部件是由供应商负责设计的，公司因此而节约了2亿美元的生产成本。由此可以看出，企业与供应商必须结成紧密的合作网络，进行必要的资源交换。另外，公司在市场上的声誉也是部分地来自于供应商所形成的关系。例如，当 IBM 决定在其个人电脑上使用微软公司的操作系统时，微软公司在软件行业的声誉便急速上升。

2. 内部市场

内部营销起源于这样一个观念，即把员工看做是企业的内部市场。任何一家企业，要想让外部顾客满意，它首先得让内部员工满意。只有工作满意的员工，才可能以更高的效率和效益为外部顾客提供更加优质的服务，并最终让外部顾客感到满意。内部市场不只是企业营销部门的营销人员和直接为外部顾客提供服务的其他服务人员，它包括所有的企业员工。因为在为顾客创造价值的生产过程中，任何一个环节的低效率或低质量都会影响最终的顾客价值。

3. 竞争者市场

在竞争者市场上，企业营销活动的主要目的是争取与那些拥有与自己具有互补性资源竞争者的协作，实现知识的转移、资源的共享和更有效的利用。例如，在一些技术密集型行业，越来越多的企业与其竞争者进行了研究与开发的合作，这种方式的战略联盟可以分担巨额的产品开发费用和风险。种种迹象表明，现代竞争已发展为"协作竞争"，在竞争中实现"双赢"的结果才是最理想的战略选择。

4. 分销商市场

在分销商市场上，零售商和批发商的支持对于产品的成功至关重要。IBM 公司曾花费一亿美元为其 PCjr 做广告，结果还是以失败而告终，原因在于作为第三方的供应商和零售商反对该产品，IBM 公司投入了大量的资源去争取顾客，而忽略了与零售商、经销商等对产品的销售起关键作用的个人或组织建立积极的关系，扼杀 PCjr 的正是分销商一类的市场基础设施。

5. 顾客市场

顾客是企业存在和发展的基础，市场竞争的实质是对顾客的争夺。最新的研究表明，企业在争取新顾客的同时，还必须重视留住顾客，培育和发展顾客忠诚。例如，争取一位新顾客所需花的费用往往是留住一位老顾客所花费用的 6 倍。企业可以通过数据库营销、发展会员关系等多种形式，更好地满足顾客需求，增加顾客信任，密切双方关系。

6. 影响者市场

金融机构、新闻媒体、政府、社区，以及诸如消费者权益保护组织、环保组织等各种各样的社会压力团体，对于企业的生存和发展都会产生重要的影响。因此，企业有必要把它们作为一个市场来对待，并制定以公共关系为主要手段的营销策略。

（五）关系营销层次

1. 一级关系营销

一级关系营销指企业通过价格和其他财务上的价值让渡吸引顾客与企业建立长期交易关系。如对那些频繁购买以及按稳定数量进行购买的顾客给予财务奖励的营销计划。

2. 二级关系营销

二级关系营销指企业不仅用财务上的价值让渡吸引顾客，而且尽量了解各个顾客的需要和愿望，并使服务个性化和人格化，以此来增强公司和顾客的社会联系。二级关系营销的主要表现形式是建立顾客俱乐部。

3. 三级关系营销

三级关系营销指企业和顾客相互依赖对方的结构发生变化，双方成为合作伙伴关系。三级关系营销的建立，在存在专用性资产和重复交易的条件下，如果一方放弃关系将会付出转移成本，关系的维持具有价值，从而形成"双边锁定"。这种良好的结构性关系将会提高客户转向竞争者的机会成本，同时也将增加客户脱离竞争者而转向本企业的利益。

（六）应用关系营销的原则

关系营销的实质是在市场营销中与各关系方建立长期稳定的相互依存的营销关系，以求彼此协调发展，因而必须遵循以下原则。

1. 主动沟通原则

在关系营销中，各关系方都应主动与其他关系方接触和联系，相互沟通信息，了解情况，形成制度或以合同形式定期或不定期碰头，相互交流各关系方需求变化情况，主动为关系方服务或为关系方解决困难和问题，增强伙伴合作关系。

2. 承诺信任原则

在关系营销中各关系方相互之间都应作出一系列书面或口头承诺，并以自己的行为履行诺言，才能赢得关系方的信任。承诺的实质是一种自信的表现，履行承诺就是将誓言变成行动，是维护和尊重关系方利益的体现，也是获得关系方信任的关键，是公司（企业）与关系方保持融洽伙伴关系的基础。

3. 互惠原则

在与关系方交往过程中必须做到相互满足关系方的经济利益，并通过在公平、公正、公开的条件下进行成熟、高质量的产品或价值交换使关系方都能得到实惠。

（七）关系营销的利益

1. 对企业而言

（1）销售量增加。当客户感到所提供产品和服务比竞争对手更令人感到满意时。
（2）成本的降低。新客户的成本高于维持老客户的成本。
（3）口碑效应带来的免费广告。

2. 对客户而言

（1）信任利益。包含对供应商的信心，减少焦虑和对期望了解的舒适感。
（2）社会利益。形成一个社会共同体。
（3）特殊对待利益。包括得到优先接待或特殊交易价格等。

四、任务实施

（一）客户关系营销的管理实施

1. 筛选合作伙伴

企业首先从所有的客户中筛选出值得和必须建立关系的合作伙伴，并进一步确认要建立关系营销的重要客户。选择重要客户的原则不仅仅是当前的盈利能力，而且包括未来的发展前景。企业可以首先选择 5 个或 10 个最大的客户进行关系营销，如果其他客户的业务有意外增长也可入选。

2. 指派关系经理

对筛选出的合作伙伴指派关系经理专人负责，这是建立关系营销的关键。企业要为

项目六 客户关系管理的营销策略

每个重要客户选派干练的关系经理,每个关系经理一般只管理一家或少数几家客户,并派一名总经理管理关系经理。关系经理对客户负责,是有关客户所有信息的汇集点,是公司为客户服务的动员者,对服务客户的销售人员应当进行关系营销的训练。总经理负责制定关系经理的工作职责、评价标准、资源支持,以提高关系经理的工作质量和工作效率。

3. 制订工作计划

为了能够经常地与关系对象进行联络和沟通,企业必须分别制订长期的和年度的工作计划。计划中要确定关系经理职责,明确他们的报告关系、目标、责任和评价标准。每个关系经理也必须制订长期和年度的客户关系管理计划,年度计划要确定目标、策略、具体行动方案和所需要的资源。

4. 了解关系变化

企业要通过建立专门的部门,用以跟踪顾客、分销商、供应商及营销系统中其他参与者的态度,由此了解关系的动态变化。同时,企业通过客户关系的信息反馈和追踪,测定他们的长期需求,密切关注合作伙伴的变化,了解他们的兴趣。企业在此基础上,一方面要调整和改善关系营销策略,进一步巩固相互依赖的伙伴关系;另一方面要及时采取措施,消除关系中的不稳定因素和有利于关系各方利益共同增长的因素。此外,通过有效的信息反馈,企业将会改进产品和服务,更好地满足市场的需要。

(二)客户关系营销的策略

(1) 建立质量和品牌优势(产品或服务本身的质量、每一项活动的质量、速度质量)。
(2) 借助网络技术和电子商务技术。
(3) 建立客户让渡系统,培养企业与顾客的关系(财务利益、社交利益及结构性联系)。
(4) 多元化客户沟通渠道,如联谊会、庆典会、顾客俱乐部、会员制等。

拓展阅读:

马狮百货集团关系营销案例

马狮百货集团(Marks&Spencer)是英国最大且盈利能力最高的跨国零售集团,《今日管理》(Management Today)的总编罗伯特·海勒(Robert Hellen)曾评论说:"从没有企业能像马狮百货那样,令顾客供应商及竞争对手都心悦诚服。在英国和美国都难找到一种商品牌子像'圣米高'如此家喻户晓,备受推崇。"这句话正是对马狮在关系营销上取得成功的一个生动写照。马狮百货集团主要采取以下关系营销策略:

(一)企业与顾客的关系策略

围绕"满足顾客真正需要"建立企业与顾客的稳固关系。

关系营销倡导建立企业与顾客之间长期的、稳固的相互信任关系,实际上是企业长期不断地满足顾客需要,实现顾客满意的结果。

马狮认为顾客真正需要的是质量高而价格不贵的日用生活品,而当时这样的货品在市场上并不存在。于是马狮建立起自己的设计队伍,与供应商密切配合,一起设计或重新设计各种产品。马狮实行的是以顾客能接受的价格来确定生产成本的方法,马狮把大量的资金投入货品的技术设计和开发,而不是广告宣传,通过规模经济来降低生产成本。另外,马狮采用"不问因由"的退款政策。

（二）企业与供应商的关系策略

从"同谋共事"出发建立企业与供应商的合作关系。

零售商与制造商的关系多建立在短期的相互利益上，马狮则以本身的利益、供应商利益及消费者利益为出发点，把其与供应商的关系视为"同谋共事"的伙伴关系。

如果马狮从某个供应商处采购的货品比批发商处更便宜，其节约的资金部分，马狮将转让给供应商，作为改善货品品质的投入。

（三）企业与员工的关系策略

以"真心关怀"为内容建立企业与员工的良好关系。

马狮把建立与员工的相互信赖关系，激发员工的工作热情和潜力作为管理的重要任务。在人事管理上，马狮不仅为不同阶层的员工提供周详和组织严谨的训练，而且为每个员工提供平等优厚的福利待遇，并且做到真心关怀每一个员工。

关心员工是目标，福利和其他措施都只是其中一些手段，最终目的是与员工建立良好的人际关系，而不是以物质打动他们。例如，一位员工的父亲突然在美国去世，第二天公司已代他安排好赴美的机票，并送给他足够的费用；一个未婚的营业员生下了一个孩子，她同时要照顾母亲，为此，她两年未能上班，公司却一直发薪给她。

（资料来源：http：//www.sohu.com/a/113908298_490086，有修改。）

思考：本案例对于客户关系管理有怎样的启示？

（1）企业与顾客的关系是关系营销中的核心，建立这种关系的基础是满足顾客的真正需要。

（2）要与关联企业建立长期合作关系，必须从互惠互利出发，并与关联企业在所追求的目标认识上取得一致。

（3）真心关怀每个员工才能有效激发他们的工作热情和责任心，从而为实现企业的外部目标提供保证，高福利并不一定实现企业与员工的良好关系。实施关系营销是一项系统工程，要实现企业与顾客建立长期稳固关系的最终目标，离不开建立与关联企业及员工良好关系的支持。

任务三　应用数据库营销

一、任务描述

网络数据库营销是互联网时代的产物。数据库营销可通过深入挖掘数据信息和进行个性化营销来实现。

二、任务导入

美国密歇根州有一家名为"阿汉"的小餐馆有个异常奇特的做法：经常光顾该餐馆的顾客，只要愿意，便可报上自己的常住地址，在客户登记簿上注册，开一个"户头"，以后顾客每次到这里来就餐，餐馆都会如实地在其户头上记下用餐款额。每年的9月30日，餐馆便会按客户登记簿上的记载算出每位顾客从上年9月30日以来在餐馆的消费总额，然后再按餐馆纯利10%的比例算出每位顾客应得的利润分发给顾客，这样，餐馆自然就常常门庭若市。阿汉餐馆给顾客分红的方法虽然损失了一部分纯利，但却使顾客感到自己

项目六 客户关系管理的营销策略

与餐馆的利润息息相关,自己也是餐馆的一员。这样一来,餐馆密切了与消费者的关系,吸引了许多回头客。

这种让食客成为"股东"的做法其实也是一种"组合"式的生意之道,不同的是前者是明显的"物质组合",而后者是隐蔽的"人员组合",两者都是以消费者心甘情愿地付出而给老板带来了滚滚利润,何乐而不为呢?

三、知识支撑

(一)数据库营销产生的原因

(1)传统营销效率的降低导致企业需要一种更为有效的新的营销方式。

(2)了解客户购买习惯和行为的客观需要。

(3)激烈的市场竞争迫使企业和客户之间建立牢固关系,以稳定自己的客户群。

(二)什么是数据库营销

数据库营销是企业通过搜集和积累消费者的大量信息,经过处理后预测消费者有多大可能性去购买某种产品,以及利用这些信息给产品以精确定位,有针对性地制作营销信息,以达到说服消费者去购买产品的目的。提高营销的针对性和有效性,在了解顾客需求的基础上去满足顾客需求,以构建长期的主顾关系。

(三)四种典型应用

(1)基于 Email 的 DM——EDM。即邮件营销,EDM 营销必须有 EDM 软件对 EDM 内容进行发送,企业可以通过使用 EDM 软件向目标客户发送 EDM 邮件,建立同目标顾客的沟通渠道,向其直接传达相关信息,用来促进销售。EDM 软件有多种用途,可以发送电子广告、产品信息、销售信息、市场调查、市场推广活动信息等。利用 EDM 进行营销与一般的营销方式最大的区别是:EDM 是一对一的沟通,让你的用户感觉到尊重,让他感觉到这是为他所建立并且是他所独享的沟通方式,当然在各种条件的制约下,往往很难彻底实现一对一沟通。但是个性化的需求,营销者必须通过技术手段,让用户感觉这个 EDM 是专门给他发的,而不是群发的。这个要求是对 EDM 营销的一个挑战。

(2)基于 SMS(Short Messaging Service)的 DM——SDM。

(3)以电话为主的 DM——TDM。

(4)以一般的采取邮寄、定点派发、选择性派送等多种方式的传统 DM。

(四)网络数据库营销与传统数据库营销的比较

1. 动态更新

网络数据库,具有数量大、易于修改、能实现动态数据更新、便于远程维护等多种优点。建站方案还可以实现顾客资料的自我更新。该功能不仅节约了大量的时间和资金,同时也更加精确地实现了营销定位,有助于改善营销效果。

传统数据库,获取新的顾客资料,跟踪顾客反应都需要较长的时间,而且反馈率通常较低。收集到的反馈信息还需要繁琐的人工录入,因而数据库的更新效率很低,更新周期比较长,同时也造成了过期、无效数据记录比例较高,数据库维护成本相应也比较高。

2. 顾客主动加入

传统数据库寻找潜在顾客的信息一般比较难,要付出很大代价。比如利用有奖销售或者免费使用等机会要求顾客填写包含有用信息的表格,不仅需要投入大量资金和人力,而且受地理区域的限制，覆盖的范围非常有限。

网络数据库在互联网时代，顾客数据的获得要方便得多，有时候是顾客自愿加入网站的数据库。企业需要从顾客的实际利益出发，合理地利用顾客的主动性来丰富和扩大顾客数据库。数据库营销要遵循自愿加入、自由退出的原则。

3. 改善企业与顾客关系

网络数据库营销根据顾客个人需求提供针对性服务是网络数据库营销的基本职能。网页设计时会考虑这一点，比如顾客定制信息的接收方式和接收时间，顾客的兴趣爱好、购物习惯等，可以说是改善企业与顾客关系最有效的工具。

传统数据库营销由于量大不方便存储与查阅，不能详细了解每一位顾客的兴趣爱好、购物习惯，不能针对每一个客户进行跟踪服务，与顾客的关系相对淡薄。

（五）数据库营销的特点

（1）本质：市场行情和顾客信息的数据库。
（2）顾客数据库：顾客与营销部门的桥梁。
（3）储存公司现在和潜在顾客的基本资料（身份、需要、反应和与对手交易情况）。
（4）企业定期电话、问卷、信件等了解需求变化及产品改进建议，并迅速反馈给市场政策制定者。

（六）数据库营销的主要作用

1. 重点客户管理

（1）确定重点客户（挖掘客户）。帮助企业更充分地了解客户需要，迅速找到目标消费群体，让企业有针对性地进行营销，降低营销成本，提高营销效率。
（2）提供客户化的推荐（分析购买行为）。帮助企业获得最新信息，为新策略制定和新产品开发提供依据，促进重复购买与竞争对手进行区别竞争。
（3）提高客户满意度和忠诚度（处理反馈信息）。为企业提供个性化营销模式，增加客户的忠诚度。

2. 挖掘潜在客户

（1）对客户进行分类，确定营销目标和对象。
（2）对可能的潜在客户进行删选，确定之后进行重点营销。

（七）数据库营销的意义

（1）准确找到目标消费者群。
（2）降低营销成本，提高营销效率。
（3）个性化客户交流，维系客户忠诚。
（4）为营销、新产品开发和市场探测提供信息。
（5）选择合适营销媒体。
（6）与消费者建立紧密关系，防止客户转向竞争者。

实践练习：

保险公司借力数据库营销，市场份额翻一番

D 保险公司是国内一家中型保险企业，汽车保险是其主营业务。

近几年，在国内车市蓬勃发展，一路高歌的大环境下，D 公司的业绩却一直平平，甚至出现下滑的现象。客户量很难取得明显突破,营业额停滞不前,市场投入一再增加,但效果甚微。

思考:D公司如何才能摆脱当前困境?

分析参考:市场投入增多,但收效甚微——与投资无关。

国内车市蓬勃发展,一路高歌——与车市行情无关。

客户量难以突破,甚至下滑——老客户流失,新客户难寻。

四、数据库的实施

(一) 两种方式

1. 企业独立运营

企业独立运营具有运营成本低、用户数据安全、可继承、可维护,强大的用户行为分析和数据库管理功能等特征。

2. 外包给运营商

与独立运营相比,外包运营的优势在于拥有更多潜在目标客户列表,缺点是运营成本较高、缺少核心的数据库管理、用户行为分析等核心功能。

(二) 两个步骤

1. 第一步,深入挖掘数据信息

数据库必须精确,才能提升营销的精确性。因此在收集数据时,要借助各种渠道,使用多种收集方法,广泛收集对企业有价值的信息,并不断地更新,建立最新、最完备的数据库中心。

常见的信息类型如下所述:

(1) 消费者信息:消费者的基本情况、消费偏好、个性特征、以往的业务交易等。

(2) 产品信息:产品的基本情况、供销存情况、产品服务情况、消费者意见等。

(3) 竞争对手信息:竞争对手的数量、经营规模,经营商品的品种、价格、盈利能力、市场份额等。

2. 第二步,采取个性化的营销策略

企业在具体实施时,要根据顾客的不同特点进行市场细分,把顾客和准顾客区分为若干具有相同特征的群体,然后根据每个顾客群的地区、行业、规模等因素,分别使用针对性强的广告、电话推销、邮件等促销手段。

采取个性化的营销策略。在客户群中,有些客户是更有价值的,有些客户是毫无价值的。为最高端客户群提供更好的服务,提高他们的忠诚度,确保这些客户能够长期地保留下来,是企业成功的根本所在。对于中端的客户群可以设计客户关怀项目,通过服务的交叉销售来激励客户的价值提升。最低端的客户群往往给企业带来负利润,投入的成本与客户给企业带来的收益不对等,企业应当采取措施降低服务成本,或是通过一些营销门槛,对这些客户进行淘汰。

实践练习:根据上面的实践练习,请分析D公司应该采取哪些数据库营销的措施。

参考措施:

(1) 采取数据库营销的推广方式,具体实施时,保留黄金客户与开拓新市场双管齐下。

（2）在界定黄金客户时，D公司采用了计算客户时间价值的方法来衡量每个客户的重要性。

（3）客户价值较高，处于前15％的客户群被视为黄金级别客户。对这些黄金客户进行电话访问，并通过建立VIP俱乐部网站，以E-mail、直接邮寄等方式与客户保持持续有效的沟通，增强了客户的忠诚度，稳定了黄金客户。

（4）对于新客户，D公司将其分为两类：

1）从未买过车险的客户。

2）其他竞争对手流失的客户。

对从未买过车险的客户，D公司以近期内购买汽车的人群为主要目标，抓住他们对汽车的关注，借助北京国际汽车展的大力宣传，在车展前举办了"免费赢车展门票——汽车保险知识竞答"活动，收效显著。

（5）为了有效管理代理人，D公司还设立了"代理人俱乐部"。

网站开通后，D公司分配给每个保险代理人一个专用的用户名及密码，并对代理人进行了分期分批的培训，将代理人参与俱乐部的活动与业绩评估紧密结合，不但有效地激励了代理人的积极性，而且解决了对代理人管理困难的问题。

成果摘要：

短短一年的时间，数据库营销战略推动了D公司的整体发展。

D公司的汽车保险业务市场份额从8％猛增到了19％，成为业内增长最快的佼佼者。

拓展阅读：

《CXO》成功的数据库营销

经济学人集团下的《CXO》杂志是服务于企业高层财务管理人士的专业杂志，在全球（特别是美国）大中型企业高级财务管理人士中拥有巨大的影响力。

2002年《CXO》进入中国，为了在2～3年时间内培养起一批忠实的高质量读者群，该杂志社采用数据库营销作为其推广方式。

通过对数据库的查询和分析，《CXO》杂志社确定了以北京、上海为主的18万企业高层管理人士为目标读者，采取了直邮宣传和直接赠阅推广方式，共设计了6轮直邮推广和两轮赠阅推广。

为了发展更多的订阅读者、保持高的续订率，《CXO》杂志社设计了个性化的读者生日卡项目，同时优化了读者续订的流程，读者可以通过网站注册、电话申请、传真申请等多种方式来完成免费订阅申请和续订。

《CXO》杂志社还设计了一个专门的推广项目——鼓励老读者介绍新读者。该项目分为两部分：鼓励所有的老读者介绍其他公司的高层管理人员来免费订阅；鼓励总经理介绍本公司的高级财务管理人士成为读者。

通过数据库营销推广，《CXO》杂志续订率达到83.7％，超过当初设定的目标，推广费用却只用了预算的78％。在前期3个季度的推广中，《CXO》杂志获得了约1.6万的高质量读者，"介绍新读者"项目也相当成功，通过传真和网上注册，增加了3916名有效的订阅读者。

项目六 客户关系管理的营销策略

《CXO》数据库营销的成功,对其他企业来说,很有借鉴意义。

(1) 精准地分析目标读者,抓住核心人群。

(2) 采取个性化的营销策略,培养良好的读者关系。

五、课后练习

(1) 说明在不同的生命周期阶段的客户应该采取什么样的营销策略?

(2) 客户关系营销的原则是什么?可以采取什么样的策略?

项目七

呼 叫 中 心

项目描述

本项目介绍呼叫中心的起源和发展、呼叫中心的定义与功能、呼叫中心的基本组成；介绍流程、流程管理、呼叫中心的基本业务类型和业务流程图；KPI 的 SMART 原则，呼叫中心运营管理指标体系及关键绩效指标的定义；如何准确认知呼叫中心在 CRM 中的作用与功能；如何进行流程管理；如何正确分析呼叫中心的关键运营指标；如何正确分析客户服务人员的个人绩效指标。

知识目标

(1) 呼叫中心的概念及其演化历程。
(2) 了解呼叫中心的功能及其作用。
(3) 掌握呼叫中心的基本组成。
(4) 掌握呼叫中心的基本业务类型及业务流程图。
(5) 熟悉呼叫中心的关键绩效指标。

技能目标

(1) 能够掌握呼叫中心基本流程管理。
(2) 能够熟练应用流程图进行流程管理和流程改善。
(3) 能够正确分析客户服务人员的个人绩效指标。
(4) 能够正确分析呼叫中心的关键运营指标。

素质目标

(1) 培养学生树立"周到、耐心、热情、细致"的服务思想。
(2) 培养学生认真负责、爱岗敬业的工匠精神。

任务一 认识呼叫中心

一、任务描述

呼叫中心是互联网信息时代的产物，了解呼叫中心的起源和发展，准确认知呼叫中心在 CRM 中的作用与功能，有助于加强对客户关系管理的认识，从而科学高效地进行客户关系管理。

二、任务导入

客户服务需要规则，服务客户则不需要

作为一名职业客户经理，我的职业习惯是即使我在度假的时候，也会关注到客户服务。有这样一个例子使我意识到，不应该用这样的短语来拒绝客户的简单请求：对不起，这是我们的规定。而应该是：客户服务需要规则，服务客户则不需要。

在某度假村，我们一行6人在院子里想坐在一起吃早餐，所有的餐桌都设置为4人桌。尽管有很多张桌子，但当我问女服务员是否我们能移动时，她的回答是，"不行，我很抱歉，我们不允许这样做。"

"为什么不行呢？"我问。

她似乎感到尴尬，低着头说："对不起，这是我们的规定。"

虽然我不高兴听到她说这句话，但我还是礼貌地问她是否能跟经理谈谈，是否可以为我们破例。她走了进去，几分钟后她回来了说："经理说我们可以为你们破例。"

第二天早餐我们又问是否我们能把两个桌子拼在一起。她没有说不，但是告诉我们她会马上回来。当她回来时，她说："经理说OK。"

从这2个情境中，可以看出客户服务门道吗？

首先，"规则"应该是首先要照顾客户，而不仅仅是为了方便运营。尤其是像推动两个桌子这样简单的事情。

第二，员工应该能够作出决定而不必寻求经理的批准。

第三，一旦得到经理的批准，员工不应该第二天再次请求批准。

启示：

（1）当涉及服务客户时，我们应该扔掉"规定"。

虽然我理解凡事需要有"规定"，但最重要的是，无论你称它是什么，都应该是设计用来为客户服务的。员工应该了解它背后的精神意义。

（2）"规定"是为提高优质服务而定，而不是影响客户体验的借口。教你的员工了解"规定"背后的意图，然后授权员工做出支持服务客户的决定。他们不应该询问从常识上普通人都认为是应该做的事情，同时更加不应该得到许可之后再问一次。

（资料来源：http://cc.ctiforum.com/jishu/hujiao/kehu/503874.html，有修改。）

思考：这个案例中客户服务的关键因素是什么？

三、知识支撑

呼叫中心又名Call Center或客户服务中心。由受过训练的话务员专门接听处理来电客户的各类问题如咨询、投诉、建议等。随着计算机技术、通信技术、网络技术、客户需求及各行各业其本身业务的发展，现代呼叫中心已经涉及了计算机（软硬件）技术、Internet技术、计算机电信集成技术（CTI）、数据仓库（商业智能BI）技术、客户关系管理（CRM）技术、交换机（PBX）通信技术、企业ERP技术和企业管理、项目管理、团队管理等诸多方面的内容。成为应用业务种类丰富的客户综合服务及营销中心。呼叫中心已经成为一个统一、高效的服务工作平台。

它将企业内分属各职能部门为客户提供的服务，集中在一个统一的对外联系"窗口"，采用统一的标准服务界面，为用户提供高质量、高效率、全方位的服务，为企业内部的管理、服务、调度、增值起到非常重要的统一协调作用。

（一）呼叫中心的定义

从管理角度定义呼叫中心（Call Center），是一个为客户提供友好的交互式服务的管理与服务系统，它作为企业的前台，面对的是客户，注重的是管理，是企业理顺与客户之间关系，加强客户资源管理和企业经营管理的渠道。它可以提高客户满意度、完善客户服务，为企业创造更多的利润。

从技术角度的定义是指以电话呼入和呼出为主，是一种基于CTI（Computer Telecommunication Integration）技术为核心，不断集成和融合通信、计算机网络、数据库和自动识别等技术，并与企业前后端系统连为一体的一个综合信息服务系统。对外提供语音、数据、传真、视频、因特网等多种接入手段；对内通过计算机的电话网络联系客户数据库和各部门的资源。

案例分析：

用户吐槽客户服务体验差　摩拜客服"荣升"最难找客服

2016—2017年，共享经济快速崛起，共享单车逐渐走入我们每个人的生活。橙色的摩拜单车、黄色的ofo单车以及蓝色的小鸣单车成为城市的一道亮丽的风景线。但是，快速发展的共享单车背后，客户服务确没有及时跟上，遭到不少网友的吐槽。其中，共享单车的巨头之一摩拜客服"荣升"隐藏最深、最难找的客服。

2017年以来，ofo和摩拜两大共享单车"巨头"纷纷开启"充返"活动。而活动开始后，却有大量网友开始吐槽，在充值摩拜单车之后，却没有说好的返现，更让网友气愤的是，在想要联系客服询问返现事宜时却发现客服电话几乎可以称为摆设，并没有人能够成功联系到客服。隐藏颇深的摩拜客服完全形同虚设，简直堪称"最难找"客服。

不仅此次"充返"活动才出现无法联系到客服的现象，这种无论打多少电话都无法接通的情况自摩拜单车兴起时就已经存在，直至现在仍然没有得到改善。打通客服电话的概率简直堪比中彩票大奖，用网友的话来说："打电话给他们当然就是有急事，要听电脑语音还打电话干吗，自己看网页不就好了。"

尽管摩拜不断对其单车进行升级，希望提升用户骑行体验，然而仅对单车进行升级也只是将"面上"的用户体验做到位了，但是看不见的服务也是用户体验很重要的一部分。客服电话形同虚设，微信机器人也毫无作用，用户有问题需要咨询或处理几乎只能在微博碰运气。

共享单车的出现为出行"最后一公里"带来了极大的便利，近期接二连三的活动也为用户提供了很大的实惠，然而，摩拜单车在不断对产品进行升级并且不断推出活动的同时，更应该兼顾自身短板，提升服务质量。

（资料来源：http://www.ctiforum.com/news/guonei/505696.html，有修改。）

案例分析：通过上面案例的阅读，摩拜单车在充返活动中的短板是什么？需要在什么方面进行改进？

（二）呼叫中心的起源和发展

呼叫中心起源于美国，1956年美国泛美航空公司建成了世界上第一家呼叫中心，其最初的目的是能更方便地向乘客提供咨询服务和处理乘客投诉。美国的银行业在20世纪70年代初开始建设自己的呼叫中心，但企业各自为战，采用的技术、设备和服务标准都依据自身的情况而定，远远没有形成产业。在20世纪80年代，AT&T推出了第一个用于电话营销呼出型（outbound）呼叫中心，首家推出了被叫方付费的 800 服务号码。这一举措的有效性，800 号码得到了非常广泛的使用，也是在这一时期，IBM 推出了具有专门客户服务界面的工作站，呼入型呼叫中心得到了快速发展，呼叫中心在欧美等发达国家主要用于电信企业、航空公司、商业银行等领域。

20 世纪 90 年代中后期，随着中国经济的发展，呼叫中心概念被引入国内。最早的呼叫中心是电信部门、民航部门，如 114，后来的 117、121、160、168 等，2000 年起中国的呼叫中心才开始逐步发展扩大，2007 年和 2008 年是我国呼叫中心的高速发展是时期。今天，呼叫中心在家电企业、邮电、银行、航空、铁路、保险、股票、房地产、旅游、公共安全等众多的行业间搭建起了企业与客户、政府与百姓之间的一座桥梁，与百姓的日常生活息息相关。

随着社会的发展和人民生活水平的不断提高，企业的竞争不仅是产量和质量的竞争，更体现在为客户提供优质服务的竞争。现代企业越来越认识到，在竞争中获得优势的企业就是能够获得和保持较大客户群体的企业。从这个意义上来说，现代企业的竞争就是服务的竞争，就是客户满意度的竞争，就是客户服务的竞争，谁占有较大的客户群体，谁就是竞争的胜利者。企业纷纷建立呼叫中心的主要目的之一，就是通过呼叫中心的优质服务来吸引客户，保持客户。

（三）呼叫中心演化过程

1. 第一代呼叫中心——人工热线电话系统

第一代呼叫中心最早出现在民航服务领域，用于接受旅客的机票预订业务。第一代呼叫中心的系统主要在早期 PBX 的基础上增加了电话排队功能，那时甚至不能称为呼叫中心，而称为热线电话，其全部服务由人工完成。

2. 第二代呼叫中心——交互式自动语音应答系统（IVR 系统）

IVR（Interactive Voice Responce，交互式语音应答）系统的出现，标志着第二代呼叫中心的开始。利用 IVR 系统可以将大部分常见问题交由系统设备通过语音播放、DTMF（双音多频，电话机上面的数字按键所发出的频率）按键交互解决，第二代呼叫中心把常见的、由人工解答的问题交由机器，即由"自动话务员"来应答和处理。例如我们在日常生活中常用的 121121 天气预报、117 报时电话，通过电话银行进行余额查询、转账等业务都是通过 IVR 系统自动实现的。在第二代呼叫中心中，IVR 系统的大量使用，可以大大减少人工业务的受理数量和人工坐席的工作强度，同时可以为客户提供 7×24 小时全天候、不间断的服务。

第二代呼叫中心的特点：广泛采用计算机技术，如通过局域网技术实现数据库数据共享，语音自动应答技术用于减轻话务员的劳动强度，减少出错率，采用自动化叫分配器均衡坐席话务量，提高客户满意度等。但是第二代呼叫中心也有一定的缺点：它需要采用专用的硬件平台与应用软件，还需要投入大量资金用于集成与客户个性化需求，灵活性差，升级不方便，风险大，投资也高。

3. 第三代呼叫中心——基于 CTI 技术的呼叫中心

随着计算机技术的发展，CTI（Computer Telecommunication Integration，计算机电信集成）技术的诞生与应用，标志着第三代呼叫中心时代的开始。

CTI 是 "Computer Telecommunication Integration" 的简写形式，翻译为 "计算机电信集成"，是呼叫中心系统的核心技术。CTI 由传统的 "计算机电话集成技术（Computer Telephone Integration）" 演变而来，包含有数据通信及传统语音通信网络内容的一种电信集成技术。

CTI 技术实现了电话交换机系统与计算机系统的集成，即实现了语音与数据的同步。客户信息与资料采用数据库方式存储，坐席代表可以在处理电话服务的同时从计算机系统中调取和修改客户信息数据，为客户提供个性化的服务。CTI 技术的使用，推动了呼叫中心更大范围地使用。与此同时，呼叫中心中出现了专门用于电话录音的录音设备，对坐席代表与客户的通话进行录音、存储和查询。

相比之前的呼叫中心系统，CTI 技术的使用使得呼叫中心大部分功能实现了自动化。从客户电话接入到最终问题的解决，整个过程被完整地记录了下来。

第三代呼叫中心采用通用硬件平台，造价低，随着软件价格不断下调，可以不断增加新功能，特别是中间件的采用，使系统更为灵活，系统整合度高，系统扩容升级方便；无论是企业内部的业务系统还是企业外部的客户管理系统，不同系统件的互通性都得到了加强，支持虚拟呼叫中心功能（远程代理）。

4. 第四代呼叫中心——多媒体呼叫中心

前三代呼叫中心均是以电话为主要的服务渠道。在 2000 年，伴随着互联网以及移动通信的发展与普及，将电子邮件、互联网、手机短信等渠道接入呼叫中心，支持网络的多媒体呼叫中心成为第四代呼叫中心的标志。第四代呼叫中心具有接入和呼出方式多样化的特点，用户可以通过电话机上的按键来操作呼叫中心的计算机。支持电话、VOIP 电话、计算机、传真机、手机短信息、WAP、电子邮件、视频等多种通信方式。支持虚拟/移动办公，支持规模运营能力，与 CRM/Back Office 系统深入融合，面向体验架构，客户行为即时感知，它相对传统呼叫中心来说接入渠道丰富，同时引入了多渠道接入与多渠道统一排队等概念。同时，实现了多种沟通方式之间格式的互换，诸如文本到语音、语音到文本、E-mail 到语音、E-mail 到短消息等的自由转换。语音自动识别技术可自动识别语音，并实现文本与语音的自动双向转换，即可实现人与系统的自动交流。基于 Web 的特点使之能完成 Web Call、独立电话、文本交谈、非实时任务请求。

第四代呼叫中心的特点是集中在应用层面上，而不是硬件上，采用了开放式的设计（Open System），大大提高了系统的灵活性与整合性。

5. 第五代呼叫中心——基于统一通信（UC）、面向服务的架构（SOA）和实时服务总线技术、具备准时化生产（JIT）管理思想、作为全业务支撑平台（TSP）的客户互动服务中心

基于统一通信（UC）、基于面向服务架构（SOA）和实时服务总线技术，具备准时化生产（JIT）管理思想和作为全业务支撑平台 TSP 的第五代呼叫中心也在悄然发展。第五代呼叫中心的发展方向是在第四代多媒体呼叫中心的基础上，更多地融入了依托于互联网技术的媒体渠道与沟通渠道。例如：社交网络、社交媒体（如微博、微信等媒体渠道），依托于互联网的文本交谈、网上音频、网上视频等沟通渠道。

第五代呼叫中心具有以下特征：

(1) 通信：基于统一通信（UC）。允许客户以各种方式请求呼叫中心，并且呼叫中心

能够和管理电话一样管理这些联络方式：电话、传真、短信、电子邮件、网上音频、网上视频、文本交谈、文本传输、护航浏览、应用共享、桌面共享和电子白板。

（2）计算：基于面向服务架构（SOA）和实时服务总线技术。呼叫中心引入的软件系统越多，软件要求基于 SOA 技术，以满足系统之间的交互和不断变化的需求，同时，呼叫中心是典型的实时系统，要求系统之间的交互是实时的，而实时处理的需求也是不断变化的，因此必须也必然要求实时服务总线支撑。

（3）管理：具备准时化生产（JIT）管理思想。准时化生产方式（Just-in-time，JIT）作为一种彻底追求生产过程合理性、高效性和灵活性的生产管理技术，它已被用于世界各国的许多行业和众多企业之中，其精髓在于持续改进，包括"倒过来"的生产方式、杜绝一切形式的浪费、尊重人性和调动人的积极性和良好的外部协作关系。

（4）业务：作为全业务支撑平台 TSP。全业务支撑平台 TSP（Totally Service Platform）既可以用于呼入，也可以应用于呼出；既可以应用于客户服务，也可以应用于电话营销；既可以用于众多商业领域，也可以应用于政务行业；既可以用于自建呼叫中心，也可以用于外包呼叫中心；既可以用于大集中呼叫中心，也可以用于分布式呼叫中心。

6. 呼叫中心的未来发展方向

（1）未来的呼叫中心人性化程度更佳。不管是智能化、云端化，还是大数据、云客服、语音文本分析热门技术，都是为了提升客户使用体验而开发出来的。所以，下一代客服型呼叫中心的发展核心就是提升客户服务体验。第一，多维度数据分析能力。大数据时代，数据的统合、分析、挖掘能力对企业是极大的考验。而呼叫中心如果从数据收集角色转变为数据收集分析角色，能对提升企业执行效率以极大帮助。第二，电商的普及，导致了从线下到线上的消费习惯的改变，从而也造成了呼叫中心服务流程的改变。从曾经客户——企业模式变成了客户——电商——物流——企业的多方服务模式。第三，社交媒体的全面发展，用户获取信息的渠道得到了极大拓展，速度也得到了极大提升。第四，视频应用：LTE 技术在国内的全面普及，以及微信、Facetime 等视频应用很好地教育了市场，所以视频应用将成为未来呼叫中心发展新的引擎。

所以，根据下一代客户的行为习惯，未来的呼叫中心建设必须在以下几个方面着重发展：移动应用、云计算、智能化、产业链整合、全渠道服务融合和视频直播。这几个技术也构成了下一代呼叫中心的核心。

（2）未来的客服型呼叫中心智能、简洁、交互。

1）多维度报表分析系统可以准确分析客户数据。企业在海量的数据中要随时随地对它的客户有一个清晰量化的了解，包括从客户的地域分布、行业分布、价值等方面分析客户的结构，以便对该地区该类型顾客提供针对性的售后服务。多维报表分析能够对以多维形式组织起来的数据通过各种分析动作，剖析数据，使企业能从多个角度、多侧面地观察数据库中的数据，从而深入理解包含在数据中的信息。

同样，坐席人员的工作状态也是决定企业服务的关键因素，所以对于坐席人员的出勤率、通话利用率、示忙时长和平均处理时长，也能有效记录并生成数据详尽的报表，通过对这四个指标的四纬关注、对数据反映出的深层问题进行挖掘与分析，对数据的关联性进行研究和挖掘，大幅提高现场管理效率，提高服务水平，起到事半功倍的效果。

2）CRM 系统的融合连接客户交互渠道的两个维度。对企业来说，跟客户交互渠道有两个维度，横向会有很多媒体上的语音、视频、短信、E-mail 等。纵向的，企业里面对客户服务会有几个层面，第一个感觉最多的是客服中心打个电话，然后营业厅去做个服务。还有企业里面专门跑业务的，销售或者业务经理上门等，跟很多客户接触的渠道。提供这样的能力，我们在各个系统里面，横向和纵向两个维度的客户纪录保持通过我们的技术，用客户微信号来绑定客户信息，保持在各个渠道的流转客户信息的一致，以及上下文的可追溯性。

3）云呼叫中心的 CRM 系统科学、精准管理。科学的数据管理：根据不同的销售业态，设置满足不同销售习惯的客户划分，在这里还可以管理所属团队的所有客户资料。公平的数据分配：全新的多公海池分配方式，可以确保销售线索的公平分配，防止销售撞单，保障企业的重要客户资源不被浪费。精确的销售漏斗：及时掌握客户资源从潜在客户阶段发展到意向客户阶段、谈判阶段和成交阶段的比例关系，摒弃复杂说明，更直观更简洁。精确的日常管理：通过高效的日历功能来管理成员的行程计划，便于工作安排，还能显示企业内部的重要事件、项目的里程碑等。简洁的项目管理：坐席人员可以方便地修改活动信息，时间地点内容以及附件都能在一个界面中编辑，同时还能将活动向指定人员。

4）云客服具有不丢消息不掉线的优点。云客服系统具有知识库、客户信息聚合等功能。让客服效率倍增。

5）Udesk 智能客服系统集成核心功能。用一个通用的平台连接电话、在线客服、手机 APP、微信、微博、短信、邮箱、Web 等所有渠道，包括五大核心功能：呼叫中心、在线客服、智能机器人、工单系统、移动客服，这也是星巴克、海底捞、迅雷、每日优鲜等 20 多个行业，数万家企业的选择。

拓展阅读：

NICE 推出基于云的呼叫中心 WFO 套件
——基于云的产品满足了不断增长的市场需求以及客户对灵活性的需求

耐斯系统有限公司（NICE Systems），创立于 1986 年，总部位于以色列，是一家提供企业软件解决方案的公司，帮助企业增强客户体验、提高业务绩效、确保合规以及打击金融犯罪。

NICE 系统公司 2017 年 2 月 1 日推出了基于云的呼叫中心劳动力优化套件，该系列产品拥有来电录音、分析、收集客户反馈意见以及质量管理、劳动力、绩效和奖励与报酬管理的完全功能。这些解决方案通过托管模式或软件服务经营（SaaS）模式提供，为客户提供更高的灵活性、更低的前期成本以及更快速的实施。

云劳动力优化套件支持现场应用程序和云应用程序的混合整合。比如，客户可以用云互动分析、绩效管理或任何其他基于云的应用程序来补充现场 NICE IEX 劳动力管理解决方案。"我们很自豪地推出市场上第一款全面的基于云的劳动力优化套件。"NICE 企业集团总裁 Yochai Rozenblat 说，"我们专注于帮助客户利用客户互动数据来改善经营业绩与销售业绩，从而为我们的客户创造价值。基于云的解决方案让我们的客户能够更容易而且以更低的成本和更高的效率实施一整套高级呼叫中心劳动力优化解决方案。"

（资料来源：NICE 推出基于云的呼叫中心 WFO 套件 http://cc.ctiforum.com/jishu/hujiao/hujiaozhongxinjishu/WFM/jishudongtai/354649.html，有删减。）

(四) 呼叫中心的分类

呼叫中心可以按照不同的参照标准分成各种类型。

1. 按模式分类

企业内部自建的呼叫中心：即由企业自己购买硬件设备，并编写有关的业务流程软件，直接为自己的顾客服务。缺点：投资较大、需自己组建运营管理团队、需配备相关的技术人员。

外包型的呼叫中心：企业委托第三方全面管理或部分管理呼叫中心的业务，企业利用专业化分工，以更低的价格，得到更为专业和灵活的坐席应用服务。

2. 按规模分类

按照规模大小分类，主要有大规模客户服务中心（100 坐席及以上）、中规模客户服务中心（50～100 坐席及以上）和小规模客户服务中心（50 坐席以下）。

3. 按照采用的技术分类

按照采用的技术来看，可以分为基于计算机板卡的呼叫中心、基于交换机的呼叫中心与基于 IP 技术一体化的呼叫中心。

(1) 基于计算机板卡的呼叫中心。基于板卡的呼叫中心一般是由系统集成商（SI）按照最终客户需求，将不同厂商的板卡集成到一个系统内以实现对客户呼叫的控制。这种技术形态的呼叫中心性能相对较差，多用于小型的呼叫中心。基于计算机板卡的呼叫中心一般是由系统集成商（SI）按照最终客户需求，将不同厂商的板卡集成到一个系统内以实现对客户呼叫的控制。基于板卡建设呼叫中心系统有一定的灵活性，而且在众多厂商"开放通信平台"理念的推动下，得到了一定的发展。近些年来，随着语音板卡操作系统稳定性的增强，基于语音板卡的呼叫中心也成了小型而且稳定性要求不高的呼叫中心用户选择的方案之一；由于基于板卡的呼叫中心的软件是针对具体的呼叫中心项目而开发的，或者在此基础上组合和封装的，因此软件结构的规划性、科学性、紧凑性以及应用的灵活性都很有限。由于电脑运行这些软件需要消耗大量的资源，当系统的规模较大或功能较多时，系统的稳定性和运行效率得不到有效的保障。这也是基于板卡的呼叫中心的规模和稳定性不如基于交换机的呼叫中心的原因。

(2) 基于交换机的呼叫中心。基于交换机的呼叫中心是随着 ICT 技术的发展，特别是近年来托管型呼叫中心的兴起，给中小企业用户在选择基于板卡的呼叫中心之外，又增加了一种选择。大量客户电话呼叫时，基于传统的电话交换机的呼叫中心利用电话交换机的电话自动分配功能，将客户的呼叫分配到空闲的业务坐席上，实现呼叫中心与客户联络的快速建立，基于传统大型交换机的高端呼叫中心，呼叫稳定性好，接入和接出端口扩展容易，比较适用于需要处理大量接入和高强度呼叫的大型应用。

与基于板卡的呼叫中心相比，基于交换机的呼叫中心系统具有较好的稳定性与可靠性，但是成本相对较高。一般大中型的呼叫中心会采用基于交换机的技术。

(3) 基于 IP 技术一体化的呼叫中心。随着 IP 技术的发展，呼叫中心呈现出多媒体化、分布式的发展趋势，对 CTI（Computer Telecommunication Integration，计算机电信集成）技术也提出了更多的要求。融合通信作为一个新的技术发展方向越来越受到业界瞩目。有技术的融合，如 FMC（固定与移动通讯的融合）；网络的融合，针对这个趋势，很多 CTI 行业的资深厂家纷纷提"一体化"的概念。

一体化呼叫中心是基于 CTI 技术的,它融合了所有常用的呼叫中心功能,包含多渠道接受请求、智能话务分配、自动语音应答、电话会议、电话监听、录音、统计报表等功能。一体化呼叫中心平台在一台服务器上融合了所有常用的呼叫中心功能,由于其从底层硬件直到操作管理平台的统一标准化,在系统的稳定性、组建的简洁程度和综合成本等方面,都具有相应的优势,也简化了系统的开发,在 IT 行业"应用为王"的今天,集成商或呼叫中心系统的服务提供商把主要的精力用在企业的咨询,需求分析和应用的开发上。由于系统平台的高度整合,系统的稳定性得到了保证;同时由于系统平台基于 IP-PBX,所以系统扩充性和先进性都得到了充分的保证。

一体化平台既有交换机的稳定性,也有强大的电话交换功能,又有板卡设计的灵活和成本相对较低的优点,体现了当今最先进的 CTI 技术。

4. 按呼叫类型分类

呼入型呼叫中心:业务受理、业务咨询、技术支持、投诉/建议、信息查询等。

呼出型呼叫中心:电话营销、市场调研、用户资料更新、催缴费、客户回访、客户挽留等业务。

呼入/呼出混合型呼叫中心:业务流程应用设计、系统集成,管理咨询、专业培训、CRM/ERP、客户数据分析、开发和管理。

5. 按照功能分类

按照功能分类有传统的电话客户服务中心、Web 在线客户服务中心、IP 客户服务中心、多媒体客户服务中心、视频客户服务中心、统一消息处理中心等。

6. 按照所处行业分类

按照所处行业分类有电信客户服务中心、银行客户服务中心等。

7. 按照分布地点分类

按照分布地点分类主要有单点客户服务中心和多点客户服务中心。

8. 按照人员职业分类

按照人员职业分类主要有正式客户服务中心和非正式客户服务中心。

9. 按照主要用途分类

按照主要用途分类有客户服务中心、电话营销中心和催收催缴中心等。

(五) 呼叫中心在 CRM 中的作用与功能

现代企业已经进入服务竞争阶段,靠优质的售前、售中和售后服务吸引和保持客户,为客户提供优质的服务,最终取得竞争优势。而呼叫中心正是企业提升服务的有力武器,它可以提高企业的服务质量,让客户满意,有效提升客户忠诚度,使得用户数和营业收入不断增加,最终成为企业的利润中心,从而改善企业形象,扩大企业影响。

1. 呼叫中心在客户关系管理中的作用

(1) 呼叫中心是客户关怀的窗口。呼叫中心为企业与客户的联系创造了一个互动窗口。企业可以通过呼叫中心为客户提供涵盖业务售前、售中、售后的各项服务,在服务和细节中显示企业的诚意和关怀,让客户更好地感受到企业为其创造的价值。呼叫中心也为客户开通了一条快速、便捷的联系企业的渠道。客户通过拨打热线电话、网络留言等方式,表达自己对企业产品或服务的意见和建议。这有利于企业及时处理客户的问题,改进产品和服务的质量。

(2) 呼叫中心是客户保留的渠道。研究表明,企业获得一个新客户的成本高于维护一个老客户的5倍,向新客户推销成功率只有15%,而向老客户推销成功率是50%,美国哈佛商业杂志发表的一篇研究报告指出:多次光顾的顾客比初次登门的人可为企业多带来20%~85%的利润。这都充分说明了维护老客户的重要性。作为企业向客户传递价值的重要运营机构,呼叫中心通过提供优质的服务,可以创造现有的客户满意,更好地维护客户忠诚度,实现与客户建立长久良好的关系,提高客户满意度,帮企业很好地留住现有客户。

(3) 呼叫中心是客户获取的新平台。呼叫中心现已成为企业的电话营销或网络营销中心。利用呼叫中心的技术优势和强大客户信息资源,企业可以进行有针对性的电话营销和网络营销。通过呼叫中心发展新客户的成本相对来说较低,也为消费者所能接受。这就使呼叫中心有能力为企业赢得更多的客户。

(4) 呼叫中心是客户信息的情报站。一方面呼叫中心每天与客户有着相当高的接触频率,且每一次接触都会产生数据信息,记录客户的行为,形成一个庞大的信息库。透过这些数据,企业可以更深入地了解自己的客户,更准确地把握业务现状,并及时纠正经营管理错误,以创造良好的客户关系;另一方面企业可以利用呼叫中心进行客户调查。通过电话调查、上网等方式,企业可以进一步了解客户对企业产品和服务的态度和看法,为企业提高质量,更好地实施客户关系管理提供重要的信息依据。

2. 呼叫中心的功能

(1) 全天候服务。应能提供每周7天,每天24小时的不间断服务。允许顾客在与业务代表联络时选择语音(传输方式可以选有线或无线)、IP电话、电子邮件(可实现语音到文字、文字到语音的转换)、传真、IP接入、文字交谈、视频信息等任何通信方式。

(2) 智能坐席选择。应能事先了解有关顾客的各种信息,不同用户安排不同业务代表与之交谈,并能让业务代表做到心中有数,逐步转为以客户为中心的服务系统。

(3) 内外衔接。呼叫中心对外面向用户,对内与整个企业相联系,与整个企业管理、服务、调度、生产、维修结为一体。它可以把从用户那里所获得的各种信息、数据全部储存在庞大的数据仓库中,供企业领导者作分析和决策之用。

(4) 技术管理并重。呼叫中心采用现代化的技术,有高效的管理系统,随时可以了解到呼叫中心运行情况和业务代表的工作情况,为用户提供最优服务。

(5) 现代客户管理中心。呼叫中心要不断地融合各种新技术,一切以客户为核心,紧紧围绕客户进行全方位的管理和服务。

拓展阅读:

呼叫中心系统功能模块简介

呼叫中心功能模块有 IVR、录音、ACD、弹屏、报表、客户关系管理、知识库等功模块,下面介绍一下 IVR、ACD、弹屏等模块。

语音 IVR,也被称为交互式语音应答。工作原理:用户来电—语音提示按照流程操作—接受用户输入的信息—实现对各类数据库的交互式访问的一种自助服务。优点是:①帮助用户快速获取服务,减轻人工坐席的工作量,提高工作效率;②帮助在坐席人员忙碌时候，自助地提供服务，是实现 7×24 小时服务的根本。

ACD 是自动话务分配，也称为智能选择坐席。工作原理：能够将用户来电有序地分配给坐席人员，有效地避免一些坐席有接不完的来电，而一些坐席来电很少的情况，更加合理平均地去分配客户来电，并且能够将进行自动语音应答（IVR）的话路转接到人工坐席。优点是：实现排队、路由、排队应答等功能。

客户来电弹屏以及客户关系管理，则是呼叫系统最实用的功能模块。工作原理：保存客户信息，选择导入客户信息，在客户来电时，自动弹出历史资料，如果没有这个客户信息，也一样弹出一个空白的屏供坐席填写，提交保存后，下次客户来电时，弹出的就是现在填写的信息。优点是：快速实现客户信息的共享，帮助坐席快速了解客户历史信息，大大提高问题解决的效率，并且有效地帮助企业更好地管理和维护客户，哪些客户是需要重点跟进维护的，哪些客户是无需再次沟通的，都可以通过呼叫中心一一记录。

（资料来源：http：//www.hollycrm.com/innews/1403.html，有修改。）

任务二　呼叫中心的管理流程

一、任务描述

要熟练实施呼叫中心的业务管理，需从流程、流程管理深入到呼叫中心的流程管理思想入手，掌握相关知识并熟悉呼叫中心的管理业务流程。

二、任务导入

建立完善的工作管理流程是呼叫中心提高服务质量的关键

某公司呼叫中心培训，公司呼叫中心的经理觉得他们的客户服务代表的客户服务技能不能达到要求，对客户态度方面也有问题，经常收到客户的抱怨。他希望培训部能通过培训使客户服务代表的这些方面得到改善。而培训部下去和客户服务代表进行了一些调查和沟通，发现客户服务代表们的反馈与呼叫中心经理讲的差别太大。客户服务代表们觉得整个呼叫中心的管理混乱、流程不清，因此不能很好地回答客户咨询，从而引起客户不满。这样一来，那到底还要不要对客户服务代表做培训呢？

其实，事情的关键不在于对客户服务代表的培训，而是对于呼叫中心来说，建立一套完善的工作管理流程是非常必要的。

三、知识支撑

（一）什么是流程

流程是一个"端对端"（end to end，也被定义为 input－output）的工作。狭义的流程是指"工业品生产中，从原料到制成成品工序安排的程序"。广义的流程是指"一个或一系列连续有规律的行动，这些行动以确定的方式发生或执行，促使特定结果的实现"（《牛津词典》）。如修建一个厂房到厂房交付是一个流程，项目的立项到项目的交付是一个流程，开始策划一个改善项目到项目结案是一个流程，把货物从这一端搬到另外一端也是流程。而国际标准化组织在 ISO9001：2000 质量管理体系标准中给出的定义是"流程是一组将输入转化为输出的相互关联或相互作用的活动"。企业为顾客创造价值，一件工作由最基本的数据输入,经过很多环节(也可以说是经过很多流程,因为流程一般都还可以再细分),最后的成果是给顾客创造价值。

所以从管理学的角度说,流程是一组能够为客户创造价值的相互关联的跨越部门的活动进程。流程首先是一组活动,而非单一的活动;其次,是一组能够创造价值的活动。

(二)流程管理的六个要素和特点

1. 流程的六个要素

流程的六个要素包括输入资源、若干活动、相互作用(即结构)、输出结果、顾客、价值(图7-1)。

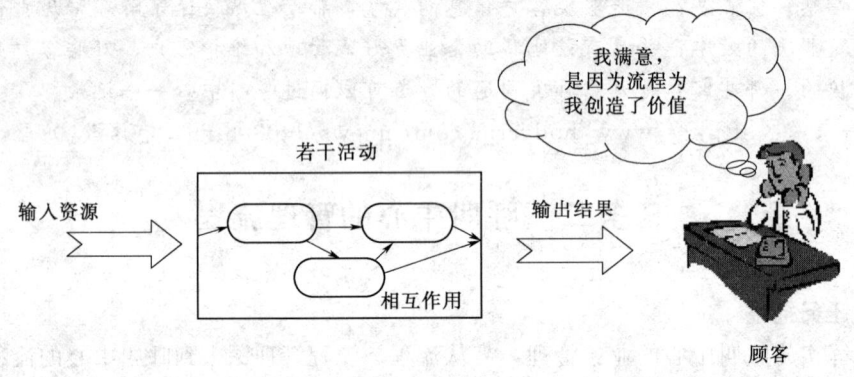

图7-1 流程的六个要素

2. 流程的六个特点

(1)目标性。有明确的输出(目标或任务)。这个目的可以是一次满意的客户服务;可以是一次及时的产品送达等。

(2)内在性。包含于任何事物或行为中。所有事物与行为,我们都可以用这样的语式来描述:"输入的是什么资源,输出了什么结果,中间的一系列活动是怎样的,输出为谁创造了怎样的价值"。

(3)整体性。至少由两个活动组成。流程,顾名思义,有一个"流转"的意思隐含在里面。至少有两个活动才能建立结构或者关系,才能进行流转。

(4)动态性。由一个活动到另一个活动。流程不是一个静态的概念,它按照一定的时序关系徐徐展开。

(5)层次性。组成流程的活动本身也可以是一个流程。流程是一个嵌套的概念,流程中的若干活动也可以看作是"子流程",可以继续分解若干活动。

(6)结构性。流程的结构可以有多种表现形式,如串联、并联、反馈等。往往这些表现形式的不同,给流程的输出效果带来很大的影响。

(三)流程管理的涵义

企业业务流程管理(Business Process Management)的目的是帮助企业管理和优化企业的业务流程,并从优化的业务流程中创造更多的效益。那么究竟什么是流程管理?

流程管理的核心是流程,流程是任何企业运作的基础,企业所有的业务都是需要流程来驱动,就像人体的血脉流程把相关的信息数据根据一定的条件从一个人(部门)输送到其他人员（部门）得到相应的结果以后再返回到相关的人（或部门）。一个企业的不同部门、不同客户、不同人员和不同供应商都是靠流程来进行协同运作，流程在流转过程可能会带着相应的数据：文档/产品/财务数据/项目/任务/人员/客户等信息进行流转，如果流转不畅一定会导致这个企业运作不畅。

一般认为，流程管理（Process Management）是一种以规范化的构造端到端的卓越业务流程为中心，以持续的提高组织业务绩效为目的的系统化方法。它应该是一个操作性的定位描述，指的是流程分析、流程定义与重定义、资源分配、时间安排、流程质量与效率测评、流程优化等。因为流程管理是为了客户需求而设计的，因而这种流程会随着内外环境的变化而需要被优化（图7-2）。

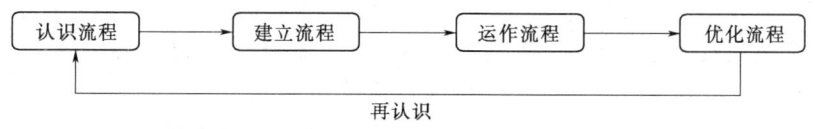

图7-2 流程管理过程

有效的管理必须要有优秀的流程管理，因为如果没有规范化的流程，每一个员工都按照自己所认为的"最优解"来办事，那可能就会得到许许多多不同的结果，这样不能达到管理者所"预期"的结果，这样的管理是无效的。在对待流程的思路上要有"同中求异、异中求同"的观点，也就是，大家都遵照流程的观点来作业，以此基础寻求更好的流程，再标准化。

（四）呼叫中心的流程管理思想

呼叫中心要为客户提供最佳服务，就要设计一套完整的工作流程，其内容应该涵盖前台的服务和后台的管理。工作流程应是围绕企业目标从一而终有序地进行一系列活动以产生某种特定结果的过程。在一个设计完整的流程中，每一个活动都是建立在前一个活动结果之上并对整体结果产生作用。流程管理往往是精装修管理的重点，一家客户服务中心尽管有最先进的技术、设备，但是没有合理优化的工作流程，肯定会导致管理混乱、用户不满，最后影响公司形象，企业的经济效益无法让客户体验到企业良好的服务承诺，更无法帮助企业与客户建立良好的客户关系。

呼叫中心围绕特定的目标，进行有序的一系列活动以产生某种特定结果的过程即为呼叫中心业务处理流程或呼叫中心服务处理流程。

这个结果可以是一种有形的产品，也可能是无形的服务。在一个设计完整的流程中，每一个活动都是建立在前一个活动结果之上并对整体结果产生作用，管理流程要求连续性和可重复性。你不能设想两个情况完全相同的客户打电话问类似的问题会达到某个相去甚远的答复，你也很难想象同一个客户隔一天来电购买同样的产品会得到完全不同的服务内容。所以，呼叫中心建立一套完善的业务工作管理流程是非常必要的。

（五）呼叫中心业务流程

对于任何一家公司而言，都应该有一套规范的流程。这些流程包括关于公司政策、规定的手册。为防止争议，内容涵盖工作职责规范、突发事件处理方式、员工安全细则、福利待遇制定以及加班薪酬等各个方面的细节。对于呼叫中心来说，还应该有一些特殊的业务流程和规范，这些业务规范流程指导各岗位人员明确地工作、各司其职、相互之间融洽配合。

呼叫中心业务规范主要有两个部分：一部分为管理规范流程；另一部分为服务规范流程。

1. 管理规范流程

管理规范流程是针对管理人员制定的，内容应该包括以下几项：

（1）呼叫中心总体上的一些原则是每个在呼叫中心工作和参观的人都应该遵守的原则，例如："一进入呼叫中心工作区域，任何人的个人通信设备必须置于无声状态……"。

（2）各个管理岗位的工作职责、权限等，包括呼叫中心总经理、项目经理、坐席主管等。对于工作职责都应该有具体的规定，例如："对于坐席主管审批下辖坐席代表休假的规定……"，关于休假的审批：建议每天休假人数不要超过两人。休假要有书面申请（电话申请也应事后补交）。申请人应有后备人员计划，并提供本人有效联系方式。当一名销售代表请假为一天以上时，要有书面后备人员计划，原则上要有后备上线人员。后备计划应列明进行项目、联系人及联系办法、注意事项等。

（3）各个管理岗位的工作流程，很多岗位都应该细分到每天工作的内容和时间的分配，例如对于品质管理人员有规定"每天早上8点30分至12点，必须有不少于2个小时的时间监听电话，中午12点至下午1点必须有不少于半小时的时间监听电话……"

（4）各个团队的任务、要求和工作衡量标准，例如："家庭用户团队的衡量指标有：电话放弃率（低于5%）、一站式解决问题率（80%）、电话转接率……"

（5）日常报告管理，会议制度，例如："每周一下午4—6点是管理会议，参加人员包括呼叫中心经理、项目经理、销售经理……"

（6）培训制度和培训流程，例如："每周四晚上7—9点为培训时间，6点50分之前部门秘书应准备好投影仪及其他教学设备……"

（7）其他制度和规范，包括系统安全保障等。

2. 服务规范流程

服务规范流程是针对客户服务人员制定的，内容应该包括以下几项：

（1）呼叫中心对客户服务人员整体上的一些规范，例如：每天登录、登出系统的时间规定、上下班及排班规定、电话使用细则、电脑使用细则、穿着规定、请假规定、参加培训的规定等。

（2）呼叫中心客户服务代表每日工作流程及系统操作流程，有的规定应当非常细致，例如：坐席设备响起要在2声之内接起；离开座位要使用坐席功能：示忙；客户信息已经登记的，在原信息基础上进行资料更新；没有客户信息的，进行新客户注册，收集客户公司名称、姓名地址、联系电话、传真等个人信息。

（3）遇到不同问题时电话转接的处理流程，例如："如果客户问及市场促销信息，请转给市场促销管理部，分机××××……"

（4）呼叫中心客户服务代表业绩管理，包括如何完成改进要求与惩罚等。

规范的流程最终都应该编辑成册，比如说管理规范流程可以称作《管理手册》，服务规范流程可以称作《服务规范流程手册》，并制作相应的标题页、目录页以及主题页（增加视觉效果）等。在标题页上注明工作流程守则，注明公司名称、地址、电话、公布日期、修订日期、执行人员、职务等。除了制作出一本类似呼叫中心"圣经"一样的册子之外，还应该制作成电子稿档，放于内部网上，便于查阅，并可根据不同类型的查阅对象设定不同的权限。

（六）流程图

规范流程不仅可以以列出条目的形式来表现，也可以在很多具体操作规定上用流程图的形式来表现。流程图就是一个流程的地图，标准化的流程管理中最常用的流程图是树状图，代表了在各个环节上具体工作的表现与递送。流程图通常采用圆圈代表起点与终点，方块代表任务，箭头代表关系，菱形则代表决策分叉点。但有些呼叫中心设计的流程图并不拘泥于这种形式，而是以简单的实线框、虚线框或者实线、虚线表示流程关系。

1. 管理工作流程

（1）确立服务中心的战略。
（2）实施服务中心的运营方案。
（3）服务中心的服务质量评估。

服务中心管理工作流程如图7-3所示。

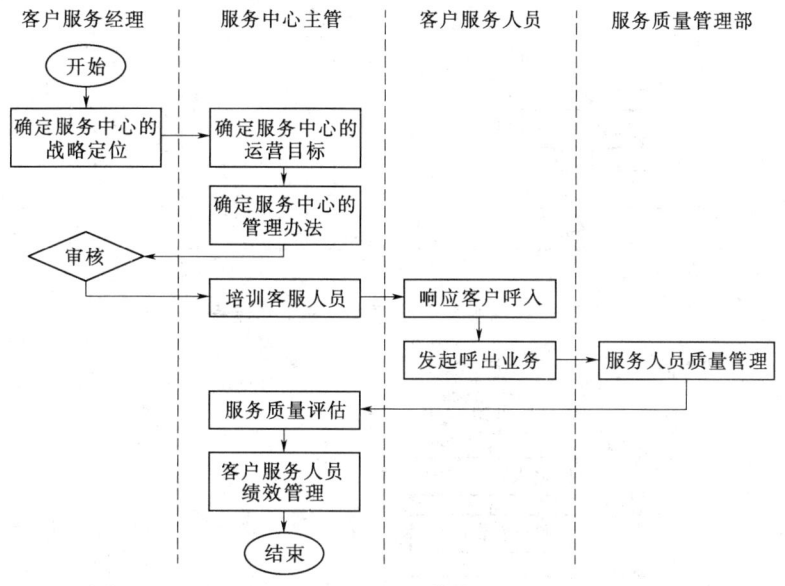

图7-3 服务中心管理工作流程

2. 呼入业务工作流程

（1）受理客户呼入。
（2）解决客户问题。
（3）客户问题的跟踪与控制。

服务中心呼入业务工作流程如图7-4所示。

3. 呼出业务工作流程

（1）客户服务。
（2）客户销售。
（3）记录客户信息。

服务中心呼出业务工作流程如图7-5所示。

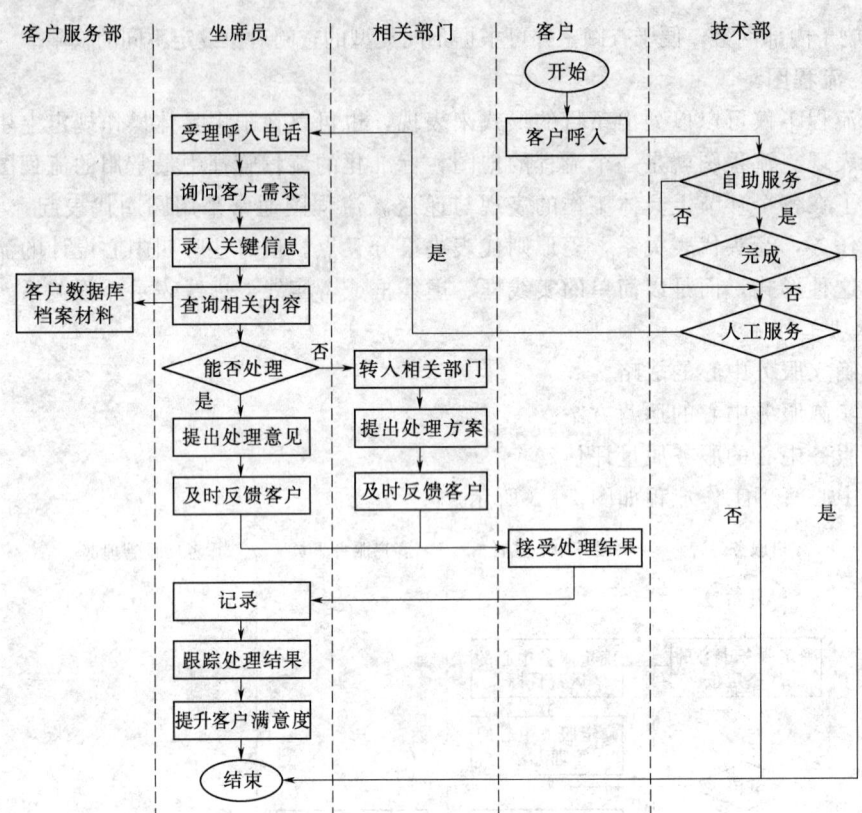

图 7-4 服务中心呼入业务工作流程

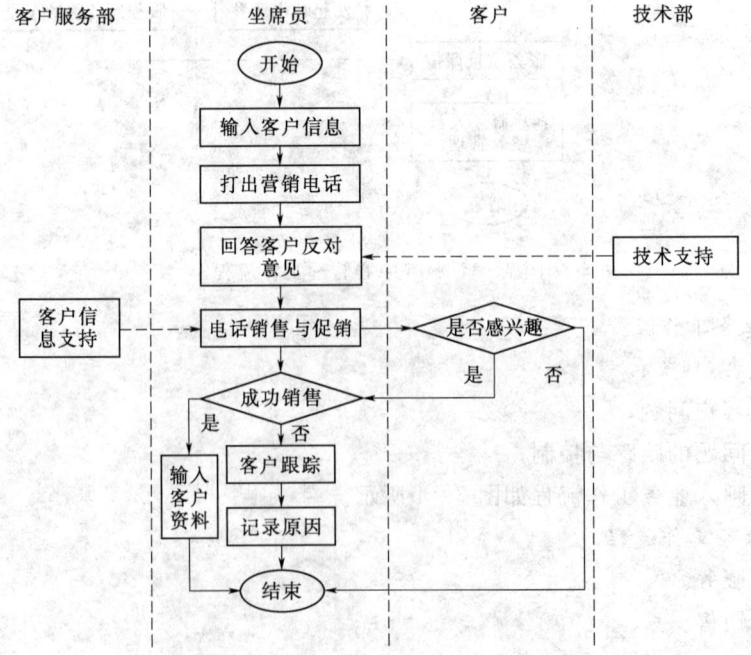

图 7-5 服务中心呼出业务工作流程

四、流程管理的方法

呼叫中心流程的管理非常重要。

呼叫中心的流程分类：服务流程（或叫业务流程）和管理流程。

为了提高呼叫中心的服务工作保证质量和效率，把中心的服务工作进行步骤分解，对每一个关键步骤制定要求，这就是流程化。为使制定的流程能够起到预期的作用，流程需要专门的管理。

流程的管理包含几个环节：识别、设计、执行、控制和改善（图7-6）。

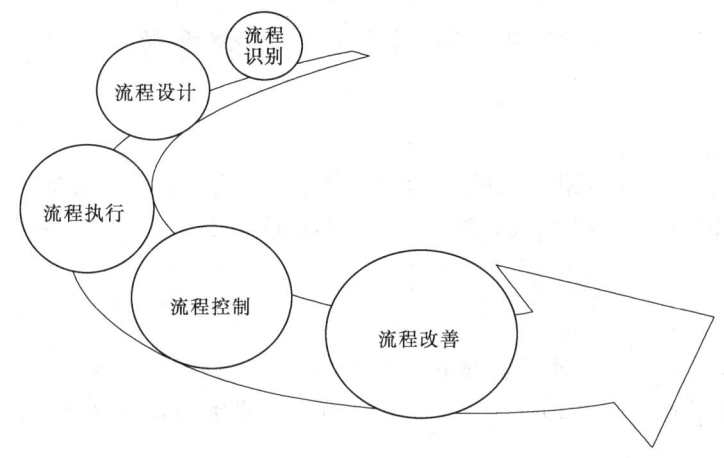

图7-6 呼叫中心流程的管理

（1）识别流程。要识别哪些工作是需要制定流程的。服务类流程中，客户类型，服务客户的渠道和方式（电话、网络等）、服务客户的类别（咨询、预约、投诉等）、服务客户的项目……从这些问题中，识别呼叫中心需要建立的服务流程。管理类流程中，招聘、培训、质控、话量预测、绩效考核等都是需要建立流程的。

（2）设计流程。识别出需要制定的流程之后，接下来就需要设计流程了。设计的环节的原则是：符合实际、可操作性、有效性。设计服务流程内容：站在客户的角度去思考；是否有利于客户的体验。设计之后、执行之前，也可以在小范围内进行测试和检验，根据测试结果做适当调整，使设计的流程最合适。

（3）执行流程。合适的流程在设计时就考虑了实际的可操作性。已设计好的具有可操作性的流程，要真正落实，按设计的那样进行执行，也是需要关注的。对设计好的流程需要在使用者范围内进行培训，保证使用者正确理解和掌握流程。在执行的初期，尤其需要注意不同实施者理解的一致和行为的一致。

（4）控制流程。执行过程中，如何控制好流程，也是一个需要关注的问题。不管是执行的初期，还是正常运营中的执行，都需要对流程的执行情况进行监控，保证实际的流程是按预先设定的进行。例如服务流程，可以通过呼叫中心日常的电话监控去掌握流程的实施情况，不同人员在不同情况下是否按照相应的流程在操作，然后给予及时的指导和纠正。数据分析也是一个很好的方法，通过日常的运营数据的趋势变化和分布等情况，可以察觉出流程是否在受控范围。控制图就是一个很好的工具。

(5) 改善流程。在控制流程的过程中,会发现原先设计的流程可能存在问题或不足,或随着时间的推移、情境的改变或要求的提高,原先设计的流程出现了不适宜的地方,那就需要不断地改善流程。这个时候,就需要找出问题,分析原因,采取措施。只有不断地发现问题、找到问题的根本原因、及时采取有效的措施,流程才能够不断地改善,绩效才能不断地提高。

识别、设计、执行、控制和改善,是流程管理的重要环节,一环扣一环,不断循环,呼叫中心的流程才能够保持有效,才能够在运营中发挥其重要作用。

任务三 呼叫中心的绩效管理

一、任务描述

从衡量企业工作人员工作绩效表现的量化指标——企业关键绩效指标(KPI)引入,从了解 KPI 的 SMART 原则出发,进一步深入掌握呼叫中心运营管理指标体系及关键指标定义。

二、任务导入

小米客服中心让用户"省一点心"

小米公司正式成立于 2010 年 4 月,是一家专注于自主研发高端智能手机、互联网电视的创新型科技企业。

核心业务包括小米手机、MIUI、米聊、小米网、小米盒子、小米电视和小米路由器等七大核心业务。

产品理念:"为发烧而生。"

小米模式:小米公司首创使用互联网模式开发手机操作系统的模式,这也将小米手机打造成为了全球首个互联网手机品牌。此外,小米公司在机顶盒、互联网电视和路由器等领域也颠覆了传统市场。小米公司下一步积极打造小米生态链体系,力争全行业、全产业链都能达到共赢。

2014 年 10 月 29 日,2014 中国(第十届)呼叫中心行业峰会暨中国最佳呼叫中心颁奖典礼在北京落下帷幕,本次峰会是由国家级行业协会中国电子商会呼叫中心与客户关系管理专业委员会(CNCCA)牵头,是中国唯一接轨亚太地区呼叫中心年度大奖的评选。而在大会上,小米公司也喜获"2014 中国最佳呼叫中心运营奖"。

小米的客户服务理念:"把用户当成自己的朋友"和"拒绝平庸"。让用户在产品使用与产品服务上实现"省一点心"。小米客服中心始终将用户的需求作为首要服务目标,通过整合自身旗下产品资源,制定严格的产品标准与质量保障的要求下,真正为用户提供线上线下的全环节、高品质的客服服务。

小米客服中心为用户提供售前、售中和售后的全面、贴心的全环节服务,并为用户提供 7 天×24 小时的一对一的在线咨询服务。此外,用户还可致电客服专家,即用户与专家进行定制化的在线对话客户服务。快捷的在线售后预约服务,解决了用户长时间的排队问题。而预约服务还可以让小米提前获知用户的售后服务需求,从而提前为用户准备详尽的处理方案，最终高效地解决用户的问题。

作为一个大规模、专业化的客服中心，小米确定了服务水准、服务流程、服务品质、投诉处理、回访点评分析、绩效评估等量化指标，真正做到了通过"数据"反映各部门的服务与运营结果，以便于综合管理、竞争、协调与交流。

此外，用户还可以访问小米之家或授权维修网点，享受面对面的服务需求。小米之家是小米为用户提供的线下服务方式，在这里用户可以获得关于小米官方产品最全面的信息。无论是产品规格还是操作指导，甚至包括更深入的玩机技巧，小米员工都会为用户耐心地解答。而当产品出现问题时，小米之家也会为用户提供最快速、最省心和最贴心的售后服务。

（资料来源：http：//www.ctiforum.com/news/touguojingtoukanCC/433638＿3.html，有修改。）

思考：小米公司服务的亮点是什么？

三、知识支撑

（一）关键绩效指标的概念

企业关键绩效指标（Key Performance Indicators，KPI）是通过对组织内部流程的输入及输出端的关键参数进行设置、取样、计算、分析，用以衡量流程绩效的一种目标式量化管理指标，是把企业的战略目标分解为可操作的工作目标的工具，是企业绩效管理的基础。

KPI可以使部门主管明确部门的主要责任，并以此为基础，确定部门人员的业绩衡量指标。建立明确的切实可行的KPI体系，是做好绩效管理的关键。关键绩效指标是用于衡量工作人员工作绩效表现的量化指标，是绩效计划的重要组成部分。

（二）KPI与一般绩效评估体系的区别

KPI与一般绩效评估体系的区别见表7-1。

表7-1　　　　　　　　KPI与一般绩效评估体系的区别

项目	基于KPI的绩效评估体系	一般绩效评估体系
假设前提	假设人们会采取一切积极的行动努力达到事先确定的目标	假设人们不会主动采取行动以实现目标，人们不清楚应采取什么行动来实现目标。假设战略制定与实施与一般员工无关
考核目的	以战略为中心，指标体系的设计与运用都为组织战略目标的达成服务	以控制为中心，指标体系的设计与运用源于控制的意图，也是为更有效地控制个人行为服务的
指标产生	在组织内部自上而下，对战略目标进行层层分解产生	通常是自下而上，根据个人以往的绩效与目标产生
指标来源	基于组织战略目标与竞争要求的各项增值性工作成果	来源于特定的程序，即对过去行为与绩效的修改
指标构成及作用	通过财务与非财务指标相结合，体现关注短期效益，兼顾长期发展的原则；指标本身不仅传达了结果，也传递了产生结果的过程	以财务指标为主，非财务指标为辅。注重对过去绩效的评价，指导绩效改进的出发点是过去的绩效存在的问题，绩效改进行动与战略需要脱钩

(三) KPI 的 SMART 原则

确定关键绩效指标有一个重要的 SMART 原则,具体含义如下:

(1) S 代表具体 (Specific):指绩效考核要切中特定的工作指标,不能笼统。

(2) M 代表可度量 (Measurable):指绩效指标是数量化或者行为化的,验证这些绩效指标的数据或者信息是可以获得的。

(3) A 代表可实现 (Attainable):指绩效指标在付出努力的情况下可以实现,避免设立过高或过低的目标。

(4) R 代表关联性 (Relevant):指绩效指标是与上级目标有明确的关联性,最终与企业目标相结合。

(5) T 代表时限性 (Time Bound):注重完成绩效指标的特定期限。

(四) 确定 KPI 的一般过程

确定关键绩效指标一般遵循以下三个过程:

(1) 确立评价指标体系,即自上而下建立各级的指标体系。评价指标是指从哪些方面衡量或评价工作,即要设立哪些关键参数,或者说要评价"什么"。建立 KPI 指标的重点在于流程性、计划性和系统性,首先要明确企业战略目标,找出这些关键业务领域的关键业绩指标。各部门的负责人需要依据企业总体 KPI 分解出各部门的 KPI,同时确定实现目标的工作流程,以便确定部门评价指标体系。各部门的主管、员工将 KPI 进一步细分,分解为更细的 KPI 及各职位的业绩衡量指标,为员工工作考核提供依据。

(2) 设定评价标准。指标体系确立之后,还需要设定评价标准。也就是说,指标是从哪些方面衡量或评价的,还需要设定具体标准,明确员工在各个指标上分别应该达到什么样的水平,即被评价者要完成"多少"。

(3) 审核关键绩效指标(看指标是否合适)。确保这些指标的综合可以用来评估绝大部分以上的工作目标,跟踪和监控这些关键绩效指标是否可以操作等。

(五) 呼叫中心运营管理指标体系及关键指标定义

运营管理指标体系是呼叫中心日常管理的纲要,呼叫中心运营管理水平的指标包括以下三个方面。

1. 呼叫中心运营管理指标体系

对一个以呼入为主的呼叫中心来说,运营指标主要包含综合指标、效率指标和质量指标三大类,具体见表 7-2。

表 7-2　　　　　　　　　　　呼叫中心运营管理指标

综合指标	来话接通率
	一次解决率
	客户满意率
	客户知晓率
	员工满意度

续表

效率指标	话务量	总呼叫量
		成功呼叫总量
		成功呼叫率
	坐席代表	人均每小时电话处理量
		在线利用率
		工时利用率
		出勤率
	处理时长	平均处理时长
		平均持线（等待）时长
		平均交谈时长
	排班	排班有效率
		排班吻合率
	系统支撑	系统满负荷率
		系统故障率
		故障处理及时率
质量指标	招聘	人员招聘及时率
		到岗及时率
		新员工转正率
	培训	培训满意度
		培训按时完成率
		培训出勤率
		培训合格率
	质检	质检差错率
	投诉	客户投诉率
		投诉处理及时率
		投诉处理满意率
	系统	支撑系统满意率
		知识库满意率

2. 关键运营指标

为提升整体运营管理质量，促进精细化管理，关键运营指标包括八个方面的绩效指标：客户满意率、客户知晓率、员工流失率、一次性解决率、员工满意度、服务投诉率、每通电话平均处理时长和来话接通率。

（1）客户满意率，见表7-3。

表7-3	客户满意率
指标含义	通过客户对每次接受的人工服务满意与否的信息来获得客户对热线服务满意程度的评价
设置目的	考查客户对呼叫中心每次电话服务的评价
计算公式	客户满意率=100%－∑（每次挂机后通过IVR和短信对服务表示"不满意"的电话数）/参评电话总数
注意事项	挂机不满意率的结果不适合单独用来衡量坐席服务质量
数据来源	数据取自报表台
数据评价	越高越好
考核频度	每天、每月

（2）客户知晓率，见表7-4。

表7-4	客户知晓率
指标含义	采用电话调查客户的方式确定热线知晓比例
设置目的	考查客户对呼叫中心热线的知晓情况
计算公式	知晓度=电话调查客户知晓数/成功被调查客户总数
注意事项	（1）目标客户的选择。 （2）也可借助调研公司进行现场调查
取值范围	标准值75%
数据评价	客户知晓度越高越好
考核频度	每季度、每年

（3）员工流失率，见表7-5。

表7-5	员工流失率
指标含义	某时间内离职的员工数占该时间内人员平均数的比例
设置目的	考查员工管理的状况
计算公式	月流失率=统计月份内离职员工总数/[（月初员工总数＋月末员工总数）/2]
注意事项	统计包含管理人员及客户代表，不包含未签合同的实习期员工、培训期及以前员工
取值范围	标准值2.68%
数据评价	该指标应控制在合理范围，在保证服务质量稳定性的同时允许一定程度的员工流动
考核频度	每月、每年

（4）一次性解决率，见表7-6。

表7-6	一次性解决率
指标含义	对于客户的服务请求及时解决的数量占总的服务请求总量的百分比
设置目的	考查呼叫中心人工坐席对客户服务请求的服务能力
计算公式	一次性解决率=100%－未解决量/人工应答总量×100%
注意事项	除人员技能外，系统是否稳定、信息库是否精准很关键

续表

取值范围	标准值 93.43%
数据评价	可以考虑采用辅助手段（例如需求便笺、信息稽核），来提高一次解决率
考核频度	每天、每月

（5）员工满意率，见表 7-7。

表 7-7　　　　　　　　　　　员　工　满　意　率

指标含义	通过调研获得呼叫中心员工对其工作的满意程度
设置目的	考查呼叫中心员工士气的状况，从而了解呼叫中心是否提供了让员工感到满意的工作环境
计算公式	调查问卷的得分即为员工满意度得分（满分 100 分）
注意事项	（1）应该采用专门针对呼叫中心员工设计的专业的满意度调研问卷，不应采用针对所有移动员工的问卷。 （2）应该重点关注任职期在 2 年以内员工的满意度
取值范围	标准值 63.36%
数据评价	该指标应控制在合理范围
考核频度	每年不少于 2 次

（6）服务投诉率，见表 7-8。

表 7-8　　　　　　　　　　　服　务　投　诉　率

指标含义	一线员工服务态度或服务技能引起的客户投诉比例
设置目的	考查热线人工服务水平
计算公式	服务投诉率＝人员服务投诉量/总投诉量×100%
注意事项	需适当甄别因系统等客观因素转嫁到人员服务方面的投诉
取值范围	标准值 3.13%
数据评价	服务投诉率越低越好
考核频度	每月、每年

（7）每通电话平均处理时长，见表 7-9。

表 7-9　　　　　　　　　　每通电话平均处理时长

指标含义	指处理一个人工请求的呼叫所需要的平均时间
设置目的	考查坐席人员对于客户服务请求的处理能力及对于与客户沟通的控制能力
计算公式	平均处理时长＝平均交谈时长＋平均持线（等待）时长＋平均事后处理时长
注意事项	不包含按 0 键后到坐席接起前的等待时间
取值范围	标准值 90s（服务同时开展营销的数据为：130s）
数据评价	保持在相对稳定范围内，出现异常要及时查找原因
考核频度	每天、每月

（8）来话接通率，见表 7-10。

表 7-10　　　　　　　　　　　来　话　接　通　率

指标含义	指客户拨打热线服务电话被成功接通的比例
设置目的	考查呼叫中心综合运营管理水平
计算公式	来话接通率＝被成功接通的来话/所有来话
注意事项	一般指60s接通率，超过60s未接入的来电系统将自动挂断
取值范围	95%，部分呼叫中心将15s或20s接通率作为考核指标
数据评价	接通率尽量保持在合理区间内，过高表明人力资源有浪费
考核频度	每小时、每天、每月

拓展阅读：

呼叫中心坐席员：一个将要消失的职业

随着科技的发展，我们可以设想未来一个客户与企业呼叫中心之间交互的一个场景："爱迪生"来了！

一位客户使用家庭的3D电视联系上了他的3D打印机供应厂商，希望解决其使用过程中出现的故障。3D打印机公司形象代言人"爱迪生"的立体形象从电视上投射出来。

"爱迪生"：A先生您好！有什么需要效劳的？

客户：Hi，我的3D打印机出现了故障，打到一半的时候停止工作了。

"爱迪生"：哦！不用着急，我会帮助您解决这个问题。请您跟着我的步骤对3D打印机先做个检查，并将其显示的错误编码告诉我。

此时3D电视投射出一台虚拟的3D打印机，"爱迪生"按照流程教导客户如何对3D打印机进行检查。

客户：OK！显示的错误编码是9958（救救我吧！）。

"爱迪生"：嗯。您看到的错误编码是9958，对吗？

客户：是的！

"爱迪生"：好的。这个问题并不严重，您可以按照以下步骤来解决。请您跟着我的操作步骤来实施。

"爱迪生"继续在投射的虚拟3D打印机上教导客户如何对解决3D打印机的问题。15分钟后：

客户：好了，看起来它又可以正常工作了。谢谢你，"爱迪生"！

"爱迪生"：不客气，能帮您解决问题是我的荣幸！

通话结束。

人工智能的出现，未来的呼叫中心里将没有坐席员，或是仅有少数坐席员。他们所从事的工作将被计算机系统所替代。

（1）语音识别技术的飞速发展，已经让我们可以通过自然语言与计算机之间进行人机交流。到今天为止，计算机对语音识别的准确率已经提高到90%，部分好的语音识别技术甚至可达到95%以上。这为计算机与人类之间通过自然语言沟通打下了良好的基础。

（2）沟通渠道多元化，使人们不再单纯通过语音来与呼叫中心进行沟通，类似短信、Web Chat等沟通渠道，计算机都可以无障碍地参与到沟通的过程中来。比如现在好多企业的都开发了聊天机器人，对一些简单的客户问题已经可以做出准确而又快速的响应。

（3）谈到沟通渠道的多元化，视频呼叫中心不是更需要真人坐席吗？我的观点恰好相反。首先，目前来看视频呼叫中心还没有太多需要坐席与客户之间面对面进行交流的需求，更多的是利用视频技术向客户推送语言难以描述清楚的信息内容；其次，以目前电影特技的发达程度，呼叫中心完全可以定制一个虚拟的企业形象代言人＋上面提到的语音识别技术来为客户提供面对面的交流服务，型男俊女的形象都可以由企业或客户依照自己的喜好设定，没必要让企业依照新闻联播主持人的标准高薪招聘视频坐席员。

（4）智能型知识库和业务流程化、标准化的发展会大大减少需要坐席人员来做出判断和执行的工作场景。判断和选择的动作将会由客户来做出，而执行的动作由计算机在后台完成。这也符合呼叫中心的发展趋势：将越来越多的服务让客户自助办理。

（5）企业出于成本的考虑有非常大的意愿使用计算机技术来替代坐席员。目前业内一致公认呼叫中心运营成本的70%左右是人员成本。另外由于坐席员的工作枯燥无味，缺乏职业上升空间等因素的影响，超高的人员流失率一直是困扰企业呼叫中心管理人员的主要问题之一。企业的这两个痛点会推动这一类型技术及相关市场的快速发展。

此外，从其他行业的一些职业被计算机或机器人替代的发展趋势来看，呼叫中心坐席员被计算机替代，也只是一个时间早晚的问题。比如说流水线上的工人被机器人替代（请大家查阅富士康最近的新闻动态）；另外司机这个职业现在看来也快要岌岌可危了（请查阅国内某科研单位研发的无人驾驶汽车成功进行高速路行驶实验的新闻）。总体来看，简单、重复的劳动被计算机取代，是一个必然的发展趋势。

毫无疑问的是未来的呼叫中心利用计算机技术可以更好、更快、更经济地为客户提供服务。而对于企业来说，要搭建一个自己的呼叫中心系统，只需要向某个呼叫中心应用软件的供应商采购一个License，将其安装到企业的计算机系统中（也可能是云的形式，无需安装）。然后花费一些时间，将企业的流程、产品信息、客户数据、知识库等信息导入，并配置调试，就可以正式对外提供服务了。

伴随着坐席员职业的消失，呼叫中心里与坐席员相关的岗位如：质检员、排班师、现场主管等都将一起"下岗"。呼叫中心产业将不再是"人员密集型"产业，而是呈现出高科技、高集成度的软件＋咨询的行业特征。

（资料来源：http://cc.ctiforum.com/jishu/hujiao/zixun/372913.html，有修改。）

四、课后练习
（一）客户体验

通过本次课堂练习，获得呼叫中心工作的直接体验，深刻体会呼叫中心的工作不易进而更加深入地了解呼叫中心的功能及其对企业的重要性。

12301 客服的一天

我是一名12301的普通客服，工号00152；今天我来讲讲我的故事。

大家都知道，12301呼叫中心是一个提供7天×24小时全天候客户服务的国家智慧旅游公共服务平台，自然不同于其他的工作，为保证每天都有客服24小时在线回答游客的问题，我和我的同事们都会轮着来值通宵班。所以在公司里几乎每天早上都会看见有一些人顶着大大的熊猫眼等待着早班的人来交接班，那场面现在想想都会笑出声来呢！

而当我早班的时候我也会早早地来到公司,但是,不论我去的有多早,总是还没踏进门就听到那些熟悉的声音;进到公司里又是一片繁忙的景象,说真的我好像都没见过我们公司安静的样子。

(模拟一段客服忙碌的情景)

我们每个人手上好像都有做不完的工作,一坐上凳子,就要开始不停歇地接电话,听着游客诉说着各种旅行故事。碰到一些情绪激动的还要注意安抚他们的心情,再建议解决方案。说句题外话,有时候我们客服聚在一起开玩笑都会说以后谁要跟我们结婚至少旅行是不用操心的了。

我的午饭时间并不固定,每当我工作的时候时间总是"嗖"一下就过去了,一没注意就过了12点,但此时如果手头的电话还没结束,那只能请午饭再等我一小会啦。

事实证明,解决完游客的问题之后吃饭更香,重点是心情好呀!反正我是每天都吃得很开心!

话虽如此,但是我的心也没有强大到坚不可摧的地步。工作中我曾被情绪激动的游客指责过,也在没有达成游客诉求时被对方责难过,即便如此,我还是整天周旋在游客、被诉方、质监所之间,想着如何能最完美地帮助游客解决问题,因为我知道,即使心里委屈得想哭也不能先于游客挂掉电话。我时常告诉自己这就是成长!你承受不了只是因为你还不够强大!

(模拟一段游客投诉客服的情景)。

其实,客服的一天就只有工作而已!在外人看来或许有些沉闷,但是也有着很多可爱的游客为我加油鼓气!工作至今,我通过电话听过太多旅行的故事,有愤怒的、无助的、悲伤的,也有快乐的、幸福的、难忘的……当我竭尽所能帮助游客解决问题之后,那种无与伦比的成就感难以言表。想起我第一次被游客来电点名表扬的时候兴奋了一整天的情景,有时候我真想自己是一个超人,可以24小时不睡觉,这样就能帮助越来越多有困难的游客。然而我不是,我只是12301大家庭里一个普通的成员而已,一个愿意为工作默默付出、愿意为游客竭尽所能解决难题的客服,而我希望在以后游客与我们之间能多一分理解也多一分信任!我是客服00152,我为12301代言,也将竭诚为你们服务!

(资料来源:http://cc.ctiforum.com/jishu/hujiao/kehu/493123.html,有修改)

(二)技能训练

根据以下四个案例,谈谈客户是怎样的感受?企业质检或质量监控人员听到会怎样考核和评价?坐席代表到底是哪里出现了问题?要从哪几方面改进?

案例一:电信宽带专家坐席代表与一位五六十岁的长者

老者:姑娘呀,我家宽带上不了网了。

CSR:您好,请检查一下您的Modem(语气亲切地说)。

老者:什么(因为听不懂什么是Modem)?

CSR:Modem,请检查一下您的Modem(音量渐渐加大)。

老者:摸什么?

CSR:不是摸什么,您检查一下您家的Modem(语气开始变得强硬)。

老者：是什么灯？

CSR：先生，您好，您家上网总得有个 Modem 吧，您检查一下您家的 Modem（咬牙切齿控制即将爆发的隐忍与不耐烦已经出现）。

老者此时还是听不懂，很失落和尴尬地挂掉电话。

质检告诉我，本通录音会扣分，因为服务态度不合格。

案例二：移动 12580 坐席代表与一位女士（订餐）

女士：您好，请帮我查一下火车站附近的订餐电话。

CSR：对不起，查不到订餐电话。

女士：你们 12580 不是可以查吃饭的地方？

CSR：是的，女士，我们可以帮您查饭店，但我们查不到是否能订餐。

女士：（很无奈地说）好吧，那您告诉我几个火车站附近的饭馆电话好了。

CSR：××饭店、××火锅店、××自助餐，您看您要哪个的电话？（火锅店和自助餐能送外卖吗？这是最简单的生活常识吧！）

女士：（愕然）还有吗？

CSR 很快速地报出五个餐馆的名字。

女士：（听的有些茫然）还有吗？

CSR 又很快速地报出五个餐馆的名字。

这位女士此时只能随便挑了一个餐馆记了电话号码就挂了。

这让人能感受到，本通电话中的客户满意度非常差。

案例三：移动 12580 坐席代表与一位先生（下彩铃但未开通）

先生：小姐，我想下一首周杰伦的菊花台。

CSR：是本机号码吗（亲切地说）？

先生：是的，就这个手机号。

CSR：（查完系统之后极不耐烦地说）先生，您这个下不了彩铃啊，您还没开通彩铃呢。

先生：哦，还没开通那？

CSR：是的，您还没开通呢。请问还需要咨询其他问题吗（语气冷淡地说）？

客户：……（无语）

案例四：移动 10086 坐席代表与一位先生

先生：小姐，我想办一个你们那个存话费赠话费的套餐呀。

CSR：先生，这个活动已经结束了。

先生：（遗憾地说）啊！什么时候结束的呀？

CSR：先生，您好，今年 3 月 17 日中午 12 点（不耐烦地说）。

先生：……

（三）能力测试

<h3 style="text-align:center">菲 尔 人 格 测 试</h3>

这个测试是菲尔博士在著名主持人欧普拉的节目里做的，国际上称为"菲尔人格测试"，这已经成为很多大公司人事部门实际用人的"试金石"。

1. 你何时感觉最好？（   ）
   A. 早晨　　　　　　B. 下午及傍晚　　　　C. 夜里
2. 你走路时是（   ）。
   A. 大步地快走　　　B. 小步地快走　　　　C. 不快，仰着头面对着世界
   D. 不快，低着头　　E. 很慢
3. 和人说话时，你会（   ）。
   A. 手臂交叠站着　　　　　　　　　　　B. 双手紧握着
   C. 一只手或两手放在臀部　　　　　　　D. 碰着或推着与你说话的人
   E. 玩着你的耳朵、摸着你的下巴或用手整理头发
4. 坐着休息时，你会（   ）。
   A. 两膝盖并拢　　　　　　　　　　　　B. 两腿交叉
   C. 两腿伸直　　　　　　　　　　　　　D. 一腿蜷在身下
5. 碰到你感到发笑的事时，你的反应是（   ）。
   A. 一个欣赏的大笑　　　　　　　　　　B. 笑着，但不大声
   C. 轻声地咯咯地笑　　　　　　　　　　D. 羞怯的微笑
6. 当你去一个派对或社交场合时，你会（   ）。
   A. 很大声地入场以引起注意　　　　　　B. 安静地入场，找你认识的人
   C. 非常安静地入场，尽量保持不被注意
7. 当你非常专心工作时，有人打断你，你会（   ）。
   A. 欢迎他　　　　　B. 感到非常恼怒　　　C. 在上述两个极端之间
8. 下列颜色中，你最喜欢哪一种颜色？（   ）。
   A. 红色或橘色　　　B. 黑色　　　　　　　C. 黄色或浅蓝色
   D. 绿色　　　　　　E. 深蓝色或紫色　　　F. 白色
9. 临入睡的前几分钟，你在床上的姿势是（   ）。
   A. 仰躺，伸直　　　B. 俯躺，伸直　　　　C. 侧躺，微蜷
   D. 头睡在一手臂上　E. 被子盖过头
10. 你经常梦到自己在（   ）。
    A. 落下　　　　　　B. 打架或挣扎　　　　C. 找东西或人
    D. 飞或漂浮　　　　E. 你平常不做梦　　　F. 你的梦都是愉快的

参 考 文 献

[1] 王晓梅.客户关系管理实务[M].北京:北京大学出版社,2011.
[2] 李志刚.客户关系管理理论与应用[M].北京:机械工业出版社,2011.
[3] 基方中,叶岩明,尹建伟,等.客户关系管理与技术[M].杭州:浙江大学出版社,2011.
[4] 李小圣.客户关系管理[M].北京:北京大学出版社,2008.
[5] 王鑫.客户服务实务[M].北京:高等教育出版社,2015.
[6] 李光明,李伟萁.客户管理实务[M].北京:清华大学出版社,2009.
[7] 杨明,刘春侠.客户服务与管理[M].北京:高等教育出版社,2016.
[8] 蔡瑞林,徐德力.客户关系管理实务[M].北京:北京交通大学出版社,2011.